天

Borderless

下

天 下 ， 在 乎 正 义 和 你

天
Borderless
下

法律检索与知识管理手册

Handbook Of Legal Retrieval And Knowledge Management

黄文伟　李秋实　著

法律出版社
LAW PRESS·CHINA
北京

图书在版编目(CIP)数据

法律检索与知识管理手册 / 黄文伟, 李秋实著. --
北京 : 法律出版社, 2024(2024.9重印)
ISBN 978-7-5197-9168-1

Ⅰ. ①法… Ⅱ. ①黄… ②李… Ⅲ. ①法律—信息检索—手册 Ⅳ. ①D90-62

中国国家版本馆CIP数据核字(2024)第100024号

法律检索与知识管理手册
FALÜ JIANSUO YU ZHISHI GUANLI SHOUCE

黄文伟 李秋实 著

责任编辑 张心萌 孔明林
装帧设计 鲍龙卉

出版发行 法律出版社
编辑统筹 学术·对外出版分社
责任校对 王晓萍
责任印制 胡晓雅 宋万春
经 销 新华书店

开本 A5
印张 9.875 **字数** 229千
版本 2024年8月第1版
印次 2024年9月第2次印刷
印刷 固安华明印业有限公司

地址:北京市丰台区莲花池西里7号(100073)
网址:www.lawpress.com.cn
投稿邮箱:info@lawpress.com.cn
举报盗版邮箱:jbwq@lawpress.com.cn

销售电话:010-83938349
客服电话:010-83938350
咨询电话:010-63939796

书号: ISBN 978-7-5197-9168-1
定价: 68.00元
凡购买本社图书,如有印装错误,我社负责退换。电话:010-83938349

序 言

这是一本法律检索和知识管理手册，也是一本试图升级法律方法的探索之作。

现实生活中法律问题解决涉及太多的变量，如果不借助检索表达，我们不可能在一本书中详尽阐述法律问题解决的方法论。法律检索有“道”与“术”之分。法律检索之“道”体现为法律方法，法律检索之“术”体现为信息检索。大多数法律检索的课程和文献主要聚焦于检索之术的讨论，本书将“道”与“术”结合起来，以贯穿法律问题解决全程的法律方法建构法律检索。

郑永流认为，“不可赋予法律方法过多的使命，否则，法律方法刚躲过冷眼就要死于捧杀。法律方法主要解决个案事实与规范的不对称性，属于内部解决。”①此意义上的法律方法乃是狭义的法律方法，其关注的是法律适用于事实从而作出法律判断的方法，主要讨论法律的解释适用。狭义的法律方法与法学方法论意义上的法学方法基本可以等同视之。这种狭义的法律方法的界定对法学院的研究和课堂实训虽是必要且重要的，但是，当法律从理论推向实践，我们有必要扩张法律方法的范畴。

与法学院教学场景下的法律问题解决仅关注法律解释适用和法律判断不同，现实生活中的法律问题的有效解决需要在法律判断基础上

---

① 郑永流：《法律方法阶梯》，北京大学出版社2020年版，第6页。

利用各种法律服务资源。利用各种法律服务资源解决问题，是一种管理行为，其重点是拟定解决问题的行动方案并加以有效执行，属于法律决策的范畴；而执行行动方案的关键，是说服处事者接受我们基于法律判断作出的主张，属于法律修辞的范畴。本书主张在法律判断的基础上，进一步引入法律决策与法律修辞，介绍覆盖法律问题解决全程的法律方法。

检索是为了解决法律问题，需要在法律方法论的指导下展开。法律检索是贯穿法律人职业生涯全程的必备基本功，是贯穿法律问题解决全程的思维方法，称之为法律人一生的修行亦不为过。然而，法律检索也常被称为一项“一直最基本、多数未掌握”的法律人职业技能。话虽夸张，确也反映了这一现象：大多数法律人并没有完整掌握法律检索技能，只会在某些局部环节运用有限的检索技巧。究其原因，主要在于两个方面：一是法律方法与法律检索未能有效连接，法律方法未将检索融入其中，法律检索仅停留在技术层面而忽略了其背后的方法论基础；二是法律方法仅局限于法律解释适用层面，将大量可以通过检索解决的问题留给默会知识处理。

一般来说，有效地解决法律问题需要具备四种知识：法律层面的知识，价值层面的知识，事理层面的知识，以及将前三者结合起来应用法律的法律方法知识——法律推理和法律论证。在过往年代，这些知识远超法学理论所能清晰把握的显性知识范围，法学理论之外的默会知识被当成“经验”；而在今天，随着信息技术的发展，那些被传统法学理论视为“经验”的默会知识在很大程度上已经可以通过大数据以及检索技术转化为显性知识。法律方法与法律检索的断裂，使法律方法论不得不将研究范围限缩于法律与事实对接中的推理与论证，聚焦于法律的解释适用，并且这在很大程度上只是一种抽象理论的讨论。这种断裂在过去显然是可以理解的，但是，如果今天还是停留在这个层面，那就愧对时代的赠予了。

传统法律方法的限缩性让法律成为一种难以把握的技艺，需要借助经验才能有效处理问题。今天终于有了突破这种局限的可能，实现突破要求法律方法不能仅局限于推理和论证技术，而要进一步将检索和大数据技术融入其中，进而能将默会知识转化为可以把握的显性知识。

一种融入检索和大数据技术的法律方法论要求我们将法律方法理解为知识管理。知识管理包括知识的获得、整合、存储、更新、创新、共享和应用等。检索的查询过程是知识获取过程；检索的结果分析其实就是知识的整合、更新；而法律问题解决的直接内容则是知识的应用。默会知识转化为显性知识不仅要依靠检索技术，更依赖于一套系统的知识管理工程。有效应用知识解决问题不仅需要学会检索，懂得大数据的原理，而且要做好知识的整合、存储、更新、创新和共享。一套基于法律检索的法律方法论需要进一步扩展为基于法律知识管理的法律方法论。这样一种立体的法律方法才能帮助我们高质量地解决法律问题。

“法律的生命不在于逻辑，而在于经验”①，经验不足使刚入行的法律人面临极大的挑战。在信息化时代，经验只是大数据遗漏的碎片，检索和知识管理正让法律由不可捉摸的经验变成可以快速习得的知识。法律是法律共同体的事业。法律不仅存在于法律文本之中，“法律是沉默的法官，法官是会说话的法律”的断言也有局限，法律还应体现为法律共同体乃至人类知识共同体的共同作业之中，检索和知识管理让我

① ［美］小奥利弗·温德尔·霍姆斯：《普通法》，夏历、孙洪丽、王素娥译，外语教学与研究出版社2015年版，第1页。

们能更好地解决法律问题。

对于刚入行的法律人，本书是一部不可或缺的参考读本，有助于建构处理法律问题的思维模型，辅助您进入法律职业成长的快车道，甚至实现弯道超车；对于资深的法律人，本书以专业化助推法律职业的发展，也能给您带来某些意外收获。

现在，让我们一起开启“检索和知识管理”的探索之旅，这里有很多实用知识，也希望能带给您解决法律问题的新视角。

CONTENTS

目　录

第三编 大数据与法律人知识管理

01

第一编

法律问题解决与检索方法论

第一章
法律问题解决、检索与知识管理概述

法律人的中心任务是解决法律问题。基于不同主体的立场，法律问题解决思路有所区别。本书讨论当事人以及作为当事人代理人的律师（法务）如何解决法律问题。法律问题的有效解决需要使用科学的推理方法，也需要具备扎实的知识作为推理前提，这要求我们引入检索和知识管理。我们进行法律检索和知识管理作业时，必须服务于法律推理的需要，使之融入法律问题解决的方法论，对检索和知识管理结果进行深度分析，才能有效助推法律问题的解决。

第一节
法律问题解决的管理属性

本书讨论的并不是法学院课堂教学场景下的法律问题解决，而是现实生活中的法律问题解决。法律从理论走向实践——解决法律问题，需要在方法上升级。

一、法律问题解决必须引入管理学思维

法律问题解决的任务是依法办事，实现办事目标。所谓依法办事，首先是将法律适用于事实作出的法律判断；其次是在法律判断确定的

行为框架下办事。前者是一个解释、适用法律，形成法律判断的过程，属于法学（法教义学）的范畴。后者则是利用资源实现目标，是依法办事的管理过程，尽管这也是法律人研究的对象，但是，它的思维模型的基础来自管理学而不是法学（法教义学）①。

法律问题解决以法律判断为基础，经常被归于法学范畴。其实，法律问题解决总体上是利用资源实现目标管理的过程，属于法学与管理学的交叉领域。拉伦茨指出："时至今日，有一系列不同的学科以法为研究客体，其中最重要的包括法哲学、法理学、法社会学、法史学及法学（法教义学）。"②拉伦茨所谓的"法理学"不是中国法学当中所谓的法理学，而是指法理论③，是抽象讨论法律规范一般结构的理论。法哲学、法理论、法社会学、法史学实际上都是法律理论科学，法教义学（研究法律体系化和解释的学问）才具有应用法学的味道，而法律从理论走向实践，还需要在法教义学基础上引入管理学思维。问题是横在目标面前的障碍，问题解决是实现目标的过程。解决法律问题的任务在于实现目标，依法只是实现目标的手段。法律解释适用和法律判断为我们圈定法律允许的达到目标的法定尺度，但在整个过程中，它并没有告诉我们达到目标所要采取的各种行动。只有超越法律解释适用，站在管理学高度才能完整确定法律问题解决所需采取的各种行动。

---

① 管理有广义和狭义之分。狭义的管理是指组织管理，管理是指为了有效地实现组织目标，由管理者利用相关知识、技术、方法对组织活动进行决策、组织、领导、控制并不断创新的过程。参见《管理学》编写组：《管理学》，高等教育出版社2019年版，第22页。广义的管理是指利用资源实现目标，根据这个定义，每个人都是管理者。因为每个人都有目标需要实现，都有资源可以利用。参见刘澜：《刘澜极简管理学》，机械工业出版社2022年版，第4页。本书讨论的管理是广义上的管理。

② ［德］卡尔·拉伦茨：《法学方法论》，陈爱娥译，商务印书馆2003年版，第72页。

③ 参见舒国滢、王夏昊、雷磊：《法学方法论前沿课题研究》，中国政法大学出版社2020年版，第2页。

二、从法律业务操作规则到法律问题解决方法论的进阶

法学院讨论的法律方法论聚焦法律的解释适用，只是法律问题解决的一个基础环节。在法学理论中，针对法律问题解决的法律方法的传授主要由法律实务类著述承担。这些实务类著述所表达的法律业务操作规则实际上已在一定程度上体现出管理学思维，超越了传统法律方法论的局限。但是，这些规则仅针对特定类型的法律业务，而非一般意义上的法律方法论；通常也只是经验的总结，而不是有意识地导入管理学思维进行重构。

由于缺乏相应的一般意义上的法律方法论指引，法律人难以打通不同类型法律实务的内在联系，实现知识迁移，本可以系统化的法律问题解决方法变成“基于经验的碎片化的技巧”，大大延长了法律新人的专业提升成长周期。而资深法律人也常常受困于这些仅指向特定业务的法律业务操作规则，他们能熟练解决专业分工领域的法律问题，却难以适应解决纷繁复杂的法律问题的需要，因为既有的法律业务操作规则只是通过固化法律人思维模型以提高处理特定法律问题的效率，不能满足在不同场景下解决问题的需要。

从法律业务操作规则到法律问题解决方法论的进阶，需要引入管理学思维。法律问题解决是利用资源实现目标的管理活动，其重点是在法律判断基础上拟定解决问题的行动方案并加以执行，属于法律决策范畴；行动方案执行的关键是说服处事者接受我们基于法律判断提出的主张，属于法律修辞的范畴。法律问题解决方法论需要在传统仅聚焦于法律判断的法律方法的基础上进一步引入法律决策与法律修辞。

从管理学角度看，我们之所以能通过有效的行动解决问题，是因为

我们具备科学的思维推理方法和扎实的知识基础。因此，法律问题解决方法论需要进一步引入法律检索和知识管理。如果将法律问题解决理解为由一定知识前提推导出结论的过程，那么，在检索与知识管理引入之后，这个推理过程由两个方面刻画：一是法律判断、决策与修辞，任务是解决“前提如何能推导出结论”的方法问题；二是检索与知识管理，是针对前提本身的作业，目的是寻找并整合出适当的前提以保证结论的正确性。

第二节
法律问题解决的思维框架

思维的核心是推理。从推理角度看，法律问题解决需要在法律判断基础上进一步叠加法律决策与法律修辞两种推理模型。

一、法律问题解决需要在法律判断的基础上叠加法律决策

法律问题解决是一个利用资源实现目标的管理活动。管理可以从多个角度研究，但从思维推理方法的角度，可以理解为一种决策活动。法律问题解决总体上是决策过程。诺贝尔经济学奖获得者赫伯特·A.西蒙（Herbert A. Simon）对管理的定义是：“管理就是决策。”[①]狭义的决策是在若干种行动方案中做出选择，仅关注如何权衡选择；广义的决策是一个过程，包括做出选择之前必须进行的一切活动。本书讨论的决

① ［美］赫伯特·A.西蒙：《管理决策新科学》，李柱流、汤俊澄译，中国社会科学出版社1982年版，第33页。

策是广义的决策，它是指为了实现特定的目标，在占有一定信息的基础上，对影响目标实现的诸因素进行分析计算后，对未来行动方案作出决定的一系列判断过程。

一个完整的决策过程包括以下六个步骤：（1）识别问题，即找出现状与预期结果（终极目标）的偏离；（2）决策背景研究，即探查环境，寻求决策条件，诊断出问题产生的原因，以便考虑采取什么措施，选择哪种行动方案；（3）确定本次决策所达到的目标，即在明确问题及其原因之后确定本次决策所要达到的目的；（4）制定备选方案，即找出约束条件下实现目标的多个可行方案；（5）评价、选择方案，即从各种方案中筛选出最优方案；（6）实施、监督，即执行行动方案，并建立相应的反馈系统，不断改进行动方案，形成“决策—实施—再决策—再实施”的连续不断的循环过程。

现实生活中并不是每个决策都需经历上述完整过程。决策分为程序化决策和非程序化决策。程序化决策是针对日常的、反复发生的例行问题的决策；非程序化决策是面对偶发的、新颖的和无先例可循问题的决策。程序化决策是按照书面的或不成文的既定规则所进行的决策，强调按照既定规则行动，一般不存在行动方案的选择问题。非程序性决策，一般需要遵循上述完整的决策过程，包括识别问题、诊断原因、确定目标、制定备选方案、评价优选、实施监督等。

法律问题解决的决策活动是以法律判断为基础的。法律判断实际上是一种程序化决策，基于实体法的法律判断框定了法律问题解决的基本目标，基于程序法的法律判断确定了法律问题解决的基本步骤。但是，法律判断对于法律问题解决的决策而言，存在两方面局限：（1）法律判断并没有告诉人们法律问题解决的所有目标和所有行动方案；（2）法律判断也不能告诉决策者最优的决策是什么，法律判断可以为决策者从众多选项中排除某些选项，但不能帮其最终确定选项。法学院开设的法律实务类课程为解决上述局限付出了很多努力，但是，这些课程在总体上仍是程序化决策处理，试图以程序化的法律业务操作指引建构法律问题的解决方法。法律业务操作指引主要是由该业务领域的实体法和程序法推导的结果，总体上仍属于法律判断范畴，没有充分考量法律之外的变量，不利于法律问题解决的精细化、专业化，难以应对偶发的、新颖的和无先例可循的问题。

法律问题解决必须以法律判断为基础。但是，鉴于纯粹法律判断的局限，法律实务类课程引入法律业务操作指引，试图以程序化决策的方式解决问题。这样一种方法论模型无法精细化和专业化地解决深受人的个性影响的法律问题。因此，有必要从法律决策（特别是包含完整决策过程的非程序化决策）高度建构法律问题解决方法论的思维模型。由于信息不完备，决策只能是一种黑箱状态，无法形成相对科学的决策技术和方法，上述设想常常可欲不可达。但是，随着互联网时代的到来，信息变得更加公开化和透明化，在引入法律检索与知识管理之后，一种以决策为基础的法律问题解决方法论成为可能。除了依据法律“明规则”进行判断，通过法律检索、知识管理以及决策技术方法，众多原来被认为属于黑箱状态的“潜规则”被归纳为“明规则”，我们可以据此作出清晰、理性的判断，从而提出解决法律问题的更佳方案。

二、在法律判断、决策的基础上进一步叠加法律修辞

法律问题的有效解决需要在法律判断的基础上引入法律决策。法律决策所要确定的未来行动方案，涉及众多内容，其中，重点内容是由法律判断和法律修辞所确定的。法律判断关注的是法律与事实的对接，法律修辞关注人与人的沟通说服。法律判断无法反映法律问题解决过

程中人与人交往的性质，需要引入法律修辞作为补充。谈判作为一种当事人致力于说服对方接受其要求行为的交换意见活动，需要借助法律修辞；诉讼作为一种当事人致力于反驳对方当事人并说服法官的活动，需要借助法律修辞；合同起草和审查的业务成果交付过程最终也需要借助法律修辞。

法律对话总体上是一种理性活动，积极修辞受到严格限制，法律修辞常常为法律方法的讨论所忽略。但是，由于理性本身的局限，有效的对话既需要理性的论证也需要适当的修辞策略，既需要主张得到逻辑上的证成，也需要主张得到听众的认可，这要求我们能根据听众知识背景和偏好采取适当的言说策略。法律修辞是法律问题解决过程中不可或缺的环节，有必要在法律判断、决策的基础上进一步叠加法律修辞，从而构成法律问题解决的基本思维框架。

三、小结

与法学院课堂教学场景下的法律问题解决主要讨论法律判断不同，现实生活中的法律问题解决包括法律判断、法律决策、法律修辞，通过这三个要素才能刻画出法律问题解决的一般思维方法。不过，其理论模型的具体建构还需要进一步明确法律问题解决的知识基础，并引入检索与知识管理。

第三节 法律问题解决的知识基础

我们之所以能解决问题是因为拥有知识。知识是主体对外在事物正确把握后形成的信念。①人们习惯从客观的立场建构知识结构，但这种纯粹客观的立场常导致知识与应用的脱节。因此，我们必须进一步从行动角度理解知识，从有利于法律问题解决的视角组织和整理知识，通过法律检索补充和优化知识，夯实法律问题解决的知识基础。

一、聚焦于“解决争议”的任务

法律人何以能解决法律问题？王泽鉴指出：“一个人经由学习法律，通常可以获得以下能力：(1)法律知识：明了现行法制的体系、基本法律的内容、各种权利义务关系及救济程序；(2)法律思维：依循法律逻辑，以价值取向的思考、合理的论证，解释适用法律；(3)解决争议：依法律规定，作合乎事理规划，预防争议发生于先，处理已发生的争议于后，协助建立、维护一个公平和谐的社会秩序。此之‘争议’，系从广义，除个案的争讼外，尚包括契约、章程的制定，法令规章的制定等。”②王泽鉴认为，上述三种能力使一个法律人能够以法律实现正义，担负起立法者、行政者、司法者或者企业法律事务工作者等角色的职责。王泽鉴的分析框架提供了一个很好的分析起点。法律问题解决的任务包括三种类型，一是法教义学作业，任务是整理法律知识；二是法律解释适用，任务是处理事实，使事实与法律对接；三是解决争议，任务是让当事人的权益得到适当安排，达致公平和谐的社会秩序。本书所讨论的是现实生活中的法律问题解决，它是法律人的职责所在，主要目标是解决争议，既包括预防争议发生，也包括处理已发生的争议，涉及的领域覆盖“个案的争讼，契约、章程的制定，法令规章的制定等”。

---

① 参见胡军：《知识论》，北京大学出版社2006年版，第45页。

② 王泽鉴：《民法思维》，北京大学出版社2019年版，第1页。

解决争议，前提是具备法律知识，重点在于通过法律的解释和适用判断争议的法律属性，明确法律所指示的行为要求。在狭义法学（法教义学）的理论假设中，基于法律所具有的强制执行效力以及由此产生的震慑力，一旦法律判断明确了，争议自然会得到解决。事实上，争议不仅源于人们认为背离法律应然规则的现象已经发生，而且在于这种背离影响其利益目标的实现。如果争议只是依法处理，而没有实现人们所期望的利益目标，那么，争议实际上并没有得到解决。

可见，解决争议既需要法律判断，又需要依法所采取的行动能够实现人们的利益目标，即需要做合乎事理的规划。

二、法律问题解决知识基础的学科类型分析

法律问题解决首先依赖于法律知识，但从法律问题解决过程看，它还涉及众多其他类型的知识。

首先，解决争议需要“依法律规定”，这要求法律人首先必须具有法律知识和法律思维。只有具备这样的基础，法律人才能作出适当的法律判断，进而在此基础上依照法律规定解决争议。法律思维乃“依循法律逻辑，以价值取向的思考、合理的论证，解释适用法律”，这意味着法律思维必须调动四种知识：现行法之法律知识，价值层面的知识，事理层面的知识，以及将前三者结合起来“依循法律逻辑，以价值取向的思考、合理的论证，解释适用法律”的法学方法知识。价值层面的知识体现为人们的利益诉求和对法律的期待。争议的发生是对法律规则的背离，也是对利益诉求的背离，因此，依法解决争议，需要“以价值取向的思考”解释适用法律。而法律解释要实现其价值目标，则要求解释是符合事理的，即要以“合理的论证”解释适用法律，所谓事理是指能够将法律解释和法律价值目标联系起来的，体现它们之间存在因果

联系的规律，包括经验法则、裁判规律和执法规律等。

其次，解决争议需要“作合乎事理规划”，这要求法律人能运用事理层面的知识作出法律行为规划。法律行为规划涵盖个案的争讼、契约和章程制定、法令规章制定等领域，既需要个人采取行动，也需要通过修辞沟通活动与他人合作。其中所涉及的知识包括：(1)行业知识，即相关争议行业领域的事理知识（包括行业的经验法则和操作规则），例如处理医疗事故的法律人，需要对医疗诊断技术及其规范、医院诊疗的实际情况有一定了解；(2)价值知识，即“人们对解决争议的需求以及社会期待”方面的知识，这种知识能帮助我们解决如何“协助建立、维护一个公平和谐的社会秩序”的问题；(3)法律业务逻辑，包括裁判规律和执法规律，以及法律人据此并结合法律规定总结的解决争议的业务操作流程以及可供参考的样本；(4)修辞规则知识，即法律言说与写作中好的、诚实的和可靠的说服技巧，这种知识能帮助我们选取适当的言说策略促进沟通合作，从而保证问题解决；(5)将前面四种知识结合起来的“依循法律业务逻辑和行业事理，以价值取向的思考、合理的修辞论证，解决法律问题”的法律方法知识①。

三、法律问题解决的知识管理学分析

为适应解决现实法律问题的需要，我们还需从知识管理学角度对相关知识进行结构化分析。

① 法学方法与法律方法的纷争不少，经常混为一谈。本书认为一个恰当的区分是：法学方法是法学（狭义）研究者的方法，聚焦于法律的解释适用；法律方法是法律职业者的方法，聚焦于解决争议（除个案的争讼外，尚包括契约、章程的制定，法令规章的制定等）。本书从法律问题解决方法切入，所谓法律问题解决方法就是法律方法，即法律职业者的方法。

（一）事实知识与规则知识

为了便于分析问题，我们不妨将知识分为两种：一是我们所处理的个案本身的事实知识；二是能指示某种行为发生的规则知识。

“知道一个苹果的价格是2元”，这种知识是事实知识。“知道2+2=4”，这种知识是规则知识。规则知识包括：（1）反映自然界和人类社会因果关系的规律类（实然类）规则，如裁判规律、执法规律以及经验法则等；（2）能够指引人们现实行动的应然类规则，如法律规则、道德规则、礼仪规则、修辞规则、决策规则、技术规则等。对解决问题而言，规则知识让知识具有推导行为（或者结果）的价值，有助于提高解决问题的能力。

对法律人而言，最主要的规则知识是法律规则。法律规则的逻辑结构体现为“构成要件+法律后果”，实际也是“IF〈前提〉THEN〈行为〉”。法律问题解决过程同时是一个人与人打交道的过程，还会涉及修辞规则（说服规则）的运用。“学者型法官更有可能接受具有理论色彩的论证”，这是一条修辞规则，它用来指引我们如何说服法官。

在法律问题解决过程中，一方面要根据法律规则提出某种主张；另一方面要根据修辞规则说服处事者（例如法官）接受这一主张。法律规则和修辞规则构成法律问题解决中最重要的两种规则知识。不过，它们并没有覆盖法律活动的方方面面。法律判断是法律与事实对接的过程，事实的建构需要借助经验法则等规则知识。法律问题解决是以目标为导向的，我们必须采取一定手段（行动方案）才能实现目标。因此，一种描述“手段—目的”的规则知识，对解决法律问题具有重要意义。虽然法律规则和修辞规则也是“手段—目的”规则知识，但是，它们仍有不足，法律问题解决所需要的规则远远超出法律规则和修辞规则的范围。比如，在二手房买卖合同审查中有这样一条审查指引——“注意违法建筑的交易风险：(1)违法建筑的买卖合同一般是有效的，也有可能无效；(2)注意购买违法建筑无法办理正规产权证，且后续有被拆除的风险；(3)应告知买受人只是取得了该违法建筑的使用权”①。这条指引并不纯粹是法律规则演绎的结果，也是基于法律运行规律（裁判规律和执法规律）推导得出的结论。再如：“注意买卖已设立居住权房屋的特殊性……建议买受人考虑与居住权人协商以支付一定对价注销居住权”②，这条合同审查指引实际上是价值权衡的结果，是依据一定价值排序规则推导得出的结论。

法律适用是“以法律为大前提，以事实为小前提”的推理过程。根据事实知识与规则知识的二分法，法律问题解决的思维过程可以理解为“以规则为大前提，以事实为小前提”的推理过程，此处的规则包括法律规则、修辞规则、法律运行规则、价值规则、行业规则等。以合同审查为例，我们发现处理这个问题所要调动的规则知识可以是复杂的，也可以是简单的，当我们将“法律规则、修辞规则、法律运行规则、价值规则、行业规则”糅合进合同审查指引时，合同审查实际上只需调动合同审查指引这种知识。法律问题解决的推理模型也远比法律适用模型复杂，它不是一个简单的“内部证成和外部证成”所能解释的，需要借助“决策树”等推理模型才能表达；在推理形式上，它也不仅是三段论的简单演绎，还包括概率推理、类比推理、逆推等多种形式。

---

① 法天使中国合同库：《二手房买卖合同起草审查需要注意的20个要点》，载微信公众号“法天使”2023年8月27日，https://mp.weixin.qq.com/s/hWDyyMWs4oZRuSC42QH0pQ。

② 法天使中国合同库：《二手房买卖合同起草审查需要注意的20个要点》，载微信公众号“法天使”2023年8月27日，https://mp.weixin.qq.com/s/hWDyyMWs4oZRuSC42QH0pQ。

（二）定律规则与案例规则

规则可以分为定律规则和案例规则。定律规则是借助概念模型表达的规则，例如，“货币流通量过多会导致物价上涨”。“货币流通量”“物价上涨”等概念模型是对现象的一种抽象化、概括化的描述，而不是对原型客体的具体复现。而案例规则追求对原型客体的具体复现，是以案例等具体可见的经验知识表达的规则，体现为能反映一定规律现象的案例故事、范本、样例等。从法律判断角度看，作为法律判断依据的法律规则，在大陆法系主要体现为定律规则，具体主要表现为法条，一个完整的法条包括构成要件和法律效果，相当于“IF〈前提〉THEN〈行为〉”；而在英美法系则主要体现为案例规则，具体表现为判例，一个可适用的判例也具有“IF〈前提〉THEN〈行为〉”的形式。显然，以上只是大体的区分，法律判断的精细化和专业化，要求我们全面把握作为法律判断依据的法律规则的各种表现形式，而不仅仅掌握主要形式。

作为法律决策和法律修辞依据的规则同样可区分为定律规则和案例规则。这些规则的表现更为复杂，来自不同的学科，相当一部分规则抽象化程度较低，与隐性知识存在千丝万缕的联系。尽管有一些根据经验提炼的定律规则，但因为这些规则归纳本身不完整，运用时需要具备很强的灵活变通能力。案例规则在这一领域有突出的地位，人们常常借助一些典型的范本、样例、故事等所表达的规则处理问题。例如，曾经成为舆论热点的星二代李某某五人等强奸案，根据当时案件的宏观形势，不可能作出无罪判决的结果，李某某却坚持无罪辩护，结果事与愿违。这类案例为人们处理类似问题提供的参考有时比那些明确表达的定律规则具有更重要的价值。

一种人工智能的描述有助于理解定律规则与案例规则在法律问题解决推理系统中的应用。在人工智能系统中，推理通常是采用混合推理进行的，而且是多进程的。

> 例如，假设一个人有一个定律规则，该规则有三个先决条件来授予某种利益：为了获得利益B，他必须满足R1、R2和R3的要求。假设R1和R2显然满足，那么为了争取利益尚有几个策略需要考虑。我们可以试着找出先例来解释R3，然后论证。事实上，这些事实确实满足R3，从而满足定律规则。或者，我们可以试着找出只需要满足前两项要求而仍然获得利益的判例，然后认为具备前两项条件本身就足够了。①

在上述案例中，我们同时使用定律规则和案例规则两种类型的推理，是一种混合式推理。显然，以上推理还只是相当简单的模型，实践中的推理通常还是多进程的，即同时存在多个拥有独立流程的推理，这些流程会相互触发，遇到冲突时，我们需要按照一定优先规则进行选择，然后进行下一步工作。

（三）技能知识和人际知识

将知识区分为事实与规则也是人工智能专家系统建构的方法。人工智能专家系统就是机器基于规则对事物进行判断的技术。法律人工智能难以取代法律人，一个重要的原因在于：知识除了事实知识和规则

---

① 参见［美］罗素·G. 皮尔斯：《人工智能与法律：法律推理模型的成果》，载赵万一、侯东德主编：《法律的人工智能时代》，法律出版社2020年版，第293页。

知识，还有技能知识和人际知识[1]。技能知识是一种凭直觉判断和处理问题的能力。例如，一名熟练的修理工本能地判断出某一个部件出了问题，如果这种判断来自直觉而不是规则的推理，就属于技能知识的运用。人际知识是关于谁知道某一知识以及谁知道如何去做某事的知识。例如，当工作遇到问题时，我们经常需要知道应该向谁咨询或者应该借助谁来解决问题，这时候就依靠人际知识。

（四）数据、信息与知识

《知识管理　第2部分：术语》国家标准将知识定义为："通过学习、实践或探索所获得的认识、判断或技能。"[2]数据是按一定规则排列组合的物理符号，是关于事件的一组离散的客观事实，在未经人处理之前，它根本没什么意义。信息是经过搜集和处理的数据，主要体现在图书馆、互联网以及各种各样的数据库之中。知识是经过加工整理、解释、挑选和改造而成的，是为我们所掌握的信息。

起初，我们通过观察和检索获得的只是信息，信息需要通过学习消化才能变成知识，其中技能知识还需要长时间地刻意实践。新知识的获得是新输入信息与脑内储存知识进行一系列复杂心智操作的过程，包括两种形式：一是通过实地观察、调查获得的信息与脑内储存知识的融合；二是通过对图书馆、互联网等信息库检索获得的信息与脑内储存知识的融合。本书所讨论的检索是第二种形式。

---

① 参见原国家质量监督检验检疫总局、国家标准化管理委员会：《知识管理　第2部分：术语》，GB/T 23703.2－2010。

② 原国家质量监督检验检疫总局、国家标准化管理委员会：《知识管理　第2部分：术语》，GB/T 23703.2－2010。

（五）显性知识和隐性知识

从人类知识共同体看，显性知识是人类能够以一定符号系统（最典型的是语言，也包括数学公式、各类图表、盲文、手势语等诸种符号形式）加以完整表述的知识；而隐性知识和显性知识相对，是指我们知道但难以言述的知识，隐性知识是个人的、受特定情景限制的、能够感知却难以表达的知识。①

本书讨论的是法律人解决法律问题的知识基础。因此，本书从法律人的知识结构角度对显性知识和隐性知识重新定义如下：显性知识是法律问题处理者能以逻辑思维形式清晰调动的知识；隐性知识是法律问题处理者通过其法感调动的知识，这种知识特点，一是难以表述，二是属于“跳跃式”推理，不完全符合逻辑思维的要求。大部分知识都兼具隐性和显性的成分，检索与知识管理可以帮助我们将知识由隐性知识向显性知识转化，从而更精确地处理法律问题。当然，也要注意这种转化存在局限，要时刻提醒自己个人理性存在不足。

四、法律人成长的知识困境与法律方法论的创新

解决法律问题需要多层次的知识。法学院教学早已注意到这一特点，因此，法学院教学努力为法科生提供广博的知识基础，既包括现行法之法律知识、价值层面的知识（包括各类伦理道德、心理健康等课程）、事理层面的知识（包括社会科学、自然科学基础知识课程），也包括法学方法、法律修辞以及法律实务类等方法技能课程。不过，我们也发现法学院教学尚不能满足法科生成长为法律人的需求。

---

① 参见邱均平等编著：《知识管理学概念》，武汉大学出版社2019年版，第6页。

近年来，法律检索作为一门课程被提升到重要位置，用于获取课堂教学尚未传授的知识，实际上并未实现其应有的功能。究其原因，主要有以下三方面：（1）法律方法局限于法律解释适用，不能满足解决法律问题的需要；（2）法律检索课程只介绍法条检索、案例检索和尽职调查检索的部分内容，尚未全面覆盖解决法律问题的知识基础；（3）法律方法、检索与知识管理尚未实现深度融合，法科生虽通过检索获得信息，但未能将其很好地转化为知识从而推进法律问题的解决。

纯粹扩大法科生的知识面以及开设法律检索课程，并不足以真正提升法科生的法律问题解决能力。要实现提升法律问题解决能力这一目标，一方面，需要将法律方法由法律解释适用扩张至法律问题解决全程；另一方面，要将法律问题解决全程所依赖的知识基础揭示出来，并将知识管理和法律检索融入其中。随着这一思路的引入，法律人成长轨迹将发生如图1-1的演进，这一演进将让法律人进入职业成长的快车道。

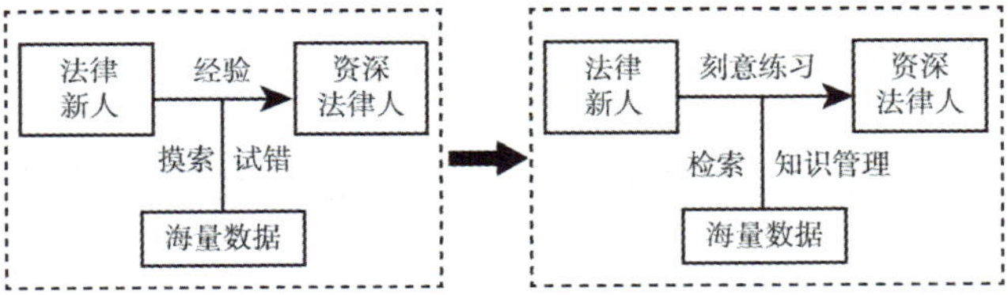

图1-1　法律人成长轨迹

法律问题解决本质上是一个知识运用的过程，只有将法律方法与知识管理、检索融合起来才能有效推进法律问题的解决。知识管理包括知识的获得、整合、存储、更新、创新、共享和应用等。检索的查询过程是知识获取过程；检索的结果分析其实就是知识的整合、更新。而法律问题解决的推理过程则是知识的应用。要有效运用知识解决问题不仅需要检索，而且需要做好知识的储存、创新和共享。法律问题的有效解决是知识管理的结果，知识管理必须以法律问题解决为目标，在大数据时代，检索成为知识管理的基础，我们需要建构一套使法律检索与知识管理相融合的法律方法，才能有效推进法律问题的解决。

五、小结

法律问题解决是一个运用知识的推理过程。本节首先基于静态视角从学科知识分类和知识管理学刻画了法律问题解决推理的前提知识类型；其次，从动态视角讨论了法律问题解决知识作业必须引入检索和知识管理。传统的法律方法论主要聚焦推理，因此，对推理前提知识的揭示具有一定的创新价值，不过，其价值的呈现要求知识管理和检索紧扣法律问题解决的推理任务展开，这要求我们建构一种能够使检索和知识管理相融合的法律问题解决方法论。

第四节 法律问题解决方法论模型、检索与知识管理

从海量的数据中检索出有效的信息，离不开法律方法的引导。本书是以法律问题解决方法论为内核的法律检索和知识管理工具书，也是试图借助法律检索和知识管理表达法律问题解决方法论的探索之作。任何一个现实法律问题的解决过程，背后都有无数的因素在起作用。法律问题解决方法论不可能将所有的因素都考虑在内，它实际上只能是对法律解决过程的抽象化、概括化的描述。依据抽象和概括程度的不同，法律问题解决存在多种方法论模型。在不同的方法论模型

中，检索与知识管理有着不同的定位。

一、法律问题解决方法论的简化模型

一种简化的法律问题解决方法论模型是法学（法教义学）方法论，只讨论法律解释适用。这个模型包括两个方面：（1）法教义学作业，即将现行实在法秩序作为坚定信奉而不加怀疑的前提，并以此为出发点开展体系化与解释工作的作业方法，目的是尽可能令“作为法律推理前提的法律规范”具有正当性①；（2）法律适用方法，即以法律规范作为大前提，以事实作为小前提，将法律与事实对接演绎出法律判断的方法。

最狭义的法学方法论对事实不做深入研究，而只关注法律解释适用，包括理论层面的法教义学作业②和针对个案的法律解释适用。要解决现实法律问题，我们还必须关注事实的查明和评价。本书将这种包含事实工作在内的法律解释适用称为法律判断。

在法律问题解决方法论简化模型的假设中，法律决定的正确性来源于法律本身的正确性以及法律适用于事实的正确性，它不管法律问题解决处在怎样的人与人关系之中，也不论能不能满足当事人特定利益目标的需求。在这种方法论模型下，检索和知识管理的任务围绕法律与事实展开，法律包括法条及其释义、为归纳裁判规则的案例、体系化整理的法教义学知识等，事实则仅指向案件事实——那些能为法律

---

① 体系化的理论基础是融贯论真理观，即法律正当性源自“法律是逻辑一致的统一体”，从而能实现“同样的情况同样处理，不同的情况不同处理”的形式正义。解释则是要在实质上保证对法律的理解符合法律所追求的正当目的。

② 严格意义上讲，法教义学作业只是一种理论层面的作业，并不追求特定现实个案的解决。法教义学作业的任务在于采用体系化与解释的方法对现行法进行描述，其成果主要体现于法学教科书、法考用书和法学专著等。

调整的事实。

二、法律问题解决方法论的一般模型

除了需要法律解释适用和法律判断，法律问题解决还是一个人与人打交道的过程。法律应用者不仅要根据事实作出法律判断，而且要说服法官接受其基于法律判断提出的主张，努力消除对方当事人对法官作出判断的不利影响。这一过程主要体现为法律修辞。法律修辞关注基于法律判断的主张如何为法官和对方当事人接受。

法学方法论和法律修辞学实际上讨论的是法律问题解决的局部问题。法律问题解决的目标与手段不能完全为法律判断与修辞所表述，一个完整的解决法律问题的过程需要靠法律决策刻画。法律判断是决策的基础，决策的任务是在法律判断基础上拟定解决问题的行动方案并加以有效执行，而行动方案的执行关键是说服处事者接受我们基于法律判断作出的主张（法律修辞）。

解决真实世界的法律问题，要求超越法学方法论的简化模型，建构一套包括法律判断、决策与修辞的法律方法。

在法律问题解决方法论一般模型的假设中，对当事人而言，解决法律问题不仅需要对事实作出判断，更需要在此基础上提出维护其合法权益的主张以及相应的行动方案。因此，检索和知识管理所关注的事实不再局限于案件事实，同时也包括为解决争议实现利益目标而必须考量的事实；所关注的规则不再局限于法律规则，同时也包括行业知识、行动中的法、法律业务操作规则等。

三、法律问题解决方法论的具体业务模型

依照法律判断、决策、修辞、检索、知识管理刻画的法律问题解决

方法论模型是一般的方法论模型。对象也决定方法，法律问题解决方法论还必须结合具体法律业务加以刻画。针对具体业务的法律方法刻画，需要在法律判断、决策、修辞、检索、知识管理基础上增加“分类”与“流程”这两个关键要素。任何特定具体法律业务都体现为众多的判断、决策、修辞、检索、知识管理的组合，这要求从两个方面对法律问题解决方论进行拓展：一是根据业务类型分门别类地对方法进行刻画，二是通过流程化将每一种业务切割为一个个具体的环节。

在法律问题解决方法论具体业务模型的假设中，检索和知识管理必须根据具体业务类型分门别类加以规划，本书主要讨论民商事诉讼、刑事辩护、多元化纠纷解决、合同审查、合规风险识别等五种类型。而对于每一种业务类型，则需要通过流程以及不同思维视角将其切割为一个个具体的环节，根据各环节所要解决的法律问题设定检索要点。

四、小结

法律人无疑已经是最重视检索与知识管理的职业群体之一，但由于检索与知识管理尚未能与法律方法深度融合，所能发挥的效能有限；法律人同样非常重视法律方法，但由于尚未能与检索及知识管理有效融合，导致法律方法论在实践中应用有限。由于法律问题本身的复杂性，法律方法、检索与知识管理的融合至今仍然是一个难点，本书将法律问题解决方法论区分为三种模型加以刻画，并将检索与知识管理融入其中，希望能为这一难点的突破贡献一些有益的思路。

第二章

CHAPTER TWO

法律检索常用工具

法律检索工具是专门用于法律问题解决的检索工具。法律检索工具种类繁多，开发主体既有国家机关也有市场主体，使用方式既有付费也有免费。在功能上，法律检索工具除了提供法律规范检索外，还涵盖裁判文书、检察文书、行政处罚文书、合同文本、主体信息、行业信息、理论著作、实务文章等方面的检索。法律问题解决需要检索多方面的信息，法律人需要学会运用多样化的检索工具。法律问题解决具有紧迫性，法律人熟练掌握常用法律检索工具，有利于提升解决问题的效率。

第一节

法律检索工具概述

在法律问题解决过程中，检索工具很重要，它决定我们能否快速找到所需的信息。根据信息存储的类型和方式，检索工具有以下分类。

一、综合搜索引擎

综合搜索引擎包括百度、微软必应、搜狗、微信等。

为提升检索效率，应注意运用高级检索功能。以百度为例，其高级检索设置页面（https://www.baidu.com/gaoji/advanced.html）见图2-1。

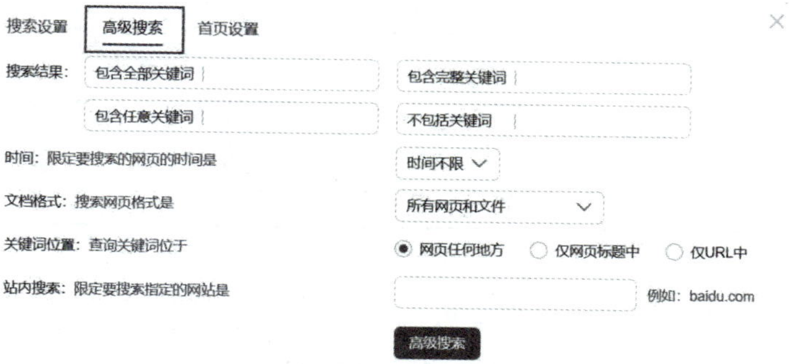

图2-1　百度高级检索设置页面

一个更快捷的方式是运用检索命令进行检索。在搜索引擎中直接检索该平台的高级检索命令，可查找到该平台的检索命令列表。以下是在大多数搜索引擎中通用的一些检索命令。（见表2-1）

表2-1　常见检索命令

检索命令	功能	举例
site:	限定域名检索	“居住权 site: gov.cn”用于检索在gov.cn网页中含有“居住权”的文章。
filetype:	限定文件格式检索	“公益诉讼 filetype: ppt”用于检索含有“公益诉讼”的ppt类型文档。
intitle:	限定在标题中检索	“intitle: 预告登记制度”用于检索在标题中包含“预告登记制度”关键词的网页。
inurl:	限定在url中检索	“民间借贷 inurl: court.gov”用于检索在court.gov的多个相关网站中含有“民间借贷”的网页。
“”	完全匹配检索	“自甘风险”用于检索包含该检索词的网页。
-	表示不包括	“-A”用于检索不包含特定检索词“A”的网页（减号前需有空格）。
空格或“and”	表示“并且”	“A B”要求检索结果同时包括“空格”前后的关键词。
|	表示“或”	“A | B”要求检索结果包含“ | ”前后关键词里的任意一个。

续表

检索命令	功能	举例
《》	名称检索	“《十二怒汉》”用于精确检索该词，且匹配文件、书名、电影、视频、音乐等类型。
说明：以上检索命令之后的冒号应在半角状态下输入。		

对于常见实务问题，微信是一个值得重视的工具，可以通过手机微信进行检索，网页版检索可选择搜狗微信（http://weixin.sogou.com）。微信中的大量法律文章为法律实务工作者所写，常常有对问题解决匹配度很高的实务资料。微信提供特定公众号内检索，对于查找权威性实务文章很有价值。

二、法律数据库

常用的由官方建设的法律数据库有：国家法律法规数据库、中国裁判文书网、中国审判流程信息公开网、人民法院案例库等。常用的非官方付费法律数据库有：北大法宝、法信、威科先行、Alpha法律智能操作系统、聚法案例、元典智库、法天使律师助手等。常用的非官方免费法律数据库有：把手案例、Openlaw、无讼等。

法律人要熟悉常用法律数据库的检索方法，详尽阅读各类数据库的“使用帮助”栏目可以有效提升检索效率。法律数据库具有强大的检索功能，要善于借助其高级检索功能提升检索效度，我们将在后续章节结合具体问题对此进一步阐述。

三、图书期刊文献搜索工具

纸质图书可以通过各类图书馆电子书目系统检索，也可以在当当网、京东网、淘宝网等购书网站检索。电子图书可以通过当当读书、微信读书等电子图书平台查询，也可通过“读秀学术搜索”工具检索。“读秀”是由海量全文数据及资料基本信息组成的超大型数据库，提供深入图书章节和内容的全文检索，而且部分文献可原文试读。“得到”（https://www.dedao.cn/）电子书平台有中国法制出版社等出版社的图书，可检索许多法律实务类书籍。

期刊文献可通过中国知网（https://www.cnki.net/）等渠道检索。在中国国家图书馆以及一些地方图书馆办理一个读者证，即可凭读者证编号、密码在图书馆App或网站登录，通过馆外访问方式可查询中国知网、人大复印资料等文献数据库。

就诉讼类业务而言，全国人大常委会法工委的条文说明类著作、最高人民法院的理解与适用类著作是律师在实务中使用频率较高的书籍。最高人民法院业务庭编撰的指导丛书具有很高的参考价值，如《民事审判指导与参考》《商事审判指导》《审判监督指导》《立案工作指导》《知识产权审判指导》《执行工作指导》等;《人民司法》《法律适用》《人民法院报》等热门期刊报纸也具有颇高的影响力。人民法院报官网（rmfyb.chinacourt.org/）免费提供近年来该报刊登文章的全文查阅功能。

四、互联网和“人联网”

尽管互联网的检索功能越来越强大，但传统人际关系网络同样不可小觑，问对了人可以事半功倍，是不容忽视的检索法宝。同事、同行、资深前辈，都是信息检索的重要路径。对于诉讼案件，要有意识地及时与法官、法官助理和书记员沟通，主动跟进案件。涉及与行政机关打交道的手续规范，在官网上进行查询后，不妨通过电话、电子邮件、互动平台等渠道进一步询问，有助于了解行政机关的监管口径、实操细节和实时变动情况，提高办事效率。

五、法律检索工具的导航

法律检索工具很多，无法一一列举。这里介绍两款专业的法律检索与法律工具导航网站。

聚法导航（https://www.jufadh.com/），为法律人收集和罗列了各类型的网站，包含常用工具、查信息、办公工具、动产及不动产、知识产权、资本市场、学术资源、官方网站、服务平台等模块。OSLAW知识库（https://www.oslaw.net/），具有与聚法导航类似的功能，但两者在板块设置、收录信息等方面有一定的差异，可以起到相互补充的作用。相较而言，OSLAW在法律尽调导航方面的表现略胜一筹，而聚法导航收集的网站类型更为多样。

法律人一般需要收藏数个法律检索工具导航网站，或者将检索工具嵌入常用的法律数据库。收集的检索工具值得法律人逐一学习，不过，一种更有效的办法是将学与用结合起来，基于法律问题解决的检索需要掌握这些检索工具。

第二节 北大法宝功能模块与检索方式分析

北大法宝（https://www.pkulaw.com/）是由北京大学法律人工智能实验室与北大英华科技有限公司联合推出的智能型法律信息一站式检索平台。本部分介绍北大法宝的使用指南，资料主要来源于北大法宝网站帮助中心和北大法宝微信公众号，笔者对此进行点评分析。考虑到无法对所有常见法律数据库一一进行详细介绍，各位在了解北大法宝使用指南的同时可与其他数据库做比较，以求触类旁通。

一、北大法宝数据库的功能模块

北大法宝内含法律法规、司法案例、法学期刊、法宝律师、专题参考、“English”（英文译本）、检察文书、行政处罚、法宝书城、法宝新AI、类案检索、法宝专题、法宝合规、法宝透镜、法宝视频、法宝学堂、解决方案等功能模块。

分析：

法律法规、司法案例、检察文书、行政处罚是绝大多数法律数据库都具备的功能模块。

法宝律师、专题参考检索模块主要是实务文章。有的检索系统将其归类在“专业解读（如威科先行）”检索模块，有的检索系统将其归类在“实务文章（如Alpha）”检索模块。在实务文章之外，法宝律师汇集了律所和律师信息、学术论文、书籍、刊物、法律课程、律师业务操作指引等多类型数据，能实现一定限度的律师数字画像的功能（其数据收集并不完整，仅可作参考）。法宝律师是收费模块，如果需要对律师进行数字画像而又没有法宝律师使用权限，也可通过裁判文书数据库对律师进行画像。

法宝新AI，是类似ChatGPT的智能平台。不少法律数据库也在开发类似模块，例如AlphaGPT，律呗等。这类智能平台目前仍在探索过程之中，功能有限。相较于寄希望通过GPT解决问题，提升自身的检索分析技能更为重要。

类案智能检索，是司法案例检索模块的升级版，在关键词检索、高级检索等传统案例检索方法的基础上，引入了智能检索。用户输入案例文书、基本案情，平台自动推送与待决事实相似的案例。不少法律数据库也有类似模块，例如Alpha的AlphaGPT，法信的类案智推等。目前而言，如果你使用的数据库不具备类案智能检索功能，其实也不必担心。类案智能检索仅具备有限的参考价值，人工检索分析仍然是不可替代的。

法宝合规，提供合规知识智能推荐，合规风险预警及监测。法宝透镜是尽职调查工具，可对当事人、法官、律师进行基于裁判文书的画像。法宝视频汇集律师专业知识和实务操作等精讲视频。

法宝专题包括劳动法宝、刑事法宝、IP法宝、银行专题、营商环境等模块。解决方案包括企业法治、智慧立法、智慧执法、智慧法院、智慧检务。他们都是面向特定客户开发的检索系统。不少法律数据库也具备这些垂直领域的法律信息在线产品，如有需要，可综合权衡选择。

二、基本检索方式

（一）全库检索

除支持各子库单库检索外，还支持全库检索，一次关键词输入，可获所有子库内相对应的数据，点击子库名称即可跳转至该库。（见图2-2）

分析：

全库检索可一次检索获得多个子库内相对应的数据。例如，输入“合同”，法宝会一次呈现包括法律法规、司法案例、法学期刊、法宝律师、专题参考等不同子库的有关“合同”的数据。全库检索能在一定程度上提高数据检索的完整性。有些法律数据库不能具备全库检索功能，只能针对特定子库检索，运用这些数据库要注意在不同子库多次检索以便获得更完整的数据。

尽管北大法宝具备全库检索功能，但是，也不能“一网打尽”解决法律问题的各类数据。法律数据存储相当分散，如本书第二章、第三章的介绍，不同类型的数据应选择不同的检索路径，一般需要将常用的检索网址收藏在常用电脑浏览器，而不能寄希望通过某个数据库就能检索所需要的一切信息。

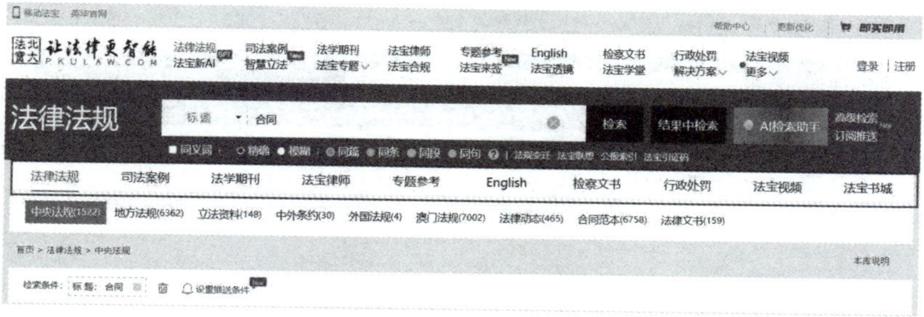

图2-2　全库检索示例

（二）标题检索

检索框中输入检索关键词，即可检索出标题中含有关键词的数据。

（三）全文检索

检索框中输入关键词，下拉框中选择“全文”，即可检索出全文中含有检索关键词的数据。在全文检索条件下，检索结果列表会显示关键词命中部分内容摘要。

全文检索提供同篇、同条、同段、同句等检索选项。在“全文”检索条件下，勾选“同段”，检索框中输入两个及两个以上关键词，如“房屋”和“居住权”，即检索出“房屋”和“居住权”同时出现在同一段中的数据。若勾选“同条”，即检索出“房屋”和“居住权”同时出现在同一句中的数据。（见图2-3）

分析：

在全文检索中，引入同篇、同条、同段、同句等检索选项有助于提高检索精度。针对裁判文书可能出现的某些关键词，这些关键词在同一句话中，可采用同句检索。针对法条可能出现的某些关键词，这些关键词在同一条文中，可采用同条检索。

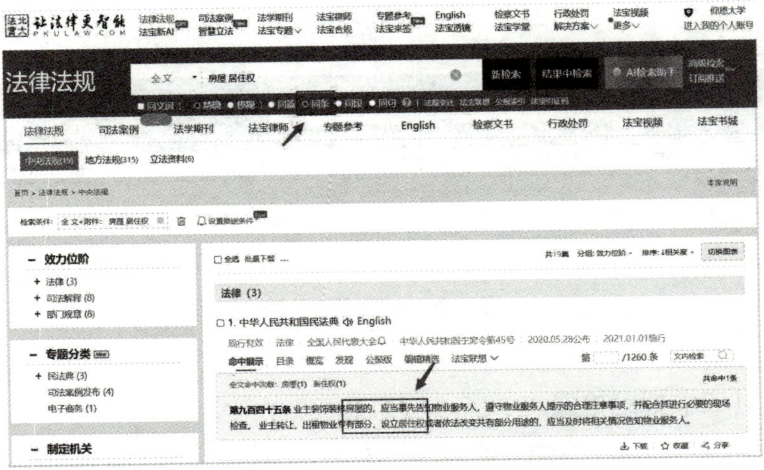

图2-3 全文检索示例

（四）定位检索

指定全文位置，在锁定位置范围内进行检索，更快更精准锁定所需结果。

分析：

定位检索主要用于案例检索，用户可检索范围设定在裁判文书的某个范围。具备案例检索的数据库大多都支持裁判文书的定位检索。中国裁判文书网高级检索提供全文检索、案由、案件名称等17个信息项的检索，北大法宝的定位检索在此基础上将检索信息项扩展到20

多个。(见图2-4)定位检索通常是案例检索的必选项，要注意留意所用数据库工具能支持的定位分类。

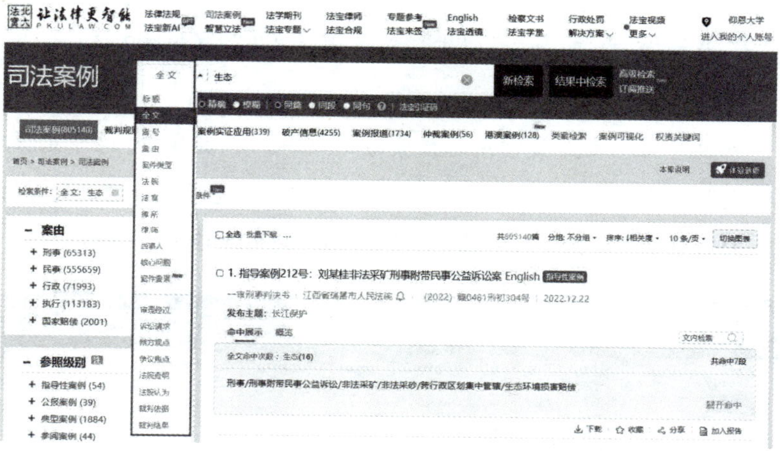

图2-4　定位检索示例

(五)词间间隔检索

两词之间输入“～N”，表示检索结果两词之间间隔不能超过N个汉字，标题、全文和定位检索都可以限定。词间间隔限定，例如，“合同～2纠纷”即表示两词之间不可超过2个汉字。

分析:

间隔检索，可将关键词有效衔接起来，从而提高检索结果准确度。针对法条或者裁判文书可能出现某些关键词，这些关键词的陈述并不一定连接在一起，这时可考虑采用词间间隔检索。例如，欲查找劳动合同纠纷中约定工作地点在全国的案例，可以“案由:劳动合同纠纷”“全文:工作地点～15全国”作为关键词检索。Alpha、威科先行等数据库也具备间隔检索功能，运用时要注意不同数据库间隔检索表达式的具体要求。

（六）布尔逻辑检索

北大法宝支持检索关键词之前的“与”“或”“非”运算。其中空格或“*”表示“与”，“+”表示“或”，“-”表示“非”。（见图2-5）

分析：

布尔逻辑检索是最常用的检索方式之一。在实践中，检索通常都需要提取若干关键词，并通过“与”“或”“非”等逻辑连接词进行组合。在北大法宝中，还能引入同篇、同条、同段、同句等检索条件组选项。

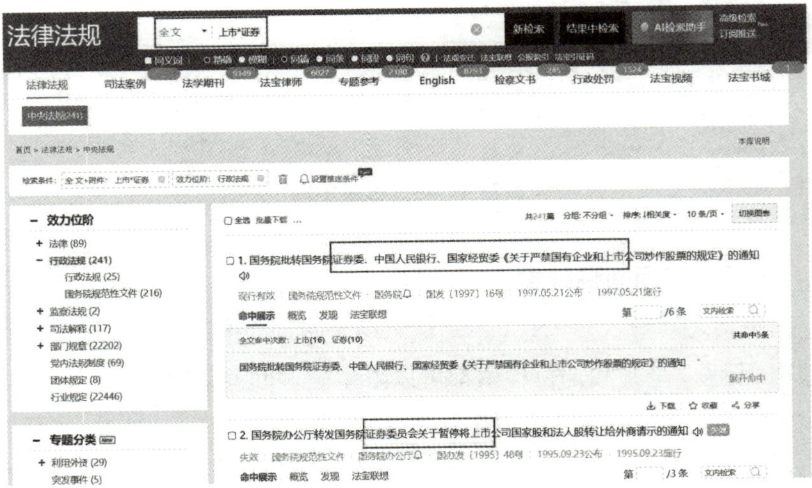

图2-5　布尔逻辑检索示例

（七）结果中检索

在上一次检索获得结果的基础上，再进行一次关键词检索，进而进行结果筛选。例如，第一次检索“房地产”获得结果之后，在检索框中输入“合同”，点击“结果中检索”，即对上一次的结果进行筛选。（见图2-6）

分析：

检索通常不是一次达成的，要善于运用“结果中检索”，反复筛选，步步推进，才能实现最终的检索目标。

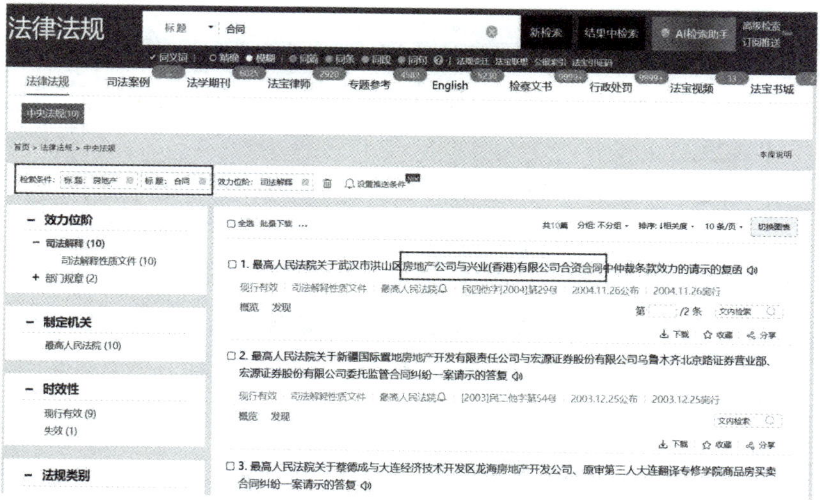

图2–6　结果中检索示例

（八）检索结果筛选

页面左侧设置聚类分组，根据不同标准对数据进行分类，直接点击分类标题即可对右侧数据进行筛选。如案例库中点击左侧案由中“民事”，右侧即只显示案由为民事的案例，且可以不断细分筛选，如“民事—劳动争议—社会保险纠纷—工伤保险”等。

分析：

页面左侧设置的聚类分组具有重要检索价值，能有效地帮助筛选检索结果，减少无效检索的数量。将页面左侧聚类分组牢记于心能大大提高检索效率。（见图2–7）

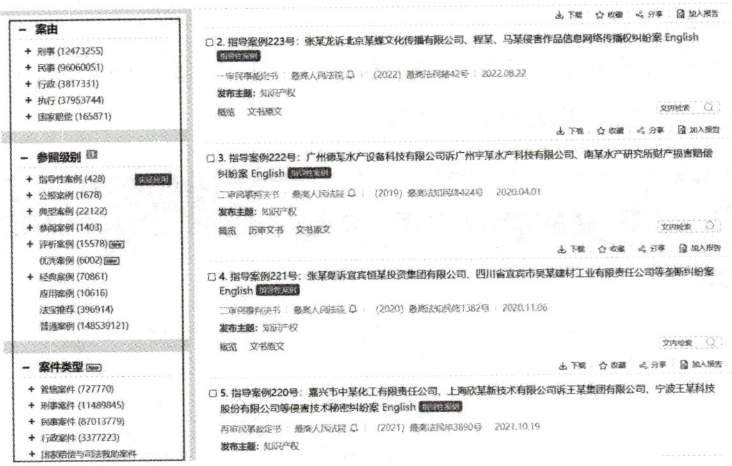

图2-7　检索结果筛选示例

三、结果显示

（一）排序和分组

获得检索结果后，可对检索结果排列顺序进行调整，如法规库可以按照发布日期、实施日期和相关度的检索结果分组，也可以按照效力级别的检索结果分组。

（二）检索结果显示

结果显示不仅提供直接检索结果，而且可以关联到相关信息。例如法规库，除显示发布日期、实施日期、时效性、发文字号等外，有英文译本、背景资料、本法变迁，以及法规时效性颜色标亮显示。以《城市房地产管理法》为例，点击"本法变迁"，会显示相关的编注与对照版、历年文本、修改决定与修正案等检索信息。（见图2-8）

分析：

检索结果显示来自北大法宝独创的"法宝联想"功能，在各子库之间创建立体化的知识体系，一次检索可以获得检索结果相关的其他法律信息。（见图2-9）目前多数数据库也具备类似的联想功能，只是关联的范围和深度有所不同。

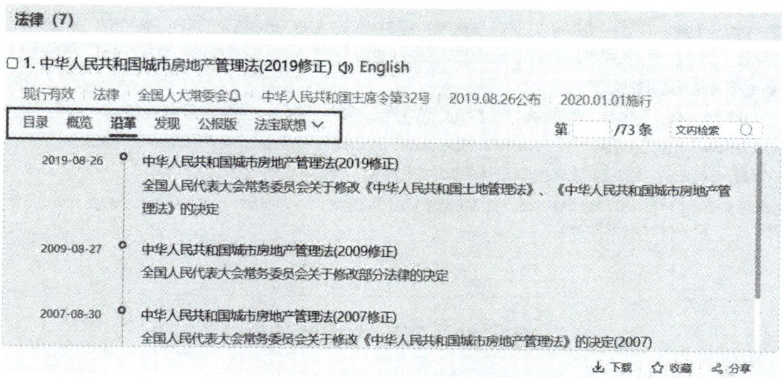

图2-8　检索结果显示示例1

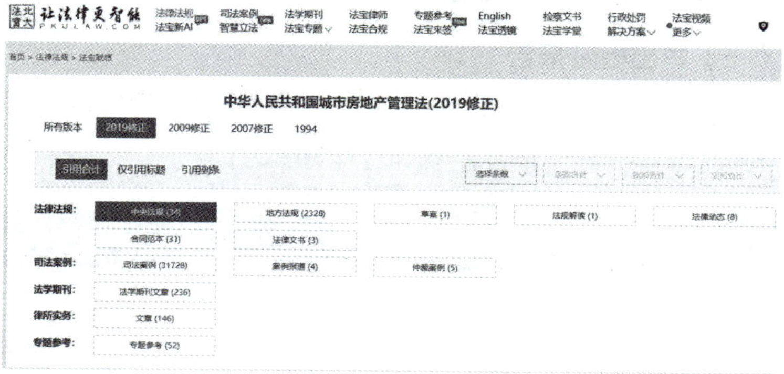

图2-9　检索结果显示示例2

（三）页面内功能

全文阅读页可使用目录导航、聚焦命中、页面内查找、法条跳转等功能。（以使用聚焦命中功能检索为例，见图2-10）

分析：

运用页面内功能可快速定位检索内容，提升检索结果阅读效率。

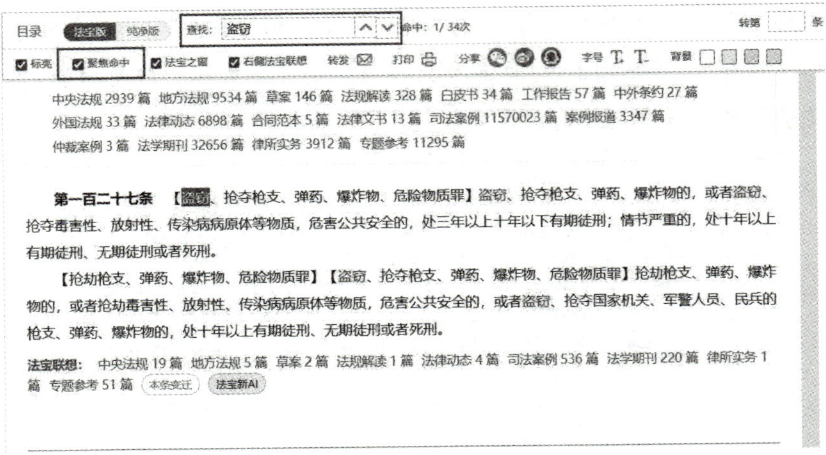

图2-10 页面内功能示例

四、检索报告与案例可视化

（一）导出检索报告

通过“选择案例-选择报告对象-编辑与保存”等操作，就可以获得一份优质的案例检索报告。（操作过程见图2-11）

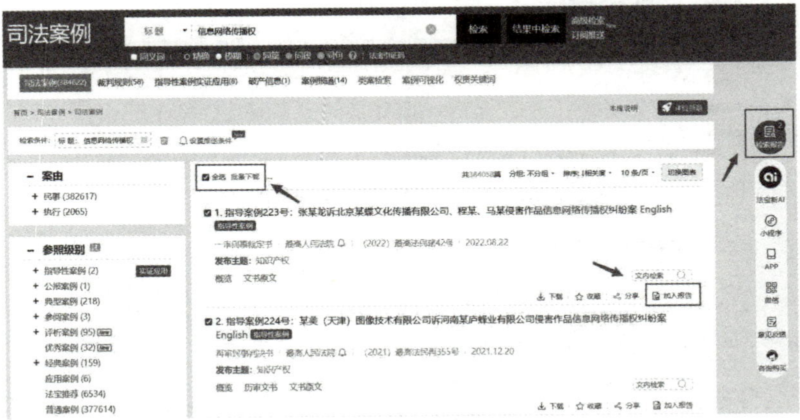

图2-11 导出检索报告示例

（二）案例可视化

案例可视化是北大法宝提供的智能司法案例数据分析功能，检索特定主题后即可生成智能图表。点击“案例可视化”（见图2-12）可使用该功能，生成包括案由、审理法院、审理程序、量刑情节、刑期、刑罚种类等数据的可视化图表。报告生成后可以选择下载文件。

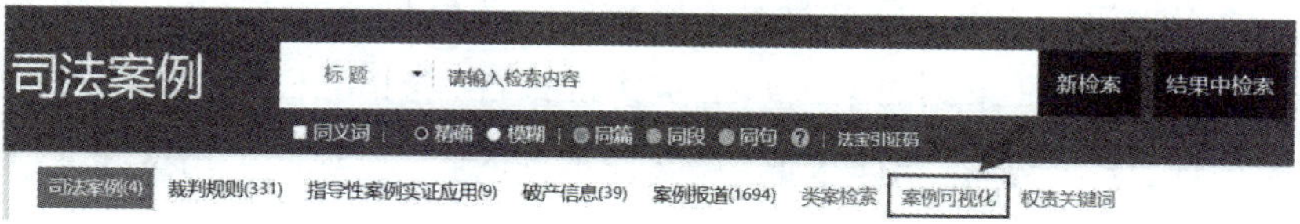

图2-12　案例可视化示例

五、案例检索的高级功能

北大法宝司法案例库除了提供传统的关键词检索，还具有“案例裁判规则检索”“指导性案例实证应用”“权责关键词检索”“类案高级检索”“智能类案检索”等类案检索功能。

（一）案例裁判规则检索

北大法宝裁判规则汇集了指导性案例、公报案例、典型案例等重要案例及司法解释文件中蕴含的裁判规则，同时提供北大法宝专业团队提炼的有较高参考价值的案例裁判规则。案例裁判规则检索根据裁判规则的相似性寻找类案。

分析：

案例检索主要目标是总结类案裁判规则。庞大的案例库让类案的查找以及裁判规则的归纳成为一项复杂的技术活。运用裁判规则检索能有效提升类案检索效率。例如，在司法案例库中选择“民间借贷”，可以检索到与民间借贷纠纷相关的裁判规则和案例信息，如果刚好能找到类案裁判规则，就省去了裁判规则提炼等烦琐工作。

（二）指导性案例实证应用

收录最高人民法院和最高人民检察院发布的指导性案例、应用案例（应用指导性案例的案例）、法宝实证报告、与指导性案例相关的法律法规、学术文章、媒体报道、英文译本等内容，直观展示指导性案例在司法实践中的应用情况。

分析：

指导性案例实证应用能帮助用户全面了解指导性案例的动态发展，从而为指导性案例的类案判断及参照方式提供参考。

（三）权责关键词检索

权责关键词表是由北大法宝专业团队以实体法和诉讼法条文及相关司法解释为主线，以权威教科书为辅助，结合各类裁判文书的结构和特点，提炼的关键词体系。权责关键词表提炼过程其实是对案例贴标签的过程，每个权责关键词都联系着相关案例。运用权责关键词检索，用户需要先对待决案件进行法律分析，如果待解决法律问题刚好在“权责关键词表”之列，就可以根据这些关键词检索案例。

分析：

与案情特征词检索一般从事实出发进行检索不同，权责关键词检索必须先作法律分析，明确法律问题。权责关键词检索能在一定程度上解决案情特征词检索的盲区。

（四）类案高级检索

类案检索平台以北大法宝司法案例库汇聚的刑事、民事、行政、执行案例大数据为支撑，以案由要素知识体系为基础，通过案例数据标注搭建智能比对算法，实现四大类案由案例关键词检索、高级检索等功能，支持一键生成类案报告。（见图2-13、图2-14）

分析：

类案检索的高级检索功能选项丰富，有助于用户快速定位类案。平台可一键生成文字版类案检索报告。（见图2-15）报告的类案分析尚缺乏深度，其内容仍需人工确认。

图2-13　北大法宝类案检索平台

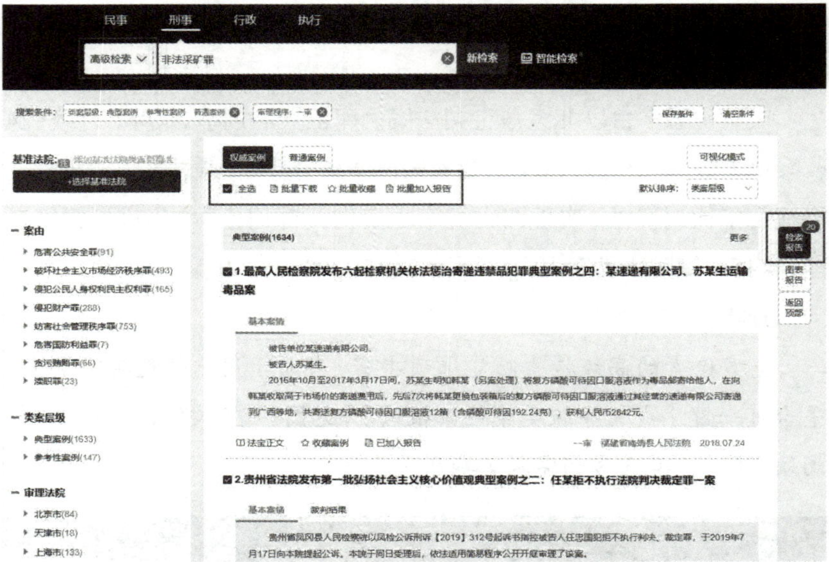

图2–14　将类案加入检索报告示例

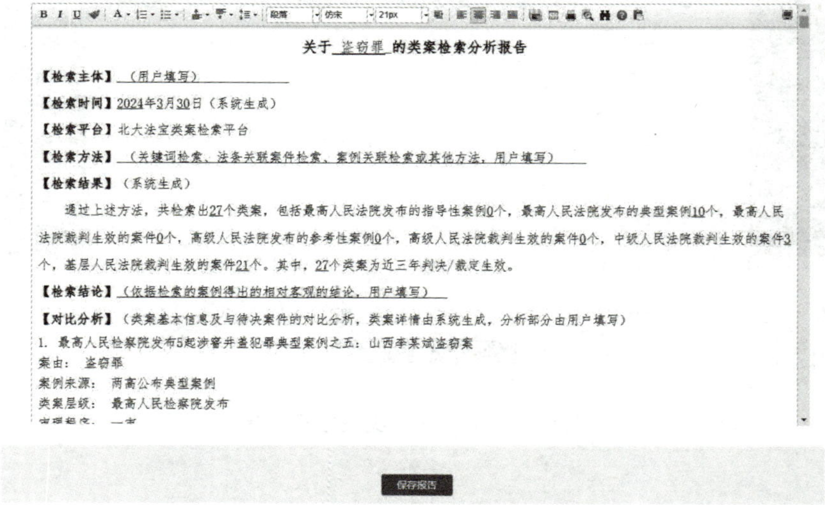

图2–15　一键生成的类案检索报告示例

（五）智能类案检索

类案检索平台的另一重要功能是智能类案检索。用户输入案例文书、基本案情，平台自动推送与待决案件事实相似的案例，并提供案例基本事实、争议焦点、法律适用精细化相似度计算，为用户提供类案参考。（见图2-16）

分析：

“以案搜案”智能类案检索，能够有效提升检索效率。智能推送的结果只可作为参考，最终仍需人工分析确认。智能检索目前主要适用于简单的民事案件，难以应对其他疑难、复杂案件。

图2-16 智能类案检索示例

第三节 Alpha 法律智能操作系统功能模块和检索方式分析

Alpha（https://www.icourt.cc/），是北京新橙科技有限公司针对律师研发的一款集法律数据库、案件管理、专业服务和律所管理于一体的法律智能操作系统。

一、Alpha的功能模块

Alpha内含法律数据库、案件管理、客户管理、市场案源拓展、合同模板下载、课程学习、智能证据等功能模块。

法律数据库包括案例、法规、司法观点、类案同判、优案评析、实务文章、行政处罚、检察文书等。其中，案例、法规、实务文章、行政处罚、检察文书等数据库与北大法宝类似。司法观点的数据来自“新编最高人民法院司法观点集成”这套丛书。类案同判库来自《中国法院类案检索与裁判规则专项研究》。优案评析数据库收录了《人民法院案例选》和《全国法院系统优秀案例分析》的案例与分析内容。

Alpha的案件管理通过项目管理模块进行。系统提供了100多套有配套流程任务与文书文本的项目模板，律师可以一键操作将其创建为自己的项目，然后针对案件特点进行修订。项目模板可按业务流程设置检查项，实现对办案的质量把控。成熟的项目模板可以固定下来，之后同类项目可按照保存设置好的流程标准模板执行，并能根据经验积累在实践中不断升级。

Alpha的客户管理能实现对客户的分类管理，可通过行业雷达和法律招标等模块实现案源拓展，并提供案源协作服务。Alpha在智能办案辅助工具方面做了不少探索，已开发出AlphaGPT、智能证据等智能工具。

分析：

Alpha将检索与律师办公系统融合为一体，引入大数据、可视化和人工智能等技术，为律师办案的流程管理、团队合作、客户服务、高效办公等提供较为实用的专业服务。Alpha支持律师在本地和云端共享文档，自动生成和审查法律文件，保证案件办理按照标准化流程推进，能有效提高办案效率。Alpha有大量自动生成报告的功能，灵活运用可有效改进律师服务客户的深度，满足客户的个性化服务需求。

与北大法宝追求服务对象的多元化不同，Alpha主要立足于改进律师工作效能。Alpha力求为律师提供一站式服务，不过，从律师角度看，仍需注意不同数据库各有其特长，要持续关注各类法律数据库和办公软件的新发展。

二、基本检索方式

（一）普通检索

输入关键词，选择相应的数据库进行检索。

分析：

检索框下面罗列的案例、法规、司法观点、类案同判、优案评析、实务文章以及行政处罚、检察文书等是Alpha系统自带的数据库。检索框下面罗列的大部分数据库，Alpha系统仅提供超链接。Alpha将其自身数据库未收集的数据，以超链接的方式嵌入检索系统以方便检索。另外，还可以通过“我的库源”“+新增”，添加新的网址增加外联数据库。（见图2-17）

图2-17　普通检索数据库

（二）高级检索

以案例检索为例，Alpha提供了丰富的检索维度。在图2-18中，除了左侧的检索维度，还可以不断添加右侧的检索维度。

分析：

Alpha提供了丰富的检索维度，要注意通过检索页面的“+”功能添加维度。例如，添加右侧“+结果类型”，可增加图2-19所列检索选项，将“一审”调整为“二审”“再审”“执行”，结果类型选项将相应变动。（见图2-19）

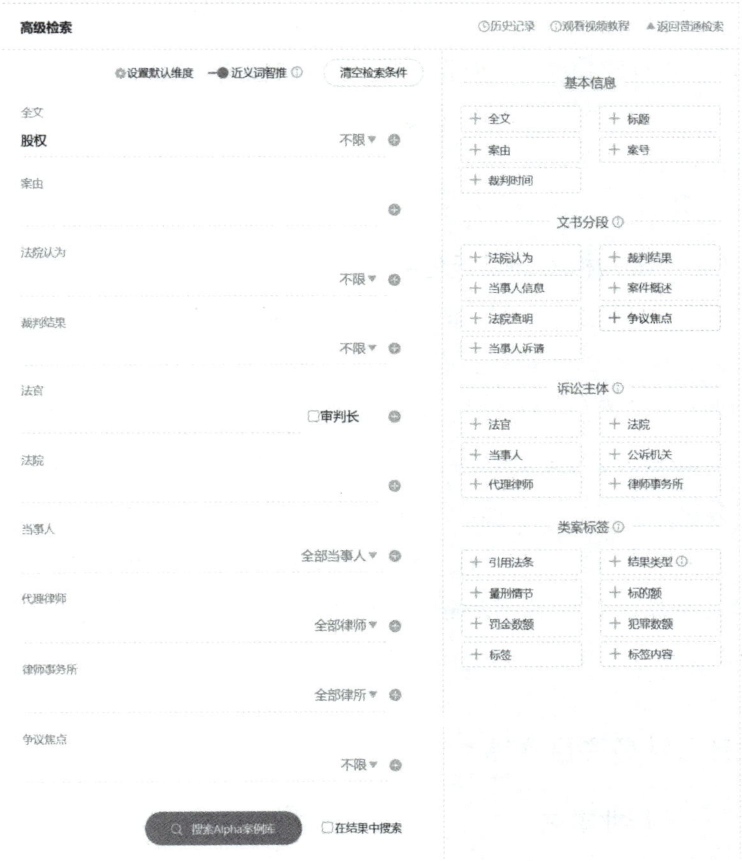

图2-18　高级检索维度

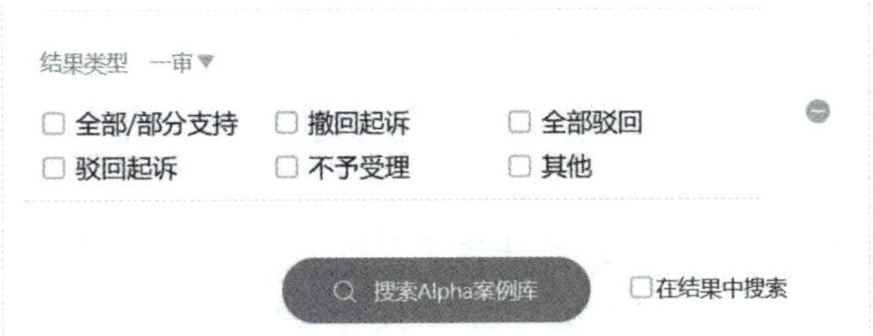

图2-19　“+”功能添加维度示例

全部勾选上述一审结果选项，可生成某类案件的一审裁判结果的分析，可为律师预测特定类型案件胜算概率提供参考。只勾选“全部驳回”，研读相关裁判文书，可进一步研究败诉的原因，为制定诉讼策略提供参考。

（三）案例检索的高级功能

与北大法宝类似，Alpha在类案检索方面有不少高级功能。Alpha类案同判库、优案评析数据库的类案检索效果与北大法宝的“案例裁判规则检索”类似，Alpha智慧检索与北大法宝的“权责关键词检索”类似，AlphaGPT的类案检索与北大法宝“智能类案检索”类似。

分析：

类案检索通常是耗时最多的一种检索。为了提高检索效率，不少法律数据库在数据整理方面做了很多工作，增加了不少高级检索功能，要善于运用这些模块提高检索效率。

三、部分特色栏目介绍

（一）行业雷达

行业雷达模块根据国民经济行业分类标准，按照18个一级行业、90个二级行业对案例进行标签化分类，让用户可以从行业视角对案例进行大数据分析，可一键自动生成分析报告。（行业分析类型标签见图2-20）

分析：

通过Alpha行业雷达，可快速了解各个行业的诉讼纠纷状况，从行业视角全面分析法律风险所在，判断行业趋势。

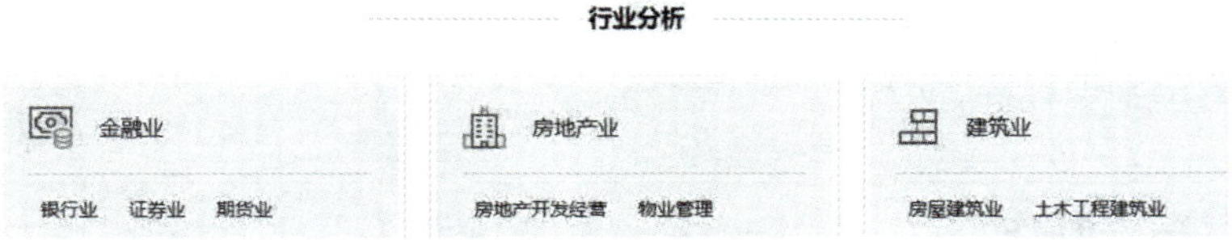

图2-20　行业分析

（二）项目模板

Alpha法律智能操作系统提供了100余套项目模板，每份模板都是一份完整的业务全流程手册，包含详细办案步骤、办案要点和文书模板等。（见图2-21）

分析：

不少法律数据库都有类似"Alpha项目模板"的办案指引模块。"Alpha项目模板"的特色可以融入案件项目管理中，律师可以利用模板一键创建属于自己的项目。

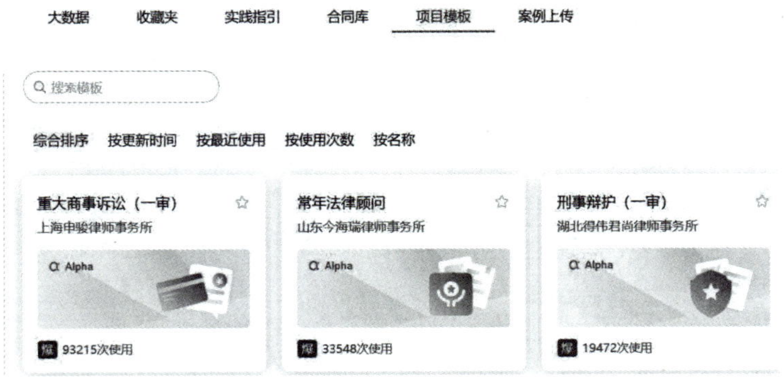

图2-21　项目模板

（三）智能证据系统

Alpha智能证据系统具有标记证据重点、摘录证据原文、证据分组、导出大事记、导出证据清单等功能。律师团队可基于证据系统规范建立内部整理标准，实现协作办案。

四、报告制作

Alpha具有多种报告生成功能，能满足律师服务客户的多样化需求。工具板块有类案检索报告、案例大数据报告、法官（对方当事人）大数据报告、自定义检索报告等，项目板块有任务列表、计时列表、全流程服务报告等，客户板块有行业纠纷大数据报告等。

（一）案例大数据报告

选定案由和案情关键词，根据需要将检索范围限定为特定法院、特定文书类型等，点击“可视化”图标，可生成可视化图表（见图2-22），将检索到的案例以案由、时间、地域、法院、法官、行业、标的额、裁判结果、律师、律所、常用实体法条、常用程序法条等20多个维度进行图表分析。

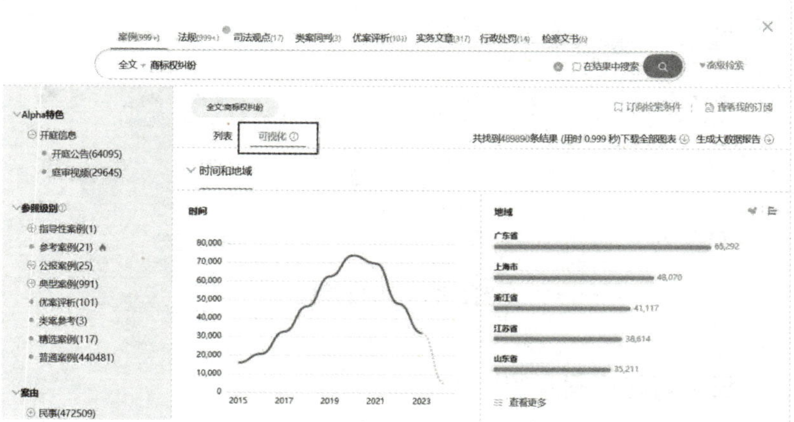

图2-22　可视化操作

点击“生成大数据报告”，可将该页面的所有图表、文字全部一键生成Word格式的大数据报告。在这个基础上，进一步修改补充，可进一步生成具有个性化的大数据报告。

（二）自定义检索报告

Alpha打通案例库、法规库、优案评析、司法观点库，可一键生成Word和Excel版本检索报告。检索案件相关的法规、案例、司法观点，点击检索结果后面的“+检索报告”，想要的内容就会自动添加到检索报告当中。检索完毕后，点击“检索报告”，可快速生成一份Word和Excel检索报告，以Word报告为例，可以对报告标题、页眉、页脚进行设置，添加律所团队Logo进行设置。（见图2-23）

分析：

Alpha所具有各种报告的生成功能，可根据需要用于案件走向预测、诉讼策略制定、与客户沟通的呈报文件、说服法官的佐证资料、律师办理案件的自我检视等。在微信公众号“icourt法秀”以“报告”为关键词，可检索到不少报告制作实例。

图2-23　生成的Word检索报告

第四节
威科先行及其他常用法律数据库

一、威科先行法律信息库

威科先行法律信息库（https://law.wkinfo.com.cn/）是荷兰威科集团（Wolters Kluwer）旗下的一款综合性、实务型法律信息数据库，包括法律法规、裁判文书、行政监管、检察文书、实务指南、文书模板、专题聚焦等多个栏目。

（一）检索方式

1. 标题及全文检索

在首页及搜索结果页面用户可以直接选择下拉框进行法律法规、裁判文书、行政监管、检察文书、专题聚焦和文书模板这几个栏目的检索。（见图2-24）用户可以根据自身需求直接进行检索或勾选“仅标题”进行检索。

图2-24　标题检索示例

2. 高级检索

用户在数据库的任何位置点开高级搜索，都会出现如图2-25所示的弹窗。全库高级检索都在一个弹窗里面，用户通过切换标签可以选择不同栏目。

分析：

威科先行高级检索页面清晰明确，易于掌握，支持用户通过间隔搜索、同句搜索、同段搜索等功能定位检索目标。威科先行案例检索设有证明力功能模块，可帮助用户快速锁定具有较强证明力和较大参考价值的案例。其他数据库有的需要用户自主勾选相关选项以锁定具有较强证明力的案例。

图2-25　高级检索示例

（二）部分特色栏目介绍

1. 专业解读

专业解读栏目包含专业文章、要案头条、实务指南、问答、法律速递、专题聚焦、内训助手7个版块，用户一次检索即可看到所有解读类聚合内容。（见图2-26）

分析：

专业解读主要是实务文章，可帮助检索者针对法律陌生领域快速构建体系化知识结构。

图2-26　专业解读示例

2. 合规实务系列模块

威科先行合规实务系列解决方案，深度整合咨讯获取、查询检索、问题解决、智能工具等功能。

分析：

合规实务系列解决方案包括反垄断合规、反商业贿赂、企业刑事合规、网安数据合规、税法合规、境外投资、并购与破产、环保与能源、国有企业合规、知识产权等不同实务领域的模块化产品。（见图2-27）合规实务系列解决方案能更好地满足法律细分领域信息检索需求。

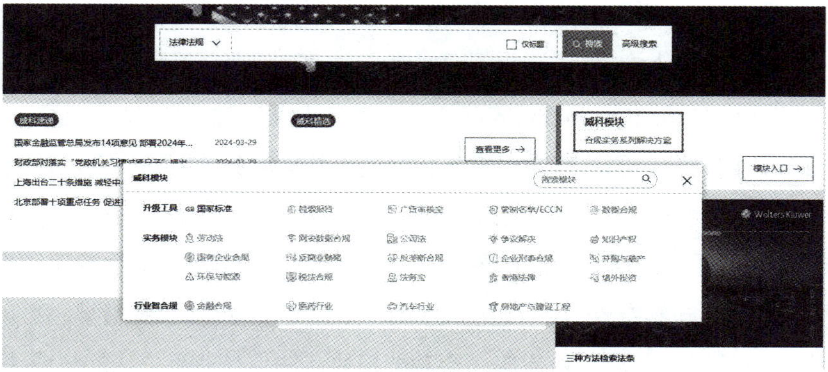

图2-27　合规实务系列模块类型

3. 广告审核宝

用户只需在线提交广告文案，便可获得广告违禁词提示，并附有风险等级、处罚依据、处罚范围、相关引证案例等详细信息。

分析：

广告审核宝是一款受到较多认可的广告文案合规性审查智能工具。一般来说，法律数据库大多有一些颇有特色功能的模块，选择数据库应注意研究其特色功能，以更好地满足自己工作场景的需要。

二、其他常用法律数据库

在前面介绍的三种法律数据库中，北大法宝是国内最早的法律数据库，Alpha智能法律操作系统是专门针对律师工作场景开发的法律数据库，威科先行具有国际背景。此外，下面的法律数据库也各有特色，限于篇幅，将简要介绍。

（一）法信

法信（https://www.faxin.cn/）是由最高人民法院立项、人民法院出版集团建设运营的法律知识服务和案例大数据服务的网络平台。法信内含法信大纲、法律法规、裁判规则、类案检索、法律观点、公报、期刊论文、标准、法条释义、法律图书、法律文书、中国民法典适用专库、刑法专库、天同码专库、海事司法案例库、知识产权检索、同案智推、智能问答、行政处罚、合同范本等多个功能模块。法信是业界公认的权威法律数据库。

（二）元典智库

元典智库（https://chineselaw.com/）是北京华宇元典信息服务有限公司旗下的法律数据库平台，内含“案例研判、法律法规、元典刑事智库、法律计算、合同范本、企业分析、法官分析、律师分析、专利检索、商标检索”等多个功能模块。

（三）律商网

律商网（https://www.lexiscn.com/）是律商联讯（LexisNexis）在中国推出的法律数据库产品，检索时支持中英双语法律内容，有便捷的翻译定制服务。

（四）无讼案例

无讼案例（https://wusong.itslaw.com/home）孵化于天同律师事务所，是一款免费的法律数据库，内含案例、法规、知识等检索模块。

（五）把手案例

把手案例（https://www.lawsdata.com/#/home）是长春把手科技有限公司旗下的法律数据库，内含裁判文书、检察文书、法律法规等功能模块，可免费使用。

（六）聚法案例

聚法案例（https://www.jufaanli.com/）是聚法科技（长春）有限公司旗下的法律数据库，内含司法案例、法律法规、检察文书、合同模板、搜企业等功能模块。

（七）OpenLaw

OpenLaw（https://openlaw.cn/）是一款免费的法律数据库，提供裁判文书的免费检索。

第五节 小　结

法律检索工具种类繁多，各类法律数据库各具特色，功能也有所不同。对于大多数法律人而言，能掌握和熟练使用一至两种法律数据库，基本上可以实现本书讨论的检索与知识管理功能。本章具体介绍了3种法律数据库的使用技巧，简要介绍了7种法律数据库的功能，主要为提升法律人的检索效率服务，而非商业推荐。

如果你已经熟练运用某种数据库，不建议更换数据库。运用法律数据库的目的在于提高工作效率，熟练本身就能提高效率。综合衡量功能和使用成本，不同类型的数据库各有优点，但也没有一种数据库具有其他数据库不可取代的优势。相较于收费数据库，免费数据库在功能上会有所欠缺，但是，这种功能上的短板也可以通过更多的人工分析加以弥补。需要注意的是，国家法律法规数据库（https://flk.npc.gov.cn/）、中国裁判文书网（https://wenshu.court.gov.cn/）、人民法院案例库（rmfyalk.court.gov.cn/）属于官方法律数据库，是其他法律数据库的主要数据来源，数据更加真实可靠。基于提高工作效率的考量，可以选择使用一些其他更为便捷和智能的数据库，但是，数据真实性的校验还要依靠这些官方数据库。

了解、对比不同数据库的特点，能够帮助我们熟悉所使用数据库的短板，从而为检索分析提供方向。法律数据库百家争鸣的生态有助于促进同类产品的优化，进而有助于法律人精进其职业技能，促进法律共同体的发展。

第三章

CHAPTER THREE

法律信息检索方法

法律问题解决是一个知识运用的过程。在信息化时代，法律方法不能只是将自己定义为关于事实与法律对接的学问，而是要升级为关于如何获取、表达、运用知识解决问题的学问。法律信息检索方法包括信息获取和检索结果分析两个方面。最初，检索仅能为我们提供信息，只有分析检索结果，我们才能将信息转化为知识。法律信息检索不能仅满足于法条、案例以及其他形式文本信息的获取，而且必须通过检索结果分析转化为适合法律问题解决场景需要的事实知识、规则知识、人际知识和技能知识。与传统法律检索著作不同，本书力求探讨一种融入知识运用和知识表示的法律信息检索方法。①

第一节

法律信息资源概述

一、法律信息的分类

狭义的法律信息是指所有与法律及其解释有关的信息。法律信息

---

① 作为检索手册，法律信息检索方法的介绍贯穿本书始终。本章介绍的是法律信息检索的基础方法，主要讨论针对事实知识、规则知识的检索方法。有关人际知识的检索方法在第四章讨论；技能知识的学习是一个刻意练习的过程，在第十一章讨论；围绕法律问题解决具体场景的检索方法在第六章至第十章讨论。

资源分为规范性法律信息资源、非规范性法律信息资源两大类。规范性法律信息资源，主要指国家立法机关制定并颁布的法律法规、司法机关作出的法律解释等，在普通法系国家还包括司法判例和决定。这类信息资源具有法律效力和规范性，称为“规范性法律信息资源”。非规范性法律信息资源，指的是所有解释、研究、探讨和评论法律的文献信息，如法学期刊文章、法学专著、教材等。这类法律资源是没有法律效力的，故称为“非规范性法律信息资源”。①

广义的法律信息是指所有与法律问题解决有关的信息，包括法律规则、修辞规则、法律运行规律、价值规则、行业知识等规则类信息，也包括事实类信息。我们讨论的是广义的法律信息。

二、法律信息的获得渠道

法律信息主要通过两种渠道获得：一是实地观察、调查，二是在图书馆、互联网等信息库检索。我们讨论的信息获得渠道主要是第二种形式中的互联网，它只是信息获得的一种形式。

三、信息向知识转化与法律问题解决

纯粹的检索只是信息获取，将信息转化为知识需要分析检索结果，我们讨论的法律信息检索方法涉及信息获取和检索结果分析两个方面。法律问题解决的思维过程可以理解为“以规则为大前提，以事实为小前提”的推理过程，检索结果分析的任务是将通过检索获得的信息提炼为规则知识和事实知识。

---

① 参见于丽英：《法律文献检索》，北京大学出版社2021年版，第21页。

第二节
法条检索

一、检索目标

检索是有目标的行为。检索目标的清晰程度直接影响检索的效果，实施检索之前，需要明确检索要达到的目标以及为此需要解决的问题。从法律判断角度看，法条检索的目标是寻找作为法律推理大前提的法律规范。在什么地方、在多大范围寻找法律规范，是法的渊源问题。我们需要根据法的渊源理论以及待解决问题对法源的需求，进一步确定法条检索的具体目标。不同法律问题要求我们确定不同的法条检索目标范围。以下讨论的仅是一般情况下的检索目标，更进一步的目标范围可结合后续章节的内容加以确定。

我国是成文法国家，法官审理案件必须以制定法为依据。法条检索的基本目标范围是可作为法院裁判依据的法律，主要分为法律、行政法规、司法解释、地方性法规以及作为准法源的最高人民法院与最高人民检察院的指导性案例。根据《最高人民法院关于司法解释工作的规定》，司法解释的形式分为“解释”“规定”“规则”“批复”和“决定”五种。对在审判工作中如何具体应用某一法律或者对某一类案件、某一类问题如何应用法律制定的司法解释，采用“解释”的形式；根据立法精神对审判工作中需要制定的规范、意见等司法解释，采用“规定”的形式；对规范人民法院审判执行活动等方面的司法解释，可以采用“规则”的形式；对高级人民法院、解放军军事法院就审判工作中具体应用法律问题的请示制定的司法解释，采用“批复”的形式；修改或者废止司法解释，采用“决定”的形式。

如果通过上述检索途径获得的法律依据仍不能满足要求，我们需要进一步检索相关国家机关的规范性文件（包括公开或未公开全文的规定、通知、会议纪要、内部文件、问函答复等）、人大常委会法工委的法律释义书、最高人民法院的司法解释理解与适用书、学者及法律实务界人士的观点等。在案件所涉争议政策性较强的情况下，相关国家机关文件应作为重点检索；在案件所涉争议理论观点存在歧义的情况下，立法释义、理解与适用、实务文章、学术文章等应作为检索重点。

检索目标的确定有赖于对法的渊源理论的完整把握。以上只是介绍了一般的情况下的检索目标范围，在解决具体问题过程中，检索的目标范围可能需要扩大至公共政策、道德习俗、社团规章、乡规民约等非正式法律渊源。检索目标的要求是“新”“准”“全”，不过，不同法律问题的要求各有所不同，需要具体判断。

二、检索工具

查询正式的法律渊源以国家法律法规数据库为准，也可通过中国法院网的“法律文库”查询。如果通过其他数据库进行检索，应与官方版本进行对比。部分国家机关的规范性文件在国家法律法规数据库无法查询，需要登录相关国家机关官方网站进一步检索，对于未公开全文的规定、通知、内部文件，可通过申请政府信息公开获得。由于政府职能部门众多，逐一检索各官方网站费时费力，也可以借助百度等搜索引擎或者专业法律数据库，运用高级搜索或者灵活运用检索命令进行检索。

人大常委会法工委的法律释义书、最高人民法院的司法解释理解与适用书、学者法律实务界人士的观点可参照图书期刊文献的查询方式查询。

法律数据库对法条检索结果通常配有联想功能，会在法条下通过自动索引链接到引用了该法条的其他法律、司解、裁判文书等，有的数据库还可以查询到新旧条文的对比情况等，运用专业法律数据库可提升检索深度。

三、检索路径

检索路径1：体系检索法

借由法律判断直接定位问题可能涉及的法律条文，从宪法、法律、法规、规章以及法律解释依次全面检索所有相关法律条文。一些专业数据库在主要法律文件中提供了法条关联、立法沿革、立法解读、新旧对照、相关论文等信息，有助于体系化检索法条，能有效提升法条检索深度。不过，数据库本身存在局限，结合人工分析进行体系检索仍有必要。

检索路径2：案例倒查法

一些法律数据库设置案例智能检索模块，输入基本案情，即可检索查找类似案例。在很多情况下，智能化检索的效果是有限的，需要我们设定适当的案情关键词在案例库中找到案例，然后借助案例裁判主文前引用的法条锁定检索结果。有的法律数据库提供"一键导出判决书引用的法条"功能，能有效提升检索效率。如还需要进一步补充检索，可以通过法条关联案例的方法确定相关案例，再次运用案例倒查法，最终形成完整的检索链。

检索路径3：法律术语检索法

法律术语通常来源于法条规定或学理通说，其在法律人中得到频繁运用，且有较高的固定性，将其作为检索词可提高检索精度。例如，检索"格式条款"有关规定，可在法规数据库输入"格式条款"，分别进行标题检索和全文检索。检索结果会呈现大量的法律法规，这时需要我们进一步结合经验勾选与待决问题相关的法律法规，最后筛选出相关法条。

在选择检索词时，需要将日常生活语言"翻译"成法律术语，例如"给钱"在法律上可能对应"付款"，"卖房"在法律上可能对应"商品房销售"，采用"付款""商品房销售""商品房买卖""商品房预售"之类的检索词可以达到更好的检索效果。一些日常生活用语一时难以找到确定的法律术语，例如，"裸贷"这个词并非法律术语，这时可以通过检索案例、实务文章或者新闻报道等方式进一步提炼法律术语，从"裸贷"相关文献中可提炼出"无抵押担保""诈骗"等法律术语关键词，以进一步深入检索。

检索词的选取能力是法律功底、检索经验、语言能力的综合体现，需要长久地实际演练和不断总结。要注意检索词是否专业、专指、恰当，区分各种同义词、多义词、近义词等，必要时扩大检索，避免漏检。检索时应灵活运用上位概念和下位概念。一时难以判断法律属性，可以先用上位概念检索。例如，不能明确属于哪一种合同，不妨先把范围放大一些，选择"合同"作为检索词，然后再逐步定位到具体的合同类型。

检索词选择是不断试错的过程。从概率论角度看，如果一件事成功的概率只有20%，重复做14次，那么，它成功的概率可以达到95%。当难以确定检索词时，可多次输入不同检索词进行试错，逐步确定最佳检索词。在一次检索完成后，可以通过点击“在结果中检索”选项，进行结果筛选，逐步锁定检索结果。

检索路径4：司法观点检索

司法观点作为法条的释义，可并入法条检索范畴。检索到法条并不一定能有效作出法律判断，这时就需要对法条的释义（司法观点）进一步检索。人民法院出版社出版了《最高人民法院司法观点集成》，不过，具有参考价值的司法观点不仅限于最高人民法院的司法观点，而且包括一切具有说理效果的法条释义和裁判规则。各类司法观点不能直接作为审案依据，但仍然可以用于说理，重要性不可忽视。最高人民法院的回函答复、通知文件、会议纪要，高级人民法院的调研报告、通知文件、指导意见等，法官的学术论文、个人专著，知名学者具有司法说理效果的学术观点等，均属于此处所指司法观点的范畴。一些法律数据库将《最高人民法院司法观点集成》电子版内容汇集到了司法观点库，以便于检索。但是，总体上看，司法观点信息资源储存还很分散，必要时仍需要结合图书期刊文献检索等多种途径检索。

四、检索结果分析

对检索结果，需要从相关性、全面性、权威性、时效性、实效性等方面进行评估，进行必要的分析、筛选和整理。法律检索的结果可能是数十个甚至上百个相关法条，有必要对检索所得法条逐一进行效力甄别。法条效力的甄别包括时间效力、空间效力以及对人的效力等，所引用法条一般都需要到政府官网确认，以免引用失效的法律法规。如果有效法条之间发生冲突，应按照上位法优于下位法、后法优于前法、特别法优于普通法等原则确定。

检索结果分析能力与检索者的法律素养密切相关。一般来说，做好法律检索需要对以下法律有较为全面的掌握:《立法法》《行政法规制定程序条例》《最高人民法院关于司法解释工作的规定》《最高人民法院关于裁判文书引用法律、法规等规范性法律文件的规定》《关于审理行政案件适用法律规范问题的座谈会纪要》。

检索最终结果要形成检索报告。检索报告不规范，可能导致检索结论不能作为参考依据。制作法规检索报告必须注意法规时效性，注意发文机关、文号、发文日期、生效日期等关键信息。一些法律数据库具有“+检索报告”功能模块，可以一边检索、一边点击“+检索报告”按钮，将检索结果添加进默认的检索报告，之后一键生成检索报告，然后根据需要进一步调整。一般需要增加检索背景、检索主题、检索方式等必要介绍，将检索到的法律法规按照其效力等级自上而下罗列，需要详细列明具体条款及其涉及的解释、理解以及适用观点等，并注明法律法规的效力状态以及实施时间。

通过法条检索，可以找到作为法律推理的大前提的法律规范。但是，该法律规范能否适用于案件事实，有时需要进一步论证，类案是一种有效的论证方式，这需要进一步引入案例检索。

第三节 案例检索

一、检索目的

案例检索有多重目标可供选择，一般来说，至少包括以下五种目标。

第一，明确法律适用的依据。在法律适用方面，类案检索目的在于运用案例辅助解释抽象的法律条文，也就是解释大前提，明确大前提的内涵，增强大前提涵摄小前提进而得出法律结论的说服力，进而增强意见的正当性、合法性。[①]具体包括：（1）借助类案的裁判观点论证某一法条应该具备某种解释，例如，《刑法》第382条第2款规定的“受委托管理、经营国有财产的人员”如何解释；（2）借助类案的裁判观点论证某一特定事实是否应涵摄于某一法条的构成要件之下，例如，某种情形下的动手反击是否可认定为“正当防卫”；（3）借助类案的裁判观点论证某一证据是否应该被采信，例如，一份连续讯问超过一定时间且无证据表明保证饮食情况下的讯问笔录，是否应该作为非法证据被排除。案例之所以具有效力，是因为它有助于维护法律适用的稳定性和统一性，以及有助于“同案同判”司法正义的实现。[②]在先的生效判决所确定的法律解释和适用规则对此后同类案件的审理具有约束力和影响力，这

① 参见杨先德、陈禹橦：《类案检索运用场景与规则方法》，载《检察日报》2021年2月22日，第3版。

② 参见齐晓丹等：《类案检索方法指引》，法律出版社2020年版，第2页。

是一种事实，也是法律共同体的共识。

第二，案件画像。目前很多法律数据库已经具备一键自动生成案例大数据报告的功能，能够呈现某一特定类型案件的审理法院、审理期限、适用法条、标的金额和审理结果等事实特征，初步具备同类案件大数据画像的功能。如果结合人工进一步挖掘，可对同类案件的争议焦点、裁判倾向等多种维度进一步进行刻画。同类案件大数据报告还可以选择以地区、行业、当事人等维度检索，从多个角度呈现案件画像。案件画像目的在于对案件运行事实特征的刻画，并从中提取案件运行的规律规则，能为合同起草、法律风险防控方案拟定、纠纷解决等提供重要的决策参考，也能对律师挖掘客户资源与选择执业方向提供参考。

第三，法官、律师以及当事人画像。法律问题解决的过程是人与人打交道的过程，案例检索形成的人物画像可为法律问题解决提供参考依据。通过检索案件主审法官以往的裁判文书形成大数据报告，可以了解法官裁判风格，例如法官审理类似案件最常援引的法条、法官自由裁量的事项（如损害赔偿金、责任比例）如何确定。检索法官以往的庭审视频，可熟悉法官庭审风格，如主审法官有没有口音，提问有什么特点。同样，案例大数据也可以对律师、律所以及某类当事人进行初步的画像。在一些具备检察文书检索功能的法律数据库中，可以对检察官进行画像，了解检察官的风格。

第四，提炼法律实务操作规则。裁判文书充分展示了各方当事人意见、举证质证内容，反映证据采信情况及理由，公开了法院裁判思路和标准，是提炼法律实务操作规则的宝库。

第五，协助事实调查。前述四种目标体现了案例检索在提炼规则类知识方面的功能，而在案件事实的调查方面，通过案例检索形成的大数据报告已在公安侦查以及检察院法律监督获得广泛应用。《大数据法律监督办案指引》[1]一书介绍了通过案例大数据的筛查、比较发现违法犯罪线索的办案方法。

选择不同目标，检索思路会有很大的区别。检索前需要根据所要解决法律问题的性质选择适当的检索目标。

二、检索工具

案例检索平台包括：（1）北大法宝、法信、威科先行、Alpha等付费法律数据库，这些法律数据库大多提供裁判文书解构功能，对案件基本事实、争议焦点、法律适用进行标注，方便类案判断；（2）中国裁判文书网是其他司法案例法律数据库案例数据的主要来源地，也是司法裁判案例官方发布网站，提交正式材料需要采用该网站数据；（3）人民法院案例库，收录经最高人民法院审核认为对类案具有参考示范价值的权威案例，包括指导性案例和参考案例；（4）“12309”中国检察网，查找检察文书的官方网站；（5）把手案例、Openlaw、无讼案例等免费法律数据库，其案例资源虽然没有官方数据库和付费数据库齐全，但各有特色，有一定参考价值。

三、检索路径

案例检索主要是对裁判文书的检索，不同案例数据库对裁判文书的拆解和归类有所差异，检索方法的设置有所不同。总的来说，案例检索方法主要包括两方面：一是选择怎样的词语作检索词，以及将其定位于裁判文书的哪个位置进行检索；二是将检索范围定位于哪一类裁判

---

① 参见贾宇主编：《大数据法律监督办案指引》，中国检察出版社2022年版。

文书[①]。相较于法条检索，案例检索的结果可能更为庞杂。因此，检索方法的选择更为重要。

检索路径1：案号检索

案号具有唯一性。2016年1月开始，我国法院正式施行统一的新案号编写规则：收案年度+法院代字（汉字+阿拉伯数字）+类型代字（汉字）+案件编号。利用案号这一独特标识，能够精准检索特定案例的裁判文书。检索者有必要认真研读《最高人民法院关于印发〈关于人民法院案件案号的若干规定〉及配套标准的通知》以及最高人民法院印发《关于修改〈关于人民法院案件案号的若干规定〉的决定》两个文件。

检索路径2：案由检索

案由，是人民法院对诉讼案件所涉及的法律关系进行概括后形成的案件名称。刑事案由根据行为人所触犯的具体罪名确定。民商事案件案由一般表述方式为：法律关系性质+纠纷。法院立案时通常会确定相应的案由，使用案由检索法能够迅速检索到涉及该类特定法律关系的案件。在实践中，法院对同一类型案件的案由定性未必准确或一致，检索时需加以留意。对于不相关的案例文书，可根据经验筛选排除，保证检索结果的准确性。

---

① 裁判文书归类包括：①裁判文书类型归类，如判决书、裁定书等；②当事人归类；③法院归类；④法官归类；⑤律师或律师事务所归类；⑥裁判日期归类；⑦行业归类，有的数据库将裁判文书按行业进行分类；⑧标的额归类，有的数据库将裁判文书按标的额进行分类；⑨裁判文书参照级别归类，如指导性案例、公报案例、普通案例等；⑩量刑情节、犯罪数额、刑罚、地域、审理程序归类等。归类其实是为裁判文书贴标签。如果没有归类，只能以裁判文书中的文字作为关键词锁定检索结果，有了归类则可以根据数据库检索设定的勾选项目进行检索。

检索路径3：案情特征词检索

案情特征词是指示某类案件法律事实与其他案件法律事实区别的关键词。案情检索词可以从主体、标的物、场所、行业、合同名称、事实状态、行为等方面提取。

将案情检索词放在合适的检索位置，可获得更精确的检索结果。例如，以"意定监护"为特征词，定位在裁判文书"本院认为"部分，在法律数据库中检索，可检索意定监护的一些法律争议。

不同案例数据库提供的检索位置有所不同，运用案情特征词时应注意全面了解案例数据库提供的检索位置。多数法律数据库检索平台的高级检索通常会有"全文、标题、案号、案由、诉讼请求、辩方观点、法院查明、法院认为、裁判依据、裁判结果、法官、法院、当事人、代理律师、律师事务所"等检索位置可供选择。

选定案情特征词在很多情况下颇有难度，选择不当会导致检索结果或者过于庞杂，或者过于简单。案情特征词分为"规范性关键词"和"非规范性关键词"，前者是法律规范表述中的术语，后者是日常生活用语，例如，情妇属于日常生活用语，是"非规范性关键词"，而其对应的法律术语是"特定关系人"。为了逐步筛选出可用的检索词，案例检索有时需要尝试"规范性关键词"和"非规范性关键词"交替使用，有时需要两者合并使用。对"规范性关键词"的选取考验的是法律人的知识储备，"非规范性关键词"的选取则与法律人的办案经验紧密相关。检索可以帮助我们弥补知识和经验不足，当对案情特征词的选择无从下手的时候，我们可以先通过搜索引擎进行检索，结合相关检索结果提炼关键词，再到法律数据库进行检索。

选择案情特征词的过程其实是一个法律判断的过程。当你凭直觉无从下手时，可严格遵循法律判断的逻辑步骤一步一步锁定关键词。在明确事实之后，需要进一步与法律对接，析出要件事实，并有层次地整理出主要规范的要件事实和辅助规范的要件事实。然后，在此基础上，逐步明确跟法律争点相关的可用于检索的关键词，包括“规范性关键词”和“非规范性关键词”。

例如，要查找由行贿人代持赠送给受贿人的股权的行为是否构成受贿既遂的案例。通过依次或者同时输入（依次还是同时输入取决于数据库的设置特点）“受贿 干股 既遂 | 未遂”的形式就能锁定。这里受贿、干股、既遂或未遂都是规范性关键词。再如，要查找涉及通过App收集、出售公民个人信息如何认定犯罪的案例，那么关键词组合就是“侵犯公民个人信息罪 App”，这里的App是一个非规范性关键词，却是与待决案件密切相关的特征性关键词。①

在实践中，案情特征词检索更多体现为一个不断试错和精确化的过程。例如，使用“无权代理”检索不到理想结果，这时可以切换到“表见代理”；使用“转让股权”检索不到理想结果，这时可以通过词序调换切换到“股权转让”。

与案号和案由检索不同，案情特征词检索结果更为庞杂，会出现大量无关案例。需要人工快速浏览检索案例的关键内容，排除无关案例。另外，也可结合以下检索方法以“在结果中检索”的方式，进一步限定案例检索范围。

① 参见杨先德、陈禹檀：《类案检索运用场景与规则方法》，载《检察日报》2021年2月22日，第3版。

检索路径4：法条关键词检索

在裁判文书中，法条关键词检索方法主要有两种。一种方法是将法律条文的内容全选或节选作为关键词，可根据需要选择在"全文、案件概述、法院认为、裁判结果、引用法条"等不同检索位置进行检索；另一种方法是通过"法条关联案例"实现从法条到案例的检索，采用这种方法的前提是法律法规数据库有"法条关联案例"的功能。例如，《刑法》第245条第1款"非法搜查罪""非法侵入住宅罪"关联了333个案例。①

案例检索与法条检索经常需要相互切换。如果案例检索提取不出检索词，可切换到法条检索，通过法条链接到案例；反之亦然。裁判文书包含着丰富的信息，案例检索不仅可作为理解法条的辅助，也可以为解决法律问题提供其他方面的帮助。

检索路径5："同句""同段"等关键词设置检索

"同句"或者"同段"检索是经常用到的检索手段。②在"同句"检索或者"同段"检索所输入的"隐名股东"及"合伙"两个关键词，可为进一步检索合伙协议当事人是否会被认定隐名股东，提供初步的检索线索。为了得到更准确的检索结果，大多数法律专业数据库都有"间隔N字"检索功能，例如，"隐名股东 合伙"加上"间隔15字"的检索功能进行检索，这样，双引号内两个关键词按顺序先后出现且间隔不超过15字的内容将被命中。不过，检索设置有所不同，需根据具体数据库选用适当的检索

① 2023年9月17日在Alpha法律智能操作系统查询结果。

② "同句"或者"同段"检索方法可参见第二章第二节第31、32、34页相关介绍。

方式。

多用“同句”检索或者“同段”检索，是提升裁判文书检索效率的重要手段。句和段的位置限定也非常重要，根据具体情况将检索关键词落入到案件事实、法院认为、裁判结果的段落中可大大提升检索的精确性。

在检索框中输入“-关键词”，就可以排除包含“关键词”的所有结果。例如，“产品责任纠纷-产品生产纠纷”，可以在排除“产品生产纠纷”后检索出包含“产品责任纠纷”的所有结果。

检索路径6：通过裁判结果归类检索

一些法律数据库对裁判结果进一步拆解，在裁判结果中提供了多种归类选择。选定“裁判结果”，选择“一审”，勾选“全部/部分支持”，就可以检索支持原告诉求的相关案例；勾选“全部驳回”，可查看何种情况下被告的反驳会获得法院的支持，从而导致原告的诉求没有得到支持。不同数据库对裁判结果的归类有所不同，要注意了解常用数据库的检索维度。

检索路径7：通过法院限定检索范围

例如，律师就代理某一基层人民法院的案件进行类案检索时，可在“法院”选项添加该法院及其上级中级人民法院、高级人民法院、最高人民法院。如遇检索不到这方面的案例，可更换检索同级邻近市、市辖区、县法院的案例。需要注意的是，运用“法院”作为关键词检索时，最高人民法院公布的指导性案例、公报案例以及各省高级人民法院公布的参考性案例有可能不在勾选的法院案例之列，需另行检索。

检索路径8：通过裁判日期、诉讼阶段、文书类型等限定检索范围

除指导性案例以外，一般优先检索近3年的案例。如果涉及新颁布的规范，检索的起始裁判时间一般可设置为规范生效后的日期。当然，由于法院审理期限等原因，裁判日期在新规生效后的案例并不等于适用新规裁判的案例，这一设定只是为了避免过多干扰信息。

此外，法律数据库通常还会以诉讼阶段、文书类型、标的额、量刑情节、犯罪数额、刑罚等对裁判文书进行归类，加上这些类别选项可以进一步限定检索范围。

检索路径9：法官、当事人检索

这种方法主要用于法官以及当事人的画像。加上案由等限定词，可刻画出某一法官在某一案由审理的大数据报告。

检索路径10：智能检索

智能检索的用法类似于ChatGPT之类的聊天机器人。用户直接输入待决案件基本信息或者裁判文书，系统直接给出类案及其智能检索报告。很多法律数据库都有智能检索的功能，例如，北大法宝的“类案检索平台”，Alpha的“AlphaGPT”。智能检索具有法律判断的能力，当我们输入案情后，系统会智能识别案件类型、审理法院、案情要素、相似案例等，但是，系统并不能保证这些判断是正确的，由于缺乏精细的人工分析，这些判断有一定出错概率。因此，即使有智能检索，人工检索分析的技能也是每个法律人不可或缺的技能。

检索路径11：基于裁判规则的检索

基于裁判规则的检索能帮助减轻提炼裁判规则的繁杂工作任务，提高检索效率。例如，Alpha的"类案同判"、法信的"裁判规则"、北大法宝的"案例裁判规则检索"和"指导性案例实证应用"等。不过，数据库所提供的裁判规则有限，而且可能存在时效性问题，人工设定关键词进行检索仍然是法律人必须具备的基本技能。

四、检索方法的表达

对案例检索来说，一方面要懂得运用适当的检索方法将案例检索出来，另一方面需要将检索方法以适当的方式表达出来，以便后期检查，以及方便他人检验该检索结果是否真实。

魏存仪律师团队在《最高人民法院建设工程施工合同纠纷工期大数据报告》[1]一文中将检索方法表达如下：

1.案例来源：Alpha 案例库

2.检索日期：2022年3月25日

3.检索词条：法院认为包括："停工、窝工、工期、开工日期、竣工日期"

4.检索案由：建设工程施工合同纠纷

① 参见魏存仪律师团队：《最高人民法院建设工程施工合同纠纷工期大数据报告》，载微信公众号"iCourt法秀"2022年7月4日，https://mp.weixin.qq.com/s/8iKjWFUTI-chbnMmOoTGjQ。

5.裁判时间：2019年3月25日至2022年3月25日

6.审理法院：最高人民法院

检索方法的表达可简称为“检索式”。不同案例数据库对裁判文书的拆解和归类有所差异，“检索式”的表达也因此没有统一标准。检索式要素包括案例来源、检索日期、检索词条、检索位置、检索维度。本书将“检索位置”定义为裁判文书的某个位置；而“检索维度”则是数据库对裁判文书的归类。除案例来源和检索日期等检索要素外，“检索式”可简化为如下表达方式：以“××”为检索词，检索位置设定为“××”，检索维度限定为“××”。（见表3-1）

例如：

以“无效 支付 无效 赔偿”为检索词，检索位置设定为“法院认为”，检索维度限定为“××法院”。

一般来说，检索词与检索位置可放在一起表达，检索维度按照具体归类表达，因此，上述检索式可进一步表达为：

检索词：法院认为包括：“无效 支付 无效 赔偿”

审理法院：××法院

表3-1 检索式要素示例

检索式要素	含义	示例
案例来源	检索来源案例库	北大法宝、Alpha等
检索日期	检索的具体时间	2022年3月25日
检索词条	将检索词置于裁判文书某个位置（如全文、标题、诉讼请求、辩方观点、争议焦点、法院查明、法院认为、裁判结果、裁判依据等）检索。	“法院认为包括：停工、窝工、工期”，指将“停工、窝工、工期”这些检索词置于裁判文书中“法院认为”的位置检索。

续表

检索式要素	含义	示例
检索维度	检索维度实际上是案例数据库对裁判文书的归类。归类标准包括：案号，案由，当事人，法官，法院，代理律师，案例所属行业，案例级别（指导性案例、公报案例等），量刑情节（如自首、坦白等），一审裁判结果（如全部支持、全部驳回等），二审裁判结果（如维持原判、发回重审等），再审裁判结果（维持原判、改判等），标的额，等等。	案由：建设工程施工合同纠纷。 裁判时间：2019年3月25日至2022年3月25日。 审理法院：最高人民法院。

五、检索结果的分析

通过检索锁定相关案例后，需要进一步分析检索结果。根据选择的不同类案检索目标，可从以下路径展开检索结果分析：

（一）类案分析

类案的权威定义来自最高人民法院《关于统一法律适用加强类案检索的指导意见（试行）》第1条规定："本意见所称类案，是指与待决案件在基本事实、争议焦点、法律适用问题等方面具有相似性，且已经人民法院裁判生效的案件。"

1. 类案判断标准

相似性是在系争案件中参照相关案例规则的前提，判断相似性的基本比较点是基本事实、争议焦点和法律适用。

基本事实：指能够引起法律关系产生、变更和消灭的法律事实，并非全部事实。从归纳裁判观点角度，基本事实比对点应该是对裁判结论有直接影响的法律事实。

争议焦点：指诉讼当事人之间关于事实认定或法律适用等的具体争议。法院的裁判观点体现为对争议问题的定性，争议焦点的相似性构成了裁判观点类推适用的前提。

法律适用：指案件裁判所适用的法律规范。法官审理案件必须以制定法为依据，类案体现的裁判观点仅是法律规范针对相关事实的解释，具有参考价值。因此，相似性还应包括可能适用的法律规范的相似性。

类案判断是一个在目标问题与类案比较点（基本事实、争议焦点、法律适用）之间来回往返的过程，见图3-1[①]。

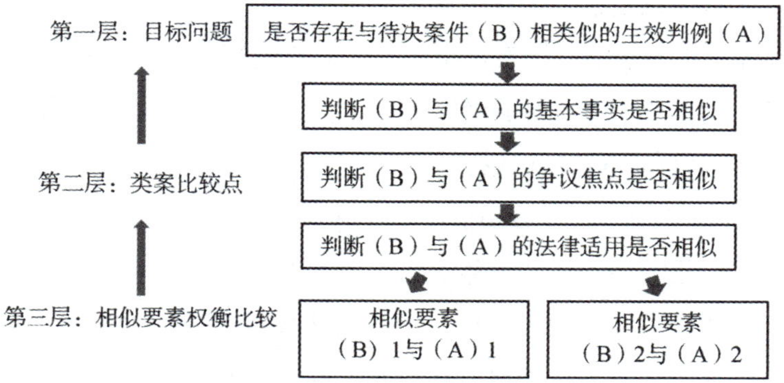

图3-1　类案比较的过程

对检索到的案例要再次检验其与待决案件的基本事实、争议焦点、法律适用是否相似。不可能存在两个所有事实情节都具有相似性的案例，总有一些事实情节相似，有些事实情节不同。因此，关键在于判断

① 参见孙艳秋：《类案检索在刑事辩护中的运用》，载微信公众号“icourt法秀”2022年4月19日，https://mp.weixin.qq.com/s/iRDU3hTlSYNO_cVtBOKGJA。

不同的事实情节能够在多大程度上影响类案的裁判规则在待决案件中的适用，如果这种不同影响对案件性质、重要情节等问题的认定，则系争案件就不能按照类案裁判规则处理；反之，类案则可以参照。

例如，待决案件和检索的案件都是故意杀人案件，两者在犯罪手段、损害后果上基本相同，但起因不同：前者是随机选择陌生人的犯罪，后者是因长期情感纠纷导致的犯罪。在参照类案裁判时，应着重考量起因对量刑结果的影响：两案的起因存在重大不同，则应得出不同的量刑结果；反之，则应得出相同或类似的量刑结果。[①]

2. 类案检索范围

《最高人民法院关于案例指导工作的规定》《〈最高人民法院关于案例指导工作的规定〉实施细则》《最高人民法院关于统一法律适用加强类案检索的指导意见（试行）》等司法规范性文件确立了类案裁判观点在待决案件中的权威参照价值。不过，并非所有类案都如此。根据《最高人民法院关于统一法律适用加强类案检索的指导意见（试行）》规定，类案检索范围一般包括：（1）最高人民法院发布的指导性案例；（2）最高人民法院发布的典型案例及裁判生效的案件[②]；（3）本省（自

---

① 参见杨先德、陈禹橦：《类案检索运用场景与规则方法》，载《检察日报》2021年2月22日，第3版。

② 此类案例可进一步区分为三种类型：（1）《最高人民法院公报》发布的案例，即"公报案例"或"典型案例"，它是最高人民法院根据地方人民法院生效裁判文书或自己审理案件的生效裁判文书编写而成；（2）最高人民法院各业务审判庭编印的书籍中刊登的案例（裁判文书）或者编写的案例，比如《中国行政审判案例》《行政执法与行政审判》等；（3）最高人民法院在"中国裁判文书网"上发布的裁判文书。（刘树德、孙海波主编：《类案检索实用指南》，北京大学出版社2021年，第65页。）

治区、直辖市）高级人民法院发布的参考性案例及裁判生效的案件；（4）上一级人民法院及本院裁判生效的案件。也就是说，具有权威参照价值的案例一般仅限于上述案例。其中，检索到的类案为指导性案例的，除了与新的法律、行政法规、司法解释相冲突或者为新的指导性案例所取代，人民法院应当参照作出裁判，将指导性案例作为裁判理由引述，但不作为裁判依据引用；检索到其他类案的，人民法院可以作为裁判的参考。公诉机关、案件当事人及其辩护人、诉讼代理人等提交指导性案例作为控（诉）辩理由的，人民法院应当在裁判文书说理中回应是否参照并说明理由；提交其他类案作为控（诉）辩理由的，人民法院可以通过释明等方式予以回应。另外，也可以直接检索人民法院案例库，这是一个简便实用的检索路径，不过，其所收录案例数量覆盖范围不一定能满足特定案件的需要，需要有所注意。

我们必须遵照上述标准选择类案，并对案例检索结果进行甄别。从实务角度看，类案检索按照以下顺序展开：（1）最高人民法院发布的指导性案例；（2）最高人民法院发布的典型案例；（3）最高人民法院审判的案例；（4）案件管辖法院的上级法院审判的案例；（5）案件管辖法院审判的案例。除指导性案例以外，优先检索近3年的案例或者案件；已经在前一顺位中检索到类案的，可以不再进行检索；如无法在本省（自治区、直辖市）高级人民法院、上一级人民法院以及本级人民法院裁判生效案例中找到类案，可进一步扩大检索范围。在作类案判断之前，应关注检索到的案件是否生效，如果存在“被二审、再审改判、发回重审、尚未生效”等情形，不可作为类案归纳裁判观点；也需要关注类案的时效性，判断是否是可有效引用或者参考的类案，如果存在“与新的法律、行政法规、司法解释相冲突、为新的指导性案例所取代”等情形，不可作为类案归纳裁判观点。

3. 类案检索报告

对于包含相同检索词但事实（或说理）与检索目的不符的裁判文书应予剔除，然后对有效裁判文书进行分析，提炼类案的裁判规则。

类案分析最终需要以类案检索报告的形式呈现。一些法律专业数据库提供在线自动生成法律检索报告功能，将检索到的所有裁判文书统一选定处理，可以将不同裁判文书的相同部分整合成类案检索报告。这种方法可提高检索效率，但尚无法替代人工分析。法律检索要解决的法律问题多种多样，类案检索报告也有多种类型。最典型的是围绕争议焦点制作的检索报告。

以“类案检索报告”全文关键词在法律法规数据库检索，会发现不少关于类案检索的地方司法文件都包含类案检索报告参考样式，可根据需要选择使用。以下是一份简化版的案例检索报告的基本格式规范。

01检索背景

如果是争议解决事项，检索背景实际是基本案情的介绍，标题也可替换为“基本案情”；如果是非诉业务，检索背景则是关于项目内容的介绍，标题也可替换为“××项目”。

02检索主题

检索所要解决的问题，一般为案件争议焦点所要解决的事实或法律问题。有时为了强化检索结论给受众的印象，也可将检索结论放在这里一并阐述。

03检索方法

①案例来源：

②检索日期：

③检索词条：

④检索案由：

⑤裁判时间：

⑥审理法院：

……

04案例检索情况

①持"……"观点的案例

②持"……"观点的案例

摘录案例内容一般需要包括案件名称、案号、审理法院、审理程序、裁判日期、合议庭人员、案情简介、裁判规则等要素。其中案情简介、裁判规则的关键内容采用加粗或者标颜色等方式突出显示。指导性案例的裁判要点就是裁判规则，非指导性案例的裁判要点则需要自己提炼。裁判规则在逻辑上包括两个要素，即争议问题和法律解决方案。[①]研读裁判文书时，要注意将文书中的"争议点"与"法院认为或者证据认定部分提出的解决方案"联系起来，提炼裁判规则。

05对法律适用及案例检索的分析

需要对是否参照或者参考类案等结果予以分析说明。存在不同的裁判观点，需要对选择结果进行论证，并阐明之所以不参照或者参考某些裁判观点的理由。针对裁判观点在不同时期呈现出的不同倾向，应分析其演变的过程，结合政策变化和学术观点演进加以论证。

论证的具体要求可参照《最高人民法院关于统一法律适用加强类案检索的指导意见（试行）》第11条之规定："检索到的类案存在法律适用不一致的，人民法院可以综合法院层级、

① 参见张骐：《论案例裁判规则的表达与运用》，载《现代法学》2020年第5期。

裁判时间、是否经审判委员会讨论等因素，依照《最高人民法院关于建立法律适用分歧解决机制的实施办法》等规定，通过法律适用分歧解决机制予以解决。”

06结论

阐明通过检索获得的法律适用结论

上述检索报告只是一般格式，还须根据受众特点选择适当的案例和格式。如果受众是客户，要重在对类案进行数据分析，数量比较重要；如果受众是合作律师，要区分有利案例和不利案例；如果受众是自己，要保存完整的检索资料以备后用；如果受众是法官，一般准备3～5个经典案例即可，需要强化说理，明确参照或者不予参照的理由。法官对于最高人民法院发布的指导性案例应当参照适用，对于公报公布案例可以参考适用。因此，给法官的检索报告应优先选择指导性案例和公报案例。在没有指导性案例和公报案例的情况下，适当引用普通案例同样可对法官的决策造成影响。根据所解决的不同问题，类案检索报告的格式规范存在各种变化形式，将在后续章节进一步阐述。

（二）案件画像

与类案分析不同，案件画像并非归纳裁判观点并将其作为法律适用依据，而是要对案件的各种可能的裁判结果和裁判特点（如审理期限、争议焦点、引用法条等）进行实然性的描述，并总结其规律。针对检索到的不同裁判观点，类案分析必须明确选择何种观点，而案件画像则需要统计不同裁判观点的比例以总结裁判规律。

绝大多数法律数据库均能以可视化图表形式生成案件画像，一些法律数据库还可以一键生成Word版案件画像分析报告，内容涉及案件的案由分布、行业分布、程序分类、裁判结果、标的额、当事人、律师及律所、高频法条等。若要进一步总结裁判规律，则需要深入研读裁判文书，大多数法律数据库都提供以Excel表格形式下载裁判文书的功能，大大便利了裁判文书的阅读、比对，制作案件画像分析报告应注意采用这一功能。

（三）法官、当事人以及律师画像

基于说服法官的需要，律师必须对法官的审理风格有所了解。在合法的前提下，当事人要求律师熟悉法官并不过分。在案例数据库中，输入案由和承办法官的名字，即可对法官审理风格进行大数据分析，大多数法律数据库均能以可视化图表形式生成法官画像，一些法律数据库还可以一键生成Word版分析报告，内容涉及该法官所审理案件的案由分布、行业分布、程序分类、裁判结果、标的额、当事人、律师及律所、高频法条等。进一步研读裁判文书中“法院认为”部分，可了解法官在既往同类案件中的裁判观点。同样，可采取类似的方法给当事人、律师进行画像。

此外，有关“提炼法律实务操作规则”的检索结果分析可参考本书第十一章的介绍，有关事实调查的检索结果分析可参考贾宇主编的《大数据法律监督办案指引》一书的介绍，此处不再赘述。

第四节 法律尽职调查检索

法律尽职调查是法律人的基本功之一。针对不同的业务类型，法律尽职调查的目的、内容、方法及流程各不相同。狭义的法律尽职调查是基于收购方立场的股权并购的法律尽职调查。广义的法律尽职调查一般指从法律、法规、规范性文件及政策的角度，对与交易（包括企业上市、资产收购、发行债券、订立合同等）相关的（包括交易对象和交易标的在内）资料、文件以及其他事实情况进行调查、收集、研究、分析和判断，以获知交易行为所需了解的重要事实的行为。[①]延伸开来，法律尽职调查是一种典型的事实调查，不仅适用于交易活动，也适用于纠纷解决、法律风险防控、法律论文写作等。本书的法律尽职调查是指广义的尽职调查。

法律尽职调查的途径包括：查阅文件、档案，与相关人员面谈或通过电话沟通，问卷调查，向相关管理部门或行业协会咨询，从政府登记机关查阅、复制登记资料，实地调查，通过网络等公开信息渠道了解相关信息等。检索只是尽职调查的方法之一，主要体现为通过网络检索进行调查，以及检索法律尽职调查的操作指引与技巧。

一、检索范围

不同业务类型的检索范围有差异。服务于股权收购的法律尽职调查，通常需要对公司的主体合法性存续、沿革、企业资质、资产和负债、对外担保、重大合同、关联关系、纳税、环保、劳动关系、信用状况等一系列法律问题进行调查；服务于合同起草审查的尽职调查，侧重于对主体的资质、信用状况以及交易标的等方面的调查；服务于纠纷解决的尽职调查，侧重于调查案件事实本身，一些情况下也会涵盖调查对象的资信、关联关系、涉诉情况等。

---

① 参见乔文俊主编：《法律尽职调查实务》，北京大学出版社2021年版，第2页。

从法律方法角度看，法律尽职调查获得的事实信息可用于法律判断，还可用于预测当事人行为和案件结果，进而可适用于法律决策以及法律修辞。目的会影响检索的关注点，法律人要有意识地拓展法律方法，以便更充分地利用各种检索信息。

二、检索工具

随着信息的公开化、信息收集与分析技术的快速发展，网络检索已经成为尽职调查的重要途径。主要的网络尽职调查途径包括企业登记信息检索工具、信用信息检索工具、资质信息检索工具、财产信息检索工具、涉诉信息检索工具、上市公司及相关行业背景调查检索工具、舆情信息检索工具、综合类平台检索工具等。

（一）企业登记信息检索工具

企业登记信息分为企业机读档案资料（外档）和企业书式档案资料（内档）。企业外档一般在国家企业信用信息公示系统（https://www.gsxt.gov.cn/）查询。一些省市的企业信用信息公示系统中的信息要比国家企业信用信息公示系统齐全，可作为补充查询渠道。企业内档查询可由对象企业自行查询或委托律师查询。委托律师查询时，一般需要律师持律师事务所介绍信和本人执业证书向企业登记机关申请。目前，各地对委托律师查询企业内档所需提供材料的要求有一定差异。一些省市在推进企业内档的异地联网查询方面步伐较快。

全国组织机构统一社会信用代码数据服务中心（https://www.cods.org.cn/），提供在我国境内依法注册和登记的企业、个体工商户、事业单位、机关、社会组织及其他组织机构的基本信息。

（二）信用信息检索工具

信用信息包括被执行/失信/被限制消费信息、股权负担（如质押、冻结）信息、企业经营异常信息、各类行政处罚信息、是否属于重大税收违法案件当事人名单、是否属于政府采购失信名单等。上述信息可通过信用中国（https://www.creditchina.gov.cn/）、各省市级信用网、中国人民银行征信中心（http://www.pbccrc.org.cn/）、中国执行信息公开网（http://zxgk.court.gov.cn/zhixing/）、中国检察网行贿犯罪档案查询平台、“12309”人民检察网（https://www.12309.gov.cn/12309/ajxxgk/）及当地各级行政主管部门网站进行查询。

（三）资质信息检索工具

住房和城乡建设部全国建筑市场监管公共服务平台（https://jzsc.mohurd.gov.cn/home），提供包括建筑企业、注册从业人员资质信息及建设项目基本信息的查询。

中国证券投资基金业协会官方网站（http://gs.amac.org.cn），公私募基金管理人资格、基金从业人员资格信息。

通过登录相关行政主管部门或者行业协会网站查询其他各类资质信息。不熟悉行业管理分工的，可以借助国家政务服务平台（http://gjzwfw.www.gov.cn/）进入相关网站查询。

（四）财产信息检索工具

商标、专利等知识产权信息可以通过国家知识产权局官方网站（https://www.cnipa.gov.cn/）、权大师（https://www.quandashi.com/）等途径查询。中国土地市场网（https://www.landchina.com/）可查询到全国范围内的供地计划、出让公告、大企业购地情况等信息，以及全国范围内土地抵押、转让、招拍挂等信息。

域名可在“ICP/IP地址/域名信息备案管理系统（https://beian.miit.gov.cn/#/Integrated/index）”查询。微信公众号、微博、网店经营主体，可到相关网络平台查询。

（五）涉诉信息检索工具

涉诉信息可通过人民法院案例库、中国裁判文书网、中国执行信息公开网、人民法院诉讼资产网、淘宝司法拍卖网、京东司法拍卖平台等查询。一些法律数据库也提供这方面的信息查询功能。

（六）上市公司及相关行业背景调查检索工具

巨潮资讯网是中国证券监督管理委员会指定的信息披露网站，可查询到在上海证券交易所、深圳证券交易所上市公司信息。通过上市公司的招股说明书、法律意见书，可了解调查对象所涉及行业必须具备的资质、项目开发必备的手续、政策补贴、税收优惠等。

行业协会官方网站、国家标准全文公开系统或者搜索引擎等平台提供行业标准、行业习惯、行业规定检索服务。在百度指数以及相关行业大数据网站，可检索了解行业发展情况。

（七）舆情信息检索工具

舆情信息可通过微博、网络贴吧、“12345”便民服务中心、政府信息公开、各政府职能部门网站的互动栏目等查询。有时需要了解对方当事人信息，可通过用搜索引擎进行检索，或者通过爬虫软件进行大数据的采集。

（八）综合类平台检索工具

企查查、天眼查、启信宝等第三方企业信息查询平台的数据整合了国家企业信用信息公示系统、裁判文书网、知识产权局等国家网站公开公示信息，并做了深度挖掘。但基于权威性不足的考虑，第三方企业查询平台获取的信息不能作为证明待证事实的直接证据，只能作为辅助手段。

信用视界（http://www.x315.com/）一站式汇总了工商登记、组织机构代码证、关联公司、涉诉信息、商标专利和新闻招聘等企业信息。

打假导航（http://www.dajiadaohang.com/）对各类主体信息查询提供了网址导航。

三、检索结果分析

法律尽职调查检索属于事实信息的检索。检索只是事实信息的一种来源，需要与阅卷、面谈、实地调查、调档等其他渠道相结合。但是，即使通过这样的结合，获得的事实信息很可能仍然是碎片化的，还必须与经验法则等规则类知识相结合才能形成关于事实全貌的知识，同时还要以预适用法律规范的事实构成要件进行陈述才能建构作为法律适用推理的小前提。

检索结果分析本质上是一种推理过程，一是依据经验法则等规则类知识进行推理，形成以日常生活语言描述的生活事实；二是依据预适用法律规则进行推理，形成基于法律要件描述的案件法律事实。首先是事实信息同经验法则、法律规则结合推测生成可以解释事实信息的各种假设，然后比较评价假设，确定暂时可接受的假设。一般来说，这个过程不可能一次性完成，通常需要在所选定假设引导下进一步收集信息，再生成解释事实信息的假设，然后比较评价假设并确定暂时可接受的假设，直至找到关于案件事实的最佳解释假设。

近年来，一些尽职调查助手软件、智能证据系统被引入法律作业中。这些软件和系统实质上是集检索与检索结果分析于一体的法律人工智能系统，他们一方面能在互联网上自动收集信息，另一方面也能运用系统自带规则知识库对收集到的信息进行判断。比如，在软件中输入目标企业名称，可一键式生成法律尽职调查报告中的常用数据；运用证据智能系统阅卷会提示取证程序的审查要点。一些金融机构建设的法律风险防控大数据系统能在自动收集信息的基础上进行风险提示，提供合规方案。

第五节 其他规则类知识检索

法律问题解决的思维过程体现为多重“以规则为大前提，以事实为小前提”的推理组合。尽职调查提供事实类知识，法条和案例检索提供大部分规则类知识。但是，就法律问题解决的完整过程而言，还会涉及以下多种类型的规则类知识。

一、法教义学知识

在“以事实为根据，以法律为准绳”的法律适用中，所谓的法律是指现行法，它体现为法条以及案例映射出来的法条释义。实际上，法律是一个庞大的体系，“一旦有人适用一部法典的一个条文，他就是在适用整个法典”[①]。如果没有一套体系化的法律学问，是很难有效展开法律适用的。法教义学正是这样一种学问。法教义学是一门将现行实在法秩序作为坚定信奉而不加怀疑的前提，并以此为出发点开展体系化与解释工作的规范科学。一般认为法教义学最为核心的任务是以现行法为基础为法律问题的解决提供准确、满足一致性要求的备选方案。[②]通过法教义学作业，法律成为一套体系化的法教义学知识，法科生在法学院主要学习这样一些知识，在此基础上结合法条检索与案例检索[③]，能较好进行法律适用工作。

在我国，法教义学知识载体主要有法考用书、经典教材、专题研究书、致力于法律解释适用的实务书籍和文章等。经过法学院的专业训练，法教义学知识已经牢牢储存于法律人的头脑中。因此，一般情况下，我们不必通过这些书籍办案，而只需进行法条和案例检索。不过，遇到疑难问题仍需回到法教义学知识，做进一步研究。法考用书是对某一领域核心法律法规的高度凝练，当我们需要了解现行法律规定时，可以先在法考用书中查找，如果不足，可再通过其他方式进行检索。经典教科书会涉及对多种学说的详细梳理，适合在法律规定不明确或者无法律规定时，用以学习基础理论。专题研究书用于解决教科书和一般检索工具无法解决、非常具化、非常理论化的法律问题。[④]

法教义学知识的检索必须与法条检索相结合。从检索顺序看，首先做本章第二节介绍的法条检索。如果法条检索获得的观点仍然模糊

---

① 参见[德]卡尔·恩吉施：《法律思维导论》，郑永流译，法律出版社2004年版，第73页。

② 参见卜元石：《德国法学与当代中国》，北京大学出版社2021年版，第104页。

③ 在广义上，法条释义也被称为法教义学的知识。严格说，两者只是存在交叉关系，法教义学知识追求一种体系化的学问，而法条释义允许在一定程度上松解体系，转向论题式思考。

④ 参见北京市天同律师事务所编委会：《天同办案手记》，中国法制出版社2021年版，第6-11页。

或者观点间存在冲突，就需检索具有较高规范性内涵的主流法学理论学说，将其作为补强。法学理论除指引司法外，还具有司法创制功能，能够填补实践漏洞……以民法为例，虽然我国未将法学理论规定为正式法源，但诸如物权行为理论、情事变更理论、违约方解除合同理论等，皆在特殊时期为司法提供了重要参考，有效填补了法律漏洞。①

法条检索的目标是寻找作为法律推理大前提的法律规范。但是，适用一个条文就是适用整个法典，严格意义上讲，如果没有相当的法教义学知识储备，是无法成功进行法条检索的。法考知识为我们奠定了法条检索的基本知识框架，尽管不存在考试压力，笔者还是会备有一套最新版《国家统一法律职业资格考试辅导用书》，保证基础知识常学常新。从法考知识到法条检索，其实还存在一定的距离。例如，在民法领域，我们需要在法考知识基础上进一步借助请求权基础方法梳理民法法条，只有这样才能更好地避免法条检索出现遗漏。新入行的律师要注意在法考知识的基础上进一步强化和延伸对法教义学知识的检索与学习。

二、法律实务操作规则

全国律协以及各地律协编写的操作指引是权威的参考资料。法律职业人编撰的法律实务著作具有较高的参考价值。一些法律数据库有专门的法律业务项目模板，很值得参考。微信检索是此领域值得重视的检索方法，一些专业人士的微信实务文章或许能帮助我们解决众多法律困惑，大大提高检索效率。通过搜索引擎可查询到大量分享法律业务操作经验的文章，尽管这些文章缺乏权威性，但检索便捷，经判断分析后可作参考。

---

① 参见姚辉:《民法学方法论研究》，中国人民大学出版社2020年版，第11-12页。

法条、案例以及法教义学知识基本上只能解决法律解释适用问题，而且主要聚焦于判断法律适用的重难点问题。适用一个条文就是适用整个法典，一个简单的诉讼流程可能要进行数十次法律适用判断，事事根据最基础的法条进行判断分析，其思维负担足以压垮一个人。我们之所以没有被压垮在于已经掌握了众多前人归纳的诉讼实务规则。法律业务水平的高低不仅取决于对法律条文的理解掌握程度，更取决于对法律实务操作规则的掌握程度，法律人要善于通过检索精进这方面的能力。

在法律实务操作过程中，所要调动的规则知识非常复杂，既包括法条、案例以及法教义学等法律规则类知识，也包括修辞规则、法律运行规律、价值排序规则、经验法则等，基于便捷处理的需要，我们将这些规则糅合为法律实务操作规则。不过，这样一种糅合存在很大的局限性，只能处理相对简单的问题；遇到复杂问题，仍然需要透过法律实务操作规则背后所隐藏的法律规则、修辞规则、法律运行规律、经验法则、价值规则进行分析判断。以下内容将对此做进一步展开。

三、法律文书与修辞规则

法律问题的解决过程是包括通过法律文书和庭审对话等形式进行沟通和说服的过程。前述通过案例检索为法官、律师以及当事人画像，主要目的在于做好沟通与说服工作。而做好沟通与说服工作还需要在知己知彼的基础上掌握一些修辞规则知识。修辞规则知识，是法律言说与写作中好的、诚实的和可靠的说服技巧，是构造“有说服力的信息”的技艺。法律人经由法学院训练和职业历练已经掌握了一定的修辞技能，但不足以应对不同场景的说服要求，检索是法律人必须掌握的找到特定场景之说服策略的基本技能。

在中国审判流程信息公开网检索框输入“某某纠纷举证指引”，定位在“诉讼指南”选项，可检索各地法院发布的相关纠纷举证指引；输入文书名称，定位在“诉讼指南”选项，可检索各地法院发布的文书格式和填写要求。中国庭审公开网检索类案的庭审视频，可了解庭审的表达技巧。这些简单的格式规范和庭审沟通技巧对大部分法律人不是难题，法律人还应通过法律实务著作、法律数据库、微信以及搜索引擎等检索各类示范性的法律文书文本以及各种修辞表达技巧。跨学科检索也是精进此方面技能的重要途径，例如，有一门专门研究客户的管理学分支学科——“消费者行为学”，很值得法律人学习。

四、行动中的法

“行动中的法”是法院、行政机构和律师的具体行动和真实实践，“法律事务职责所在之人，无论是法官、治安官、法官助理、监狱官，还是律师，都属于法律官员。这些法律官员在处理纠纷时的所作所为，在我看来，就是法律本身。”[①]“行动中的法”是法律实际运行的描述以及对其规律的总结，是法社会学的研究对象，对法律实务工作而言，最重要的是提炼蕴藏其中的法律运行规律。法律运行规律是法律问题解决过程中必须遵循的规律，但过去常常不为法律实务界所重视，一是因为法社会学的研究偏重于理论化，对实务指导价值有限；二是因为法律运行的实证数据难以获取。随着大数据技术的发展，这种局面正在改变，法律实务工作者如果不跟上潮流，很快就会落伍。

法律数据库为研究“行动中的法”提供了可靠的平台，其“案件画

---

① ［美］卢埃林著：《荆棘丛：关于法律与法学院的经典演讲》，明辉译，北京大学出版社2017年版，第5页。

像”“法官、律师以及当事人画像”功能可以总结裁判规律，预测裁判结果和法律风险，对诉讼和非诉讼工作都具有重要的意义。限于隐私保护，“行动中的法”的数据采集受到很大的限制，不过，近年来，法律实证研究成果日渐丰富，已经拥有丰富的知识含量，法律人可以通过知网等途径进行检索。政府职能部门、检察机关、金融机构等拥有更多大数据信息，近年来公布了不少大数据相关研究成果，值得关注。

五、行业知识与跨学科知识

对于一般的法律问题，法官会有他的专业判断。但一些行业知识可能是法官的短板，这是律师值得关注的论证空间。妇产医院医疗合同纠纷往往会涉及一个“致死性畸形”的概念。对于一个缺乏相关专业医学知识的法官，这个概念会影响他对案件中过错程度的认定。这时，律师就可以通过检索相关的专家意见、诊疗规范、行业规定、临床指南、医学文献和教科书等，协助法官对该概念进行判断。[①]在具体案件中，法官对法律问题已有专业认知，律师应注意在跨学科检索方面展示他作为社会人的特长。

一些专业领域的案件，要形成对案件事实全貌的认识，仅靠证据以及日常生活经验是不够的。律师处理的非诉讼业务往往只是服从于某项更重要的商业交易的子项目。这些都要求律师深入检索研究相关行业知识。图书期刊、搜索引擎等提供了最主要的检索渠道。上市公司信息公开网站、行业协会官网、国家标准全文公开系统也是了解这些知识的重要途径。

---

① 参见张广:《“检索六要素”，根据法官需求精准定位》，载微信公众号“iCourt法秀”2021年1月13日，https://mp.weixin.qq.com/s/2-_-08WFWDsvYx5qeGExWA。

在这里，“人联网”的价值应当重提，为了办理案件，快速了解一个行业的最有效方式是向该行业内资深人士寻求帮助。往往寻求法律帮助的人即是该行业从业者甚至资深人士。律师在为其提供服务的过程中，应当有意识地了解其所在行业的基本情况，包括主要的交易模式、产品或服务的类型、发展现状、市场前景及政策信息等。律师与服务对象建立良好的互动关系后，这些服务对象亦可能成为律师在另案服务中的可靠咨询师。

行业知识包括反映行业运作规律的经验法则和体现行业业务应如何开展的行业操作规则，严格意义上讲，还涉及客户商业目的层面、价值层面的知识。法律问题解决不能只是为当事人解决法律困惑，更需要律师的工作能切切实实为当事人谋取合法利益，因此，有关客户商业目的的知识是法律问题解决的刚需，对行业知识的检索应注意穿透到价值层面。

进一步而言，仅仅是在法学（广义）知识之外补充行业知识检索，还不足以解决法律问题。本部分将标题确定为“行业知识与跨学科知识”意在表明这是一种超越法学领域的知识检索，包括某个特定行业的经验法则、操作规则以及商业目的的检索，也包括不归结在某个特定行业领域的经验法则、操作规则以及价值规则（包括社会价值以及当事人的价值）的检索。

第六节 小　结

本章介绍了法律信息检索的工具和方法，具体运用时则必须围绕作为法律问题解决推理前提的事实知识和规则知识的提炼展开。法律信息检索任务在于解决法律问题。法律问题解决过程是“以规则为大前提，以事实为小前提”的推理过程，检索目的在于获得推理所赖于展开的事实知识和规则知识。

事实知识检索包括为厘清案件事实的检索，而且也包括为了说服处事者的事实检索（例如对法官裁判风格的检索），以及为解决争议实现利益目标的事实检索（例如为明确当事人双方利益诉求的检索，对制定行动方案必须考量的基本事实的检索）。规则检索涉及争议处理和预防所需要考量的各类规则，包括法律规则、修辞规则、法律运行规律、价值规则、行业规则等。规则分为实然规律的规则和指引人们应如何行动的应然规则，在法律问题解决过程中，应然规则是必须遵守的，规律规则是需要遵循的。法条、法教义学知识首先是一种应然规则，人们通常会按照法律规定做事，因此也可以推测出实然规律。案例检索一方面是为总结裁判规则、修辞规则等应然规则，另一方面也可以是为总结裁判规律、法官行为规律等实然规则。行业规则同样包括行业作业规律和行业操作规则两类不同规则。检索需要根据问题解决的具体推理场景明确目的是提炼应然规则抑或实然规律，并由此确定适当的检索路径。

第四章 法律服务检索方法

CHAPTER FOUR

仅凭法条和案例作出的法律判断并不足以解决问题。非专业人士凭法条和案例并不一定能作出正确的法律判断，他们需要法律服务。专业法律人由于分工和知识的局限，常常也要借助其他机构的法律服务才能更好地解决问题。法律问题解决不能仅局限于法律人个人的努力，必须不断寻求外部知识支持。法律问题解决的信息收集应从法律信息检索进一步扩展到法律服务检索。

第一节 法律服务概述

一、法律服务的类型

狭义的法律服务指司法行政机关统筹提供的公共法律服务，包括律师事务所、公证机构、鉴定机构、仲裁机构、调解机构、基层法律服务所以及参与法律服务的社会机构和个人提供的法律服务。司法部《全国公共法律服务体系建设规划（2021—2025年）》提出："十四五"时期，建成覆盖全业务、全时空的法律服务网络；律师事务所、公证处、法律援助机构、司法鉴定机构、仲裁机构、人民调解委员会、基层法律服务所等法律服务机构设置布局合理、结构优化、有序发展；支持大专院校、企事业单位、公益基金和其他社会组织参与公共法律服务，支持法律科技企业研发实用的公共法律服务产品。

广义的法律服务除司法行政机关统筹提供的法律服务外，还包括政府、法院、检察院等各类国家机关提供的公共法律服务。与司法机关统筹提供的法律服务不同，国家机关的执法和司法活动带有强制性，不过，其在对违法者实施强制的同时也保护了广大人民群众的权益，同样具有服务性质。服务是指不以实物形式而以提供劳动的形式满足他人利益需求的活动，站在当事人角度，只要能满足其合法权益、解决法律问题的活动都属于法律服务范畴。

本书从广义角度界定法律服务的概念，论述的是当事人如何利用其所能借助的一切服务维护其合法权益、解决法律问题。

二、法律服务的知识属性与检索任务

联合国经济合作与发展组织在《以知识为基础的经济》报告（1996年经济合作与发展组织报告）中将知识区分为know what（事实知识）、know why（规则知识）、know how（技能知识）、know who（人际知识）。然后，又将know what（事实知识）和know why（规则知识）归为可以通过读书、听讲和查看数据库获得的知识，将know how（技能知识）和know who（人际知识）归结为主要靠实践获得的知识。①

根据前述知识四分法，有关法律服务的知识属于人际知识，是知道谁能提供所需法律服务的知识。它包括形成于特定法律服务机构及其

① 参见《以知识为基础的经济——经济合作与发展组织1996年年度报告》，载《中国工商管理研究》1998年第7期。

人员的知识，也包括如何管理和使用这些知识。法律服务知识也属于主要靠实践获得的知识，检索在其中的作用有限。不过，随着信息公开和法律大数据检索系统的发展，法律服务知识的检索越来越便利。

法律服务检索的任务包括了解特定法律服务机构及其人员所能提供服务的内容及其特点，以及如何联系有关法律服务机构及其人员并有效地管理和使用他们的知识。具体而言，可以通过法律服务机构及其人员的信息公开渠道获得其工作规范及联系方式，通过案例大数据分析了解其规律。引入检索意味着法律服务这种外部知识可以在一定程度上转化为事实知识和规则知识，其检索路径包括第三章所介绍的法条检索、案例检索、尽职调查检索以及法教义学知识、行业知识、法律修辞知识、行动中的法等。限于篇幅，后续择其要点介绍。

第二节 司法行政机关统筹的公共法律服务

一、律师和基层法律服务所的法律服务

律师是依法取得律师执业证书，接受委托或者指定，为当事人提供法律服务的执业人员。律师承办业务，必须由律师事务所统一接受委托，与委托人签订委托合同。在各类法律服务中，律师拥有多项其他法律服务工作者所不具备的权利。与古代讼师、状师不同，现代律师以提供法律服务为职能，依法取得律师执业证书，并受国家保护和管理。因此，律师法律服务水平能得到相对较好的保障。

在广大的乡镇和城市街道还活跃着一批基层法律服务工作者，具有“准律师”的身份。他们利用贴近基层、便利群众、服务便捷、收费低廉等优势，为基层社会提供法律服务。基层法律服务工作者在基层法律服务所中执业，依据司法部规定的业务范围和执业要求开展法律服务。

检索要点

中国法律服务网（http://www.12348.gov.cn/），即12348中国法网，提供了律师法律服务查询的基本平台，可查询到全国各地的律师事务所、律师，以及各地基层法律服务所和基层法律服务工作者信息。中国法律服务网各省都设有分平台，通常称为“12348××法网”（如12348福建法网），或者“××法律服务网”（如北京法律服务网）。很多省份的政务服务网（政务服务小程序）也具有中国法律服务网的查询功能。

查询全国专兼职律师和律师事务所的另一个权威平台是全国律师执业诚信信息公示平台（https://credit.acla.org.cn/），平台汇集了全国除两公律师（公职律师、公司律师）以外的专兼职律师和律师事务所的行政许可信息，以及律师执业过程中形成的诚信信息等。

在北京公共法律服务网（http://bj.12348.gov.cn/），登录子栏目“公共法律服务项目平台”，可查询到律师事务所所能提供的各类法律服务及其内容、程序等。虽然仅介绍北京地区，但对于全面了解律师法律服务的具体类型有一定启发。进入各地律协和律师事务所网站、微信公众号可进一步通过检索了解律师提供的法律服务。

中国裁判文书网等法律数据库提供了检索律师诉讼服务办案情

况，输入律师姓名可了解该律师办案的大致情况。裁判文书的公开，不仅为当事人提供了数据化筛选律师的途径，也催生了法律服务评价体系的重构，律师承办案件的数量、类型、结果等重要信息的公示，在一定程度上反映了律师的业务水平，当事人可以通过相关信息甄别律师的执业水平，提高匹配的精确度。[①]北大法宝等法律数据库在中国裁判文书网数据的基础上，进一步汇集律师学术论文、书籍、课程等多类型数据，以可视化的知识图谱的形式呈现，形成涵盖律师所属律所、所在地区、执业年限等多维度的层次丰富、针对性强的律师数字画像，不过，数据的完整性方面尚存在较大欠缺，仅可作为参考。

一些法律中介机构声称“可以基于律师画像，结合用户案情分析，精准匹配律师”。从目前信息汇集情况看，尚难以做到精准。2022年2月7日，司法部有关部门负责人就全国律师诚信信息公示平台建设相关情况回答记者提问时指出，将在全面归集司法行政机关、律师协会掌握的信用信息基础上，进一步加强与相关单位深入合作，建立与中国裁判文书网、信用中国、市场监管行政处罚文书网等网站的数据对接，丰富律师诚信数据，形成完整的律师诚信画像。[②]

当事人检索律师法律服务，不仅需要了解律师本身条件如何，而且需要了解如何更好地利用律师提供的法律服务，这方面可通过搜索引擎或者相关书籍检索。例如，有专门的《如何与律师打交道》的书籍。

---

① 参见张明新、李冠叶：《大数据时代我国法律服务行业的新发展》，载《江苏师范大学学报（哲学社会科学版）》2020年第6期。

② 参见《司法部有关部门负责人就全国律师诚信信息公示平台建设相关情况答记者问》，载司法部网站，https://www.moj.gov.cn/pub/sfbgw/jgsz/jgszjgtj/jgtjlsgzj/lsgzjtjxw/202203/t20220325_451476.html。

二、公证以及证明类法律服务

公证是公证机构根据自然人、法人或者其他组织的申请，依照法定程序对民事法律行为、有法律意义的事实和文书的真实性、合法性予以证明的活动。公证机构是公证业务的主体，公证员在公证机构内以公证机构的名义开展公证业务活动和出具公证书，公证业务责任由公证机构承担。一些公证处开展了线上公证服务。腾讯智法的“一点存”存证平台，是一款能为用户提供自助取证、实时存证、辅助公证的区块链移动存证小程序，用户存证后可申请出具盖有公证处电子存证专用章的存证证明书。

公证的法律效力主要有以下五方面内容：(1)证据效力；(2)经公证的债权文书具有强制执行效力；(3)一些法律行为在办理公证后才具有法律效力或者才具有特别保护效力，如《民法典》第658条对赠与合同公证的特殊保护；(4)提存效力，如以清偿为目的的提存公证具有债的消灭和债之标的物风险转移的法律效力；(5)监督效力，主要体现为招投标、拍卖、彩票发行、比赛等活动的现场监督公证。

在公证之外，法律服务市场还提供律师见证等私证类证明服务。律师见证，是指律师应当事人的要求，依法对自己亲身所见的法律事实和法律行为的真实性、合法性予以证明的活动。

检索要点

中国法律服务网及其各省分平台是提供公证法律服务查询的基本平台，可查询到全国各地的公证机构和公证员，很多省份的政务服

务网（政务服务小程序）也具备此项功能。进入各地公证网可检索公证法律服务的开展情况。中国法律服务网司法行政案例库可查询公证工作案例。通过法律数据库可查询涉及公证的法律案例并进行大数据分析。另外，还可选择微信、综合搜索引擎或者图书期刊文献等多种渠道进行公证法律服务检索。

对律师见证的检索可参照律师法律服务的检索方法。在法律数据库以“律师见证”搭配相关检索词，可对律师见证进行案例大数据分析，研判律师见证的常见法律争议和风险点。

三、鉴定类法律服务

鉴定可分为司法鉴定和一般的技术鉴定。司法鉴定是指在诉讼活动中鉴定人运用科学技术或者专门知识对诉讼涉及的专门性问题进行鉴别和判断并提供鉴定意见的活动。司法鉴定活动必须遵循诉讼法及有关司法解释的规定。一些地方立法机关根据《全国人民代表大会常务委员会关于司法鉴定管理问题的决定》的精神，制定了有关司法鉴定问题的地方性法规，扩大鉴定事项，将司法会计以及涉及诉讼的会计、资产、价格、产品质量、建设工程纳入了登记管理的范围。一般的技术鉴定是对各行业领域中运用科学技术或者专门知识对涉及的专门性问题进行鉴定活动的总称，主要服务特定部门的行业管理和行政执法工作，如产品质量监督机关的产品质量检验与鉴定，卫生行政部门的药品、食品、医疗器械、职业病等的鉴定等。根据《全国人民代表大会常务委员会关于司法鉴定管理问题的决定》，国家对从事法医类、物证类和音像资料等司法鉴定业务的鉴定人和鉴定机构实行登记管理制度。此外，诉讼中还存在不少其他类型鉴定业务，如工程造价司法鉴定、知识产权鉴定等。

检索要点

"鉴定人是关于事实的法官"是自古罗马流传至今的一句古老法谚，体现了鉴定人对于专业事实所具有的决定性影响。中国法律服务网及其各省分平台，提供司法鉴定法律服务查询的基本服务，可查询到全国各地列入法定司法鉴定机构名册的鉴定机构和鉴定人。

在案例库中，输入"司法鉴定"并结合相关案情关键词，可生成大数据报告，为"司法鉴定"画像，了解其裁判规律。同样，输入"司法鉴定所"也可为"司法鉴定所"画像。例如：为了打击车险理赔的虚假鉴定，一些保险公司采用如下方法获得了初步的待分析数据：在案由中选定机动车交通事故责任纠纷，在全文关键词检索中输入"某某鉴定所"。

四、法律援助与免费法律咨询服务

法律援助是国家建立的为经济困难公民和符合法定条件的其他当事人无偿提供法律咨询、代理、刑事辩护等法律服务的制度。法律援助具有无偿性，法律援助机构对受援对象减免法律服务费，法院对受援对象减免案件受理费及其他诉讼费用。除为经济困难和符合法定条件的公民无偿提供代理、刑事辩护等法律服务外，各地法律援助中心还通过"12348"热线电话以及线上平台面向广大群众提供免费法律咨询。

"12348"法律服务专用电话，短号中"48"取"司法"之谐音，寓意寻求法律服务。目前"12348"已成为一个综合性公共法律服务平台，包含热线、网站、小程序，由司法行政部门组织律师、公证员、基层法律服务人员和乡镇司法所工作人员面向广大群众和社会组织提供便捷的法律咨询服务。

公共法律咨询服务有免费、及时的优势，并由各地司法局负责监督管理，有一系列快速回应的服务承诺制度，质量可得到一定程度的保证，是可资利用的重要法律服务。不过，也应注意到实际利用中可能存在的局限：(1)公共法律咨询服务无法为不符合法律援助条件的公民提供代理、刑事辩护等专业法律服务；(2)一些当事人基于隐私的考量不愿意通过公共法律咨询服务解决问题；(3)面对复杂的法律问题，这类免费法律咨询解答相对简单，可能无法实现当事人的需求。

检索要点

“12348”中国法网及其各省分平台提供了在线查询法律援助机构和在线申请法律援助的基本途径，并配有政策法规和案例库以及法律援助律师提供的免费法律咨询服务等。在各地政务服务平台可检索到法律援助申请和审批的办事流程。

“12348”中国法网提供智能法律咨询。简单的法律事务咨询可由人工智能替代律师完成，初步具备解决前期法律咨询的能力。对于案件信息复杂、存在多重复杂法律关系或者日常生活语言表达可能存在局限的案件，最好寻找律师解答。

各地公共法律服务中心提供线上、线下相结合的免费法律咨询服务，有的地方的公共法律服务小程序承诺提交咨询的问题10分钟之内就有法律顾问回复，至少匹配3名法律顾问免费解答，而且可以不限次数免费追问，直到满意为止。

五、仲裁法律服务

仲裁是指各方当事人通过自愿协商，合意将有关争议提交非司法机构的第三者居中审理，并作出对争议各方均有约束力的裁决的一种纠纷解决机制。此定义下的仲裁是商事仲裁。仲裁一词就广义而言，还包括劳动争议仲裁、人事仲裁、农业承包合同纠纷仲裁。

检索要点

“12348”中国法网及其各省分平台，可查询全国各地的仲裁机构和仲裁员。进入各仲裁委员会网站、微信公众号等可进一步了解仲裁法律服务。不同的仲裁机构会有不同的仲裁规则，这是检索时需要特别注意的。一般来说，仲裁机构会将其最新适用的仲裁规则通过其门户网站、微信公众号等在线途径进行公示。

六、调解法律服务

司法部发布的《全国人民调解工作规范》规定，村（居）民委员会应设立人民调解委员会，调解辖区内的民间纠纷；乡镇（街道）可设立人民调解委员会，调解辖区内跨区域、跨单位的民间纠纷和重大疑难复杂民间纠纷；企（事）业单位可根据需要设立人民调解委员会，调解本单位内部发生的民间纠纷；社会团体或者其他组织可根据需要设立行业性、专业性和区域性人民调解委员会，调解所在行政区域范围内本行业、专业和特定区域内的民间纠纷。我国《人民调解法》将人民调解定位于人民调解委员会主持调解民间纠纷的活动。人民调解委员会不收取任何费用。

近年来，随着中央出台一系列推动社会纠纷多元化解决的政策文件，出现了收取一定费用的商事调解，包括商事调解组织、律师调解等。2018年6月27日，联合国国际贸易法委员会第51届会议通过了《联合国关于调解所产生的国际和解协议公约》(又称《新加坡调解公约》)。《新加坡调解公约》对“调解”的界定较为宽泛，并没有局限于调解机构之调解，也并非仅指“有安排的或组织的过程”，除法官、仲裁员参与的调解之外的任何正式的、非正式的机构调解、个人调解达成的和解协议都包含在内。2019年8月7日，包括我国在内的46个国家授权代表在新加坡签署了《新加坡调解公约》。2020年9月12日，《新加坡调解公约》生效，公约赋予经调解的和解协议直接执行的效力，不过我国尚未批准该条约。

在计划经济年代，人民调解全面渗入基层社会组织网络，是排解民间纠纷的主流选择。随着改革开放和市场经济的发展，特别是法治文化的引入及司法权威的强化，人民调解的权威和影响力大大削弱。近年来，为应对复杂的社会矛盾纠纷及案件分流需要，人民调解又得到了一定程度的复兴。在实际运作中，人民调解与矛盾纠纷多元化解中心有密切的联系。各地的矛盾纠纷多元化解中心通常由政法委牵头，联合法院、检察院、司法行政、公安、信访、住建、人社、城管等多个部门和单位共同参与成立。乡镇基层矛盾纠纷多元化解中心整合了驻村(社区)警力、网格员、调解员、信访评理员、法律顾问、巡防员等力量，吸收交通调解、物业调解、家事调解等行业性专业调解委员会，以及法律咨询、心理服务等社会力量。随着矛盾纠纷多元化解中心的确立，人民调解的社会功能重新得到强化，有效推动纠纷及时就近回应、就地解决，将纠纷化解在萌芽状态。

在矛盾纠纷多元化解机制中，诉调对接发挥着重要作用。根据《最高人民法院关于人民法院民事调解工作若干问题的规定》第1条，人民法院可以邀请与当事人有特定关系或者与案件有一定联系的企业事业单位、社会团体或者其他组织，和具有专门知识、特定社会经验、与当事人有特定关系并有利于促成调解的个人协助调解工作。经各方当事人同意，人民法院可以委托前款规定的单位或者个人对案件进行调解，达成调解协议后，人民法院应当依法予以确认。

检索要点

“12348”中国法网及其各省分平台、各地政务平台，提供了查询人民调解机构的基本服务，可查询全国各地的人民调解委员会和调解员。严格而言，如《新加坡调解公约》所载，任何正式的、非正式的机构调解及个人调解达成的和解协议都视为调解。因此，检索调解法律服务不必局限于中国法律服务网。经人民调解委员会调解达成的调解协议，当事人应当按照约定履行，但人民调解协议不具有法律上的强制执行效力。欲让人民调解协议具有法律上的强制力，须经人民法院司法确认。经过公证的人民调解协议书可以直接向法院申请执行。

第三节 行政机关的公共服务

行政可区分为秩序行政和给付行政，前者提供权益保护的服务，后者提供权益获得的服务。

秩序行政是政府为防止自由权滥用导致社会危害实施的秩序性管理，体现为对违法相对人权利和自由的限制。政府有关行政部门依法具有保障群众生命财产安全、创设良好公共秩序的监管职责。当权益受到侵害时，可以检索行政部门的监管职责，借助行政处理获得救济。行政部门主动在政务服务平台公示的办事流程以及咨询、投诉渠道其实也是一种服务。

给付行政是为消除自由竞争带来的社会差别、促进社会合作提供的公共服务，体现为对行政相对人提供利益和赋予权利。此类行为通常不是行政机关主动为之，需要当事人主动申请，这类应申请的行政行为对当事人而言即是办事行为。针对应申请的行政行为，行政机关首先需要为当事人提供包括法律服务在内的便利化的办事服务，再依职权根据申请作出具体的行政行为。

需要注意的是，行政机关的服务有其法定限制，它不可能代理当事人，也不可能为当事人提供超出其职责范围的服务。因此，一方面，当事人要注意全面了解行政机关提供的各类服务；另一方面，对于超出其法定职责的事项，也可借助律师事务所等社会中介的力量。

检索要点

国家政务服务平台及各省各地政务平台提供了行政机关公共服务的查询功能，并提供网页版、手机移动端、微信小程序等多种检索路径。通过法规、案例、司法观点、实务文章等多角度检索，可了解行政机关公共服务的范围和规范。

第四节
法院的诉讼服务

人民法院通过审判刑事案件、民事案件、行政案件以及法律规定的其他案件，惩罚犯罪，保障无罪的人不受刑事追究，解决民事、行政纠纷，保护个人和组织的合法权益。人民法院是国家的审判机关，通过审判活动保护个人和组织的合法权益。近年来，法院通过诉调对接，以诉前调解方式化解了大量民事纠纷。

检索要点

最高人民法院诉讼服务网提供了在线查询和利用法院诉讼服务的基本路径。通过各省(自治区、直辖市)高级人民法院诉讼服务网可查询到各地的具体诉讼服务项目。微信小程序“人民法院在线服务”，集成了调解、立案、阅卷、送达、保全、鉴定等全国通用诉讼服务功能和部分地方法院特色服务功能，支持集中查询和办理全国法院的诉讼服务事项，全国3500多家法院都可以通过这个入口进入。

“12368”是最高人民法院确定的、全国法院系统通用的司法信息公益服务号码。当事人、诉讼代理人在工作时间拨打可以查询案件是否受理、承办人信息、开庭时间、案件办理进度、办理结果等信息，也可以咨询诉讼程序性问题，其自助系统实现24小时案件信息的查询。“12368”还向社会公众提供诉讼引导的自助查询及人工咨询服务。异地拨打时，应在该号码前加上区号。

一些省份的高级人民法院建设的在线诉讼服务平台也各具特色。这些地方特色平台在使用、维护、响应方面的效率也较高，例如，广东省高级人民法院运营的小程序“粤公正”。

第五节 检察机关的检察服务

人民检察院的检察职能包括刑事检察、民事检察、行政检察与公益诉讼检察。具体职权包括：依照法律规定对有关刑事案件行使侦查权；对刑事案件进行审查，批准或者决定是否逮捕犯罪嫌疑人，决定是否提起公诉，对决定提起公诉的案件支持公诉；依照法律规定提起公益诉讼；对诉讼活动实行法律监督；对判决、裁定等生效法律文书的执行工作实行法律监督；对监狱、看守所的执法活动实行法律监督；法律规定的其他职权。

检索要点

“12309”中国检察网提供了在线查询和利用检察服务的基本路径，通过“12309”网站、检察服务热线（电话）、移动客户端（手机App）和微信公众号四种渠道，向社会提供“一站式”检察服务。各地检察服务中心提供的服务有：检察服务（控告、刑事申诉、民事行政申诉、国家赔偿、其他信访、法律咨询）、案件信息公开（案件程序性信息查询、辩护与代理网上预约、法律文书公开）、接受监督（人大代表和政协委员联络平台、人民监督员监督服务、群众意见建议箱）等。

第六节
准法律服务机构

一、法律服务提供商

法律服务提供商属于市场化的法律服务机构，不在司法行政机关的登记管理之列，不过，它们也提供一些服务功能，属于广义公共法律服务范畴。

（一）法务类企业

法务类企业活跃在民商事非诉讼领域，包括知识产权代理机构、法务咨询类公司、法律知识提供商等。

检索要点

登录国家知识产权局网站，进入政务服务栏目，可检索全国各地的专利、商标代理机构。国家目前对法务咨询类公司没有专门进行登记管理，法务咨询类公司的法律服务相对于律师事务所而言尚缺乏透明度。针对法务咨询类公司的法律服务，应结合其实际的企业登记信息，通过案例库和搜索引擎等方式进行具体查询。

法律知识提供商，包括法律数据库服务商、法律服务中介（帮助客服对接律师）、法律科技服务商（面向律所以及司法机关提供技术服务）、法律管理服务商（专注于为律师等法律工作者提供知识培训和管理服务)，对于此类企业，国家目前也是没有专门进行登记管理，需要结合具体情况进行检索分析。

（二）债权催收类机构

债权催收类机构目前处于法律模糊地带。原国家工商行政管理局《关于停止办理公、检、法、司机关所属“讨债公司”登记注册有关问题的通知》(1993年)，公安部、原国家工商行政管理局《禁止开办“讨债公司”的通知》(1995年)，原国家经济贸易委员会、公安部、原国家工商行政管理局《关于取缔各类讨债公司严厉打击非法讨债活动的通知》(2000年)，明令禁止注册“讨债公司”。上述规范性文件仍有法律效力，不过，催收机构并不等同于“讨债公司”。2015年，湖南省放开信贷催收服务的经营范围登记，可以直接申请注册催收企业。相比之下，其他地区对催收机构的准入仍然控制得很严。实践中催收类服务广泛存在，主要服务范围有：受银行委托对信贷逾期户及信用卡透支户进行催收服务、受企业委托进行应收账款催收服务、不良资产催收外包等。

检索要点

关于债权催收类服务，可通过案例、法规、司法观点、实务文章等多角度进行检索。

（三）侦探调查类机构

侦探调查类机构主要从事民商事调查服务。不过，具有证据调查性质的法律服务在现有法律体系下尚属于灰色地带。侦探类调查机构的工作方式往往难受委托人控制，可能导致的风险应引起重视。

检索要点

通过天眼查、启信宝等第三方企业信息查询平台可查询到众多侦探和调查类服务机构。选择这类服务应慎重，可通过案例、法规、司法观点、实务文章等多角度检索相关行为的法律性质。

（四）职业打假与商业维权机构

职业打假是以牟利为目的，知假买假并向生产者、经营者主张惩罚性赔偿的行为。职业打假通常不属于法律服务，不过，有些职业打假是接受被侵权企业委托，这类行为可视为法律服务。商业维权服务主要体现在知识产权领域。

检索要点

可通过天眼查、启信宝等第三方企业信息平台查询职业打假与商业维权机构。职业打假、商业维权服务目前仍处于法律模糊地带，面临多重挑战，权利人选择职业打假、商业维权服务应慎重，避免维权行为违法或变相违法。需要通过案例、法规、司法观点、实务文章等多角度检索，明确职业打假、商业维权服务的法律性质。

二、其他社会机构的法律服务及检索

《全国公共法律服务体系建设规划（2021—2025年）》指出：支持大专院校、企事业单位、公益基金和其他社会组织参与公共法律服务。

（一）工会、妇联的法律服务

根据《劳动合同法》，工会在劳动合同方面有以下权利和职责：（1）帮助、指导劳动者与用人单位依法订立和履行劳动合同；（2）当用人单位单方面提出解除劳动合同时，应当事先将理由通知工会；（3）代表企业职工一方与用人单位订立集体合同；（4）用人单位违反集体合同，侵犯职工劳动权益的，可以依法要求用人单位承担责任；（5）对用人单位履行劳动合同、集体合同的情况进行监督；（6）劳动者申请仲裁、提起诉讼的，依法给予支持和帮助。《工会法》第30条规定："县级以上各级总工会依法为所属工会和职工提供法律援助等法律服务"。《安全生产法》第60条第1款规定："工会有权对建设项目的安全设施与主体工程同时设计、同时施工、同时投入生产和使用进行监管，提出意见。"

检索要点

劳动者遇到劳动、安全生产领域的法律问题可考虑向工会寻求法律帮助。拨打职工服务热线"12351"，或者到各地工会网站检索了解。妇女权益一旦被侵害，也可以考虑向妇联寻求法律帮助，拨打"12338"妇女维权公益服务热线或者到各地妇联网站检索了解。

（二）新闻媒体的法律服务

信息时代，新闻媒体几乎无处不在。媒体承担宣传与舆论监督等重要社会功能，是法治宣传教育的重要阵地，其舆论监督可为当事人提供一定程度的维权服务。很多媒体还通过调解和生活帮忙类节目开展法律服务。《第一帮帮团》是福建电视台一档关于生活帮忙的节目。栏目以“帮忙”的形式介入反映的问题，解决矛盾，为广大老百姓解决法律困扰以及生活纠纷寻求媒体帮助提供了一定的便利。《金牌调解》是江西卫视推出的一档演播室对话节目，栏目组被司法部授予“全国模范人民调解委员会”称号，曾获全国电视法制节目十佳栏目。

检索要点

通过关注法律类媒体节目、拨打媒体热线等方式，在某些领域可获得一定程度的法律服务。

（三）平台企业的法律服务

平台企业是指为合作参与者和客户提供一个合作和交易的软硬件相结合的场所或环境，例如淘宝、京东、美团、万达商城等。平台为这些交易或活动提供开放的、参与性的基础设施，为参与者制定指引和规则，并配之以监测与惩戒措施。实践中，平台企业通常能高效地处理平台用户之间的简单纠纷。

检索要点

检索相关平台客服。

（四）消费者协会的法律服务

全国各地消费者协会受理投诉，实行以地域管辖为主、级别管辖为辅、就近受理的原则，需要相关联的消费者协会协助的，相关的消费者协会应当给予协助。《消费者权益保护法》赋予中国消费者协会和在省、自治区、直辖市设立的消费者协会提起公益诉讼主体资格。

检索要点

中国消费者协会网站提供“我要咨询/投诉”“阳光公开”“消协帮您选”“消协帮您查”“消协帮您辨”等多个服务模块。中国消费者协会网站提供企业售后服务电话查验功能，可以帮助消费者找到正规生产厂家、服务商的联系方式，避免因信息不对称导致合法权益受到损害。

第七节 小 结

法律问题解决是一个知识运用过程，这种知识运用不限于个人层面，更是一个寻找外部知识支持的过程。与传统法律检索著作不同，本章明确提出法律服务检索的概念，可以通过法律服务机构及其人员的信息公开渠道获得法律服务工作规范以及联系方式，通过案例大数据分析了解法律服务的运行规律。不过，法律服务知识本质是一种人际知识，属于默会知识范畴。完整把握特定法律服务机构及其人员所能提供服务的特点以及如何管理使用的知识，检索的作用有限。如国家标准《知识管理 第2部分：术语》所指出的“人际知识包括特别社交网络的形成，从而可以高效地联系到相关专家并运用到他们的知识”①，

① 原国家质量监督检验检疫总局、国家标准化管理委员会：《知识管理 第2部分：术语》，GB/T 23703.2-2010。

借助法律服务解决法律问题的知识有赖于在法律处理的社交实践中总结积累。引入检索意味着法律服务这种人际知识可以在一定程度上转化为事实知识和规则知识，可以借助于"以事实为根据，以规则为准绳"的推理模型以及法律判断、修辞与决策的思维模型落实到法律问题解决过程中。不过，有关法律服务这种外部知识支持的知识总体上仍然是默会知识的范畴，需要在法律实践中逐步累积。

第五章
法律判断、决策、修辞与检索

法律从理论走向实践——解决现实生活中的法律问题，必须超越法学方法论的简化模型，建构一套包括法律判断、决策与修辞的法律方法。而问题的高质量解决则需要进一步将知识管理与检索融合起来。法律问题解决所涉及的知识浩如烟海，仅有头脑储存的知识而没有养成良好的知识管理和检索习惯不足以有效解决问题。

第一节
法律判断简化模型与检索

法律判断是适用法律过程中产生的判断。狭义的法律判断是指法官将法律适用于个案事实而形成的判断。广义的法律判断是司法人员、执法人员、律师、法务以及其他相关人员将法律适用于个案事实而形成的判断。不过，在严格意义上，只有法官才是法律推理的主体，其他主体的法律判断都是法官的法律判断延伸出来，都应当以法官法律判断为基本模型。[①]本书讨论当事人以及作为当事人代理人的律师(法务)的法律判断，显然，它也是以法官的法律判断为基本模型。

---

① 参见卓泽渊:《法学导论》，法律出版社2021年版，第129-130页。

一、涵摄

大陆法系法律判断的一个简化模型可概括为涵摄。涵摄源于拉丁文*subsumes*，意为置于之下，在中文译著中有“涵摄”“包摄”“归摄”“归入”多种译法。一个完整的法律规范由事实构成要件和法律后果组成。涵摄有广义和狭义之分。广义的涵摄实际上就是三段论，或者称为法律涵摄推理，即将特定案件事实归属于法律规范事实构成要件之下，以得出特定法律后果的推论过程。狭义的涵摄仅指将某个个案事实涵摄至法律规范事实构成要件的概念之下。

（一）广义涵摄

广义的涵摄可形式化如下：

法律规范=法律构成+法律后果

法律构成=T（*Tatbestand*）

法律后果=R（*Rechtsfolge*）

个案事实=S（*Sachverhalt*）

涵摄就是看S符不符合T，如果符合了就发生R。用竖式表示为：[①]

T→R（具备T的要件时，即适用R的法律后果）

S=T（特定个案事实S该当于T的要件）

S→R（认定特定个案事实S适用R的法律后果）

（二）狭义涵摄

狭义的涵摄是广义涵摄的一部分，仅指个案事实与法律规范事实

① 参见王泽鉴：《民法思维》，北京大学出版社2019年版，第158页。

构成部分之间的等置过程，也就是“S=T”（“S符合T”）这部分。

二、涵摄与检索

三段论和涵摄推理早已深深烙印在法律人的思维之中，难点在于“S符合T”，即个案事实与法律规范事实构成部分的等置。处理这个问题有以下两种路径。

（一）拆解

首先对法律规范的事实构成进行拆解，其次对个案事实进行拆解，然后将个案事实归入法律事实构成。以形式化表达，即是先将法律规范的法律事实（T）拆解成A、B、C、D若干要件，再将个案事实（S）拆解成a、b、c、d若干因素，若a、b、c、d可归入A、B、C、D，便发生R。

法律问题成千上万，拆解分析技术在不同领域表现各不相同。以请求权基础分析法为例，需要先识别请求权基础规范，然后，对请求权基础规范的要件事实进行拆解，逐一判断请求权是否成立，检视请求权消灭、权利妨碍等一系列抗辩规范，最后明确请求权的法律效果。如何对请求权基础规范的要件事实进行拆解呢？在很多情况下，仅靠法条检索是不够的，需要深入法教义学作品进行检索和研究。

检索要点

法律规范的典型形式是法律条文，但仅仅就一个具体的条文进行拆解并不足以作出准确的法律判断。根据《刑法》第263条规定，抢劫罪是以暴力、胁迫或者其他方法抢劫公私财物的行为。但如果仅对这个条文进行拆解，不可能获得抢劫罪构成要件的完整信息。“适用一部法典的一个条文就是在适用整个法典”的法教义学规则表明：对构成要件的拆解涉及复杂的法教义学学问。因此，面对疑难的涵摄判断问题，必须深入法考用书、经典教科书等法教义学著作内部进行检索，才能有效地对构成要件进行拆解。

在部门法中，法律规范适用涵摄体现为法律关系分析法、请求权基础分析法、犯罪构成分析法等法律分析方法。法律关系分析法，是先查清事实，然后将个案事实置于法律规范事实构成要件之下，从而明确法律关系（法律后果）。请求权基础分析法，则是从事实可能引发的请求权法律后果出发，通过寻求请求权基础构成要件，将小前提归入大前提，从而确定请求权是否能够得到支持的分析方法。犯罪构成分析法的核心是将案件事实与犯罪构成之间的符合性判断。法考用书、经典教科书等法教义学著作正是依据法律关系学说、请求权基础学说或者犯罪构成学说等编撰的，完整把握蕴含在法教义学著作中的理论是进行涵摄推理的基础。尽管法律数据库内容越来越丰富，但是，对经典教科书的检索研究仍是不可或缺的。

拆解构成要件是一个层层推进的过程。首先是对法律事实（事件或行为）的拆解，例如，刑法运用“三阶层说”或“二阶层说”的构成要件理论对犯罪行为进行拆解；其次是对构成要件的要件概念进一步拆解，例如，关于抢劫罪的分析需要对“胁迫”这个概念进一步拆解。在法教义学作品中，上述构成要件的内容一般分别体现在总论和分论，进行检索研究应有意识地将两者结合起来分析。

（二）论证

论证是引入新的前提证明“S符合T”，即个案事实符合法律规范事实。如王泽鉴所言，解释适用法律需“依循法律逻辑，以价值取向的思考、合理的论证”[1]，论证需要引入价值层面的知识、事理层面的知识等法外知识前提。

1. 论证步骤

一般而言，我们首先是根据直觉（法感）判断“S符合T”，然后，对它进行论证。如果能达到证成，那么我们就确认“S符合T”；如果不能达到证成，那就得否认“S符合T”，重新启动找法的过程。

如何论证呢？首先可以根据法律目的[2]对“T”进行解释；其次从科学或者经验法则的角度论证“S符合T”的法律解释，如果这种论证能得到证成（符合逻辑要求），那就可以断定“S符合T”。

例如，为了论证“张三砍断他人的左手拇指”属于“致人重伤”。首先，要对“致人重伤”进行法律解释，根据《人体损伤程度鉴定标准》，“致人重伤”可以解释为包括“一手拇指离断或者缺失超过指间关节”情形；其次，从科学或者经验法则的角度论证个案情形符合法律解释，在此，需要通过鉴定证明——“张三砍断他人的左手拇指”已符合“一手拇指离断或者缺失超过指间关节”的情形。

---

① 参见王泽鉴：《民法思维》，北京大学出版社2019年版，第1页。

② 法律是关乎行为的规范。法律对行为规范的目标是使人的行为符合法律所设定的目的。法律目的区分为形式目的和实质目的。形式目的包括富勒所言的“法律的普遍性，法律的公平，法律不能溯及既往，法律规则必须明确，法律规则不能相互矛盾，法律规则要求的行为必须是人们的力量所能及的，法律规则必须具有相对稳定性，法律规则的规定与实施必须一致”等原则，这些形式要求是为了满足人们的安定性和正义（公正对待）的要求。实质目的是指法律所追求达成的社会关系状态或者实现的利益，体现在法律解释上就是客观目的解释，富勒主张配得上作为法律客观目的的目的，应该具备两条要求：一是保持人类目的的形成过程的健康性，二是保持人类交流渠道的开放性。法律解释通常被区分为文义解释、体系解释和目的解释，其实，所有法律解释都是目的解释，文义解释和体系解释侧重于追求法律解释符合法律的形式目的，目的解释侧重于追求法律解释符合法律的实质目的。

检索要点

"S符合T"的法律论证包括两项任务：

一是证明"对法律规范构成要件的解释"是符合"法律目的"的，为此，我们需要找到一种资料能将这两者联系起来。这些资料包括字典、立法文本资料、司法解释、国家标准、行业标准、判例、外国法、法条（概念）在整部法律的地位、公序良俗等，它们将法律解释与"法律的某种形式上和实质上的目的"联系起来，从而使解释具有说服力。例如，《人体损伤程度鉴定标准》是证明"张三砍断他人的左手拇指属于致人重伤"解释具有合理性的有效资料。

二是证明个案情形与法律解释的符合性能经得起科学或者经验法则的检验，能够证明这一点的资料包括鉴定、类案、日常生活常识、大众感知、科学定律等。

以上论证任务表明：论证过程是知识运用的过程，也是检索资料的过程。"S符合T"的判断在很多情况下属于法官自由裁量的范畴。律师必须努力揭示出"S符合T"的内在知识基础，通过检索获得有说服力的资料说服法官。

2. 论证方式

法律论证检索的另一种思路是围绕特定论证方式所需要的前提进行检索。按照法律论证融贯性理论，支持一个法律判断的理由（如法条、判例、法理学说等）越多，其论证力度越强。[1]论证的检索应尽可能从不同视角展开。

---

① 参见［瑞典］亚历山大·佩策尼克：《论法律与理性》，陈曦译，中国政法大学出版社2015年版，第313-315页。

（1）演绎论证VS归谬论证

演绎论证，是从一般到个别的论证。此处的“一般”是指法律规则、科学定律（或者经验法则）。例如，欲判断“铜是否会导电（S是否符合T）”，我们需要借助“金属会导电（B）”这个反映一般情况的科学定律进行推导。

归谬论证，首先假设某种论点是正确的，然后从这一论点中加以推论，从而得出荒谬的结论来，以驳倒这一论点。归谬论证用于证明“S符合T”，需要假定其反论题成立，然后从其反论题会得出极其荒谬可笑的结论，于是“S符合T”得证。

检索要点

演绎论证的关键是检索一般规则。例如，在陆某案中，引入《刑法》第13条的但书条款论证“陆某代购药品行为不符合销售假药罪的犯罪构成要件”①。归谬论证用于证明，需要检索到其反论题会导致荒谬结论的论据。例如，“陆某代购药品行为被认定为销售假药罪”，将导致“弱势群体自救行为中的违法行为被视为犯罪行为”的荒谬结论。

不过，这两种方式都有其局限。演绎论证会遭遇“S符合T”的论证难题。在法律中，归谬论证只能证明——非A不合理（违法），那么A合理（合法）是可能的，例如，贩卖毒品是违法，但非贩卖毒品（如持有毒品）也可能是犯罪。也就是说，运用演绎论证与归谬论证仍需要注意补充采用其他论证方式。

① 陆某代购药品案，湖南省沅江市人民检察院沅检公刑不诉〔2015〕1号不起诉决定书。

（2）类推论证VS反面论证VS当然论证

类推论证包括法律规范类推、案例之间的类推、法规之间的类推、惯例之间的类推。

反面论证，是指从法律规范赋予某种事实情形推出某个法律后果，这一后果不适用于法律规范未规定的其他事实情形。这一论证的结果会与法律类推论证相反。

当然论证，包括两种相反的情形：举轻以明重或举重以明轻，因此，他们的适用范围通常是相反的。

检索要点

我们经常从类推论证、反面论证、当然论证角度检索资料，但是，当展开论证时总会遇到对方的有力反击，因为这些论证背后存在着一种可以对它进行牵制的相反论证。因此，运用这些论证方式找资料时，不能自以为找到论证例子就可以了，而是要与法的目的性联系起来，把握他们的适用范围，同时做好补充论证的检索。

依据《宪法》第62条，全国人民代表大会行使修改宪法的职权。依反面论证，全国人民代表大会常委会不具有行使修改宪法的职权；依类推论证，全国人民代表大会常委会是全国人大常设机关，因此，全国人民代表大会具有行使修改宪法的职权。到底哪一个对呢？需要结合规范目的评价。重视法安定性价值的法律规范，倾向于选择反面论证，即全国人民代表大会常委会不具有行使修改宪法的职权。由于“罪刑法定”存在，反面论证在刑法中也有很大的操作空间。例外条款的规定通常也可适用反面论证，因为立法者在立法时对可例外的情形已做严格考量。

类推论证，特别是类案论证，是法律论证中最常运用的论证方式，但是，它会受到反面论证的挑战，因为天下没有一样的树叶。类比推理的结构可归纳为三步：第一步，识别一个权威的基点或判例；第二步，在判例和一个问题间识别事实上的相同点或者不同点；第三步，判断是事实上的相同点更为重要，还是他们之间的不同点更为重要，并以此决定是区别先例还是依照先例。①严格按照这一推理结构展开论证有助于克服来自反面论证的挑战。

举轻以明重的论证通常在义务性规范的基础上构造，例如，由合法征收需要补偿的规定推导出违法征收“更加”要给予赔偿，由禁止故意伤害推出禁止故意杀人。举重以明轻的论证则通常在授权性规范的基础上构造，如果某种情形因防卫杀人是可以的，那么因防卫伤人更是可以。把握他们的应用场景才能有效地提升论证的说服力。

（3）融贯论证VS完整论证VS体系论证

融贯论证假定法律体系具有连贯性和一致性，尽可能没有矛盾。融贯论证通过已接受法律命题排除与之相冲突的命题。融贯论证也是或然的，因为法律存在发展的必要，不过，在大多数情形下，它具有很高的可靠性。

完整论证假定一个法律规范应该是尽可能完整的，据此推导某些补充完整性的观点是必要的。

体系论证假定法律规范构成某种封闭的、有序的、融贯一致的体系，由此推论法律不包含体系外的规则。

① 参见[美]史蒂文·J.伯顿：《法律和法律推理导论》，张志铭、解兴权译，中国政法大学出版社1998年版，第49页。

检索要点

这三种论证需要有扎实的法教义学知识支撑，要注意从这个角度检索论证依据。完整论证与体系论证可能导致相反的结果，需要与法的目的性联系起来，把握它们的适用范围。一般来说，完整论证在私法领域具有更高的可适用性，而体系论证在公法领域具有更高的可适用性。

（4）历史论证VS目的论证VS社会学论证

历史论证，依据历史上的某个法律规定或者普遍接受的惯例进行论证。

目的论证，依据立法的目的进行论证。

社会学论证，依据社会效果、经济效益进行论证。社会学论证应寻找法条支撑，“虽然法经济学、法哲学等法学外视角的观察对法律的说理具有价值，但必须被转译为法教义学的语言进行沟通，‘法言法语’起到了法律的‘母语’的作用”①。

检索要点

一起财务咨询合同纠纷案件标的额达到上亿元，是否可以评价为合理，这时候可以检索相关的商业习惯以便作出判断。这里选择历史论证，而没有选择目的论证和社会学论证，只是因为历史论证的论据更具有可得性。一种法律解释要想获得合理评价，需要得到历史、目的、社会学等不同论证的支撑。但是，由于论据可得性的困难，我

① 姚辉：《民法学方法论研究》，中国人民大学出版社2020年版，第49页。

们经常只选择一种或者几种方式进行论证。显然，历史、目的、社会学等不同视角的论证也可能出现矛盾，这时需要根据法律目的进行权衡。

关于论证方式还有其他多种归类。加拿大论证理论家沃尔顿基于对正当理由类型的考虑所提出的论证图式有：证人证言论证、确信立场论证、专家意见论证、公众意见论证、范例论证、类比论证、类比实践推理、合成论证、分解论证、口头分类论证、口头分类模糊论证、口头分类任意论证、表征论证、实践推理、流行惯例论证、多余论证、沉没成本论证、出于无知的论证、因果论证、动机关联性论证、外展性论证、从证据到假设论证、结果论证、选择论证、威胁论证、恐惧诉求论证、约束论证、直接人身攻击论证、不一致约束论证、攻击背景论证、有罪牵连论证、偏见论证、成规论证、先例论证、滑坡论证等。①进一步把握这些论证方式，可为我们提供更多的检索思路。不过，这些论证属于或然性论证，要有意识地结合其他论证方式加以补强，或者其本身只作为补强其他论证的一种方式。例如，证人证言具有不准确性和误导性的可能性，需要结合其他论证方式将这种可能性降到最低。一些论证方式经常不被认可，但是，如果作为辅助手段在一些场合下使用也是可以的。例如，品格证据缺乏足够的说服力，但在一些场合下也允许用来削弱攻击对象所提出证据的证明力。

以上讲述的论证方式之所以具有说服力，是因为法律共同体存在潜在共识。如何将这种潜在共识凸显出来以增强说服力呢？一种有效的方式是诉诸类案和权威。依据不同的论证思路可以找到不同论据，

---

① 参见［加］Douglas N. Walton：《非形式逻辑方法与法律论证》，唐凌云译，载梁庆寅主编：《法律逻辑研究》（第1卷），法律出版社2005年版，第147－166页。转引自焦宝乾：《法律论证：思维与方法》，北京大学出版社2010年版，第205页。

类案和有权威来源的观点是其中不可忽略的论据。

3. 漏洞填补

“你办的不是案子，而是别人的人生”，这句话颇具深刻的洞见，在法学界流行一时。不过，更深刻和完整的解答，应该是要明确“什么情况下办的是案子，什么情况下办的是别人的人生”。就涵摄判断而言，需要回答什么情况下依照法律解释，什么情况下可以启动“漏洞填补”，以便证明“S符合T”或者“S不符合T”。

检索要点

法律漏洞是违反立法计划（规范目的）的不圆满性。漏洞填补的解释方法包括目的论扩张和目的论限缩两种方法，论证首先要确立立法计划或规范目的，然后通过检索寻找能证成立法计划或规范目的的有说服力的资料。

不过，当我们力求以一种规范目的论证某种漏洞填补解释的必要性时，同时通常也会存在另一种规范目的能证明该种漏洞填补解释是不必要的。也就是说，这里存在比例原则的运用问题，即“为了保护某种更为优先的价值而必须侵害另一种法益时，不得超过此目的所必要的程度”[①]。为了完成此方面的论证，检索范围通常要扩大到行业知识、行动中的法等超越现行法规定内容的法外知识领域。

① ［德］卡尔·拉伦茨：《法学方法论》，黄家镇译，商务印书馆2020年版，第518页。

第二节
法律判断一般模型与检索

法律判断的核心是将事实与法律对接，这个过程虽然可以简化为涵摄，但事实上是一个法律与事实的往返流转、逐步拉近的过程，如图5-1所示。

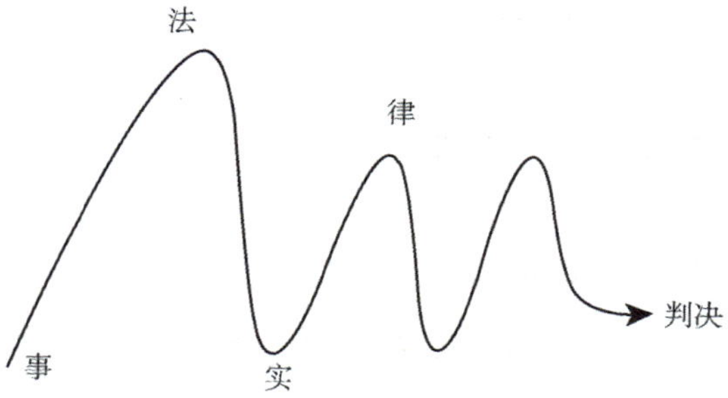

图5-1　作出法律判断的过程

为了更科学地将事实与法律对接作出法律判断，法学界提出多种法律判断过程的流程模型，截取要点，可分为处理案件事实、寻找法律依据、作出法律分析判断三个思维步骤，其中每一个步骤都包含法律与事实的往返流转的过程，每一步都需要引入检索。法学方法论已经框定法律判断的流程，本部分力求在此基础上融入检索，为法律判断方法的提升做一点贡献。

一、处理案件事实

在法律判断中，首先面对的是事实。没有事实，法律判断也就无从谈起。在涵摄推理中，案例中的事实被假定为真实且无争论性，法律判断的任务是在给定案件事实的前提下寻找相应规范依据。案件事实的裁剪和认定不在涵摄推理讨论范围，而真实场合的法律判断则需从事实的查明和评价开始。

事实首先是与认识无关的客观存在，是不以认识者的主观意志为转移的存在。但真正有意义的是进入人的认识活动中的事实，这一事实借助人的陈述才能显现出来。一般来说，处理事实有如下步骤：首先通过调查与检索收集有关案件事实的信息；然后形成关于事实的各种可能陈述，并从中寻找最佳陈述。

（一）事实的调查与检索

1. 事实调查

调查是收集有关案件事实的主要路径。调查对象包括当事人本人、证人、政府部门、司法部门以及其他信息来源。调查方法包括会见访问、复印（抄录）、录音录像、勘验、鉴定、申请法院调查取证等。

法科生一般都接受过事实调查的训练，掌握了一定的调查技能。遇到疑难案件则有必要就该类案件事实的调查策略进行一定检索，了解其中的流程要点和注意事项，以便形成更好的调查方案。

2. 事实检索

在大数据时代，网络检索也成为收集有关案件事实信息的重要手段。其检索工具可参照第三章介绍的尽职调查工具。

检索要点

事实检索首先要明确检索什么。一个完整的案件事实包括

"5W",即谁(Who)、何时(When)、何地(Where)、何事(What)、为何(Why),这是完整事实陈述的基本要素,也是检索的内容范围。具体而言,谁(Who),案件各方当事人和利益相关方的情况;何时(When),案件事实中与时间相关的内容,诸如商标注册时间、公司成立时间等;何地(Where),案件事实中与地点相关的内容,诸如案件当事人住所地、利益相关方住所地、纠纷发生地等;何事(What),案件事实来龙去脉;为何(Why),案件发生原因、各方当事人的动机以及客观的背景。

"谁(Who)、何时(When)、何地(Where)、何事(What)"的检索方法相对比较简单,只要能掌握相关检索工具的操作要求即可基本完成任务。"为何(Why)"的检索相对复杂,它涉及因果关系、动机和客观背景,需要进行具体分析。

为了证明因果关系,有时对行业知识进行检索;法律上的因果关系还与法律目的有关,这时我们需要检索因果关系与法律目的存在联系的佐证资料进行检索。关于因果关系认定的理论学说,有"条件说""相当说""客观归责说"之争。以刑法因果关系的"客观归责说"为例,需要结合检索作出以下四方面判断:

第一,条件关联,即说明事实之间的关联,借助于经验规律意义上的因果概念而考察行为和结果之间的最低限度的关联;

第二,相当性关联,即通过客观合目的性对或然律的补充而分析行为与结果之间的确定性关联,从而确定事实之间的关系是否具有进行刑法评价的价值;

第三,风险性关联,即说明行为对谨慎义务的违反和结果发生之间的详细联系,从而在规范的意义上评价行为与结果之间所具有的确切联系在刑法上是否有相当的重要性;

第四，保护目的性关联，即说明所出现的结果是在被损害的规范保护范围内。①

（二）分析、判断调查与检索结果

1. 基于日常生活用语的事实陈述和结合法律判断的事实陈述

将事实陈述出来涉及语言的使用，可以是日常生活用语，也可以是法律用语，如果是后者其实已经带有法律判断的影子。一般来说，除非必要，先尽可能运用日常生活用语进行事实陈述，然后再加以法律判断，借助法律判断深入挖掘事实。过早的法律判断有可能影响事实调查的客观性，但如果没有法律判断或者法律判断不贴切，也会导致事实调查难以深入。

2. 案件事实的建构

法律判断处理的事实是已然发生的事实，时间不会倒流，客观事实不可能重演。人们只能基于已观察到的证据和常识知识建构关于案件事实的陈述。一般来说，这个过程可以分为以下两个阶段②：

第一个阶段是形成潜在解释性事实，即事实发现者（可能是警察、律师或法官）根据现已收集到的证据集合E，结合关于世界认知的常识和经验知识，生成可以解释这些证据资料的各种潜在解释。人们也可利用这些潜在解释进行预测推理，预测可能还会存在的其他证据材料。一个潜在解释如果能成功地预测到某些证据材料的存在，那么它更值得信任，更具有似真性。搜寻并收集到这些预测的证据材料可以扩充证据集合E，并初步检验这些潜在解释的似真性，排除明显不似真的潜

① 参见刘树德：《法感通幽：法学阅读方法与写作思维》，中国法制出版社2021年版，第108页。

② 参见杜文静：《法律证据推理的模型研究》，北京大学出版社2021年，第55页。

在解释。

第二个阶段是评价、比较潜在解释。假设到目前为止，一共生成了n个似真的潜在解释，对应假设性事实H_1、H_2、……、H_n。这就需要根据一定的标准，从生成的所有解释中选出"最佳"解释，并排除其他解释，则该"最佳"解释就应该被暂时性接受。

如果在未来某个时间点，还发现有新证据加入证据集合E，则需要重复第一个、第二个阶段的过程，重新确定最佳解释。这是一个循环确认的过程，直到没有可获取的其他证据和其他潜在解释为止。

检索要点

以上案件事实的建构模型通常被称为最佳解释推论。推论的前提包括已观察到的证据和常识知识，前者已在事实的调查与检索部分讨论，后者可以通过检索进一步把握，具体检索方法可参照第三章尽职调查部分关于行业和跨学科知识的检索。

二、寻找法律依据

事实得到确定之后，紧接着进行法律研究，为事实寻找法律依据（以下简称找法）。找法是典型的法条检索和案例检索的过程，具体可参照第三章介绍的检索工具部分。

检索要点

找法是一个检索的过程，但是，如果不加分析贸然进行检索，可能"事倍功半"。很多人多会遇到这种情况——要找个类似的案子，输入几个条件，出来数百个案例，如同大海捞针。寻找可适用具体案件的法律规范通常需要结合法律识别进行。

法律识别，作为一种找法的技术，是指在适用法律规范时，依据一定的法律观念，对案件事实作出定性，从而初步确定应适用哪一法律规范的认识过程。一般分为四个步骤，第一，判断有关案件中的生活事实是否具有某种法律意义，是否为法律调整。第二，识别该案件事实所属的部门法。第三，识别该案件事实的法律类型。如果为民事案件，重点是找到该案件的案由（法律关系）或者请求权基础；如果为刑事案件，重点是找到该案件所涉及的具体罪名；如果是行政案件，重点是找到该案件的具体行政行为。第四，初步确定预适用的具体法律规范。

找法除以上标准流程外，还有以下借助人工智能（Artificial Intelligence，以下简称AI）的快速判断方法：①案情AI检索，直接将案情输入检索框由AI作出判断分析，一些法律数据库提供这类服务；②智能咨询，中国法律服务网小程序提供此类服务，按照提示输入案情相关细节，系统会给出相应的法律解答。法律AI只能分析一些简单的法律问题，其意见的准确性最终需要依靠人工判断。

三、作出法律分析判断

通过上述步骤，筛选的可适用法律规范可能有多个。这些规范通常会涉及不同法律部门、同一法律部门的不同法律类型以及体现在不同法律渊源，同时，也可能存在模糊、冲突和漏洞。因此，这一阶段需要通过法律规范的选择、解释以确定作为法律推理大前提的法律规范。

（一）不同类型的法律规范竞合的处理

当法律适用存在法律规范竞合或者冲突时，需要通过确定不同类型法律规范的优先关系来消除冲突，构造一致性。

检索要点

当刑事诉讼与民事诉讼竞合时，通常“先刑后民”，但实际上存在例外，可结合案例与司法观点检索深入法律分析。当违约责任与侵权责任竞合时，受害方可以选择对自己有利的方式进行诉讼，这是一个决策过程，可结合法律决策检索进行分析。

（二）不同法律渊源的法律规范冲突的解决

首先将法律渊源区分为正式渊源和非正式渊源。正式的法律渊源主要是制定法，法律人有法律义务适用它们；非正式的法律渊源包括判例、习惯、法理、政策等。当正式渊源不能为法律决定提供适当的法律依据时，适用非正式渊源。博登海默认为非正式渊源的适用前提为：第一，正式的法的渊源完全不能为法律决定提供大前提；第二，适用某种正式的法的渊源会与公平正义的基本要求、强制性要求和占支配地位的要求发生冲突；第三，一项正式的法的渊源可能会产生两种模棱两可性和不确定性的解释。①

就正式渊源的位阶而言，一般的处理原则是上位法优于下位法、新

① 参见［美］E.博登海默：《法理学：法律哲学与法律方法》，邓正来译，中国政法大学出版社2004年版，第430页。

法优于旧法、特别法优于一般法等，各国立法大多有明确的规定。不过，仅有法律规定是不够的，一方面可能存在例外情形，另一方面存在不同的标准。例如，一个制定程序更严格的规范性法律文件相对于较不严格的规范性法律文件在效力上具有一定优先性，但制定程序只是一项标准，还存在其他标准，这就存在不同的优先标准该如何抉择的问题，在这种情况下，需要引入实质分析。

检索要点

处理不同法律渊源的法律规范之间的冲突，可重点检索以下法律以及规范性文件：《立法法》《行政法规制定程序条例》《最高人民法院关于司法解释工作的规定》《最高人民法院关于裁判文书引用法律、法规等规范性法律文件的规定》《最高人民法院关于审理行政案件适用法律规范问题的座谈会纪要》。

（三）涵摄

预选法律规范之后，即可进行涵摄推理，得出法律结论。涵摄推理并不是一个简单三段论推理，还涉及法律构成要件的拆解以及解释论证。进一步讲，涵摄推理作出法律结论还需要以主观设定的、预适用的法律为参考系对事实进行陈述。如果我们陈述的事实无法满足主观设定的、预适用的法律构成要件，就无法作出法律判断。

如果条文的含义不明确，不能直接获得具体适用规范，需借助法律解释方法，经过解释才能成为具体行为的标准，从而满足处理规范适用的涵摄要求。当法律出现应当予以规定而未予以规定的情形（法律漏洞）时，有必要进行法的续造，即法律漏洞的填补，一种好的法律判断方案需要符合法律解释的要求。[1]以上过程的检索在法律判断的简化模型（涵摄）部分已阐述，此处不再赘述。

四、法律问题解决实际流程的法律判断与检索

在实际的法律问题解决过程中，面临众多环环相扣的法律判断，而且必须在紧迫的时间内作出判断。这需要进一步变通和优化法律判断过程，并融入法律问题解决实际流程之中。

丹尼尔·卡尼曼在《思考，快与慢》中指出人有两种不同的思考系统。系统1依赖人的直觉，不怎么消耗脑力，运行起来非常快，可以称为“快系统”。比如，看到一张照片，上面是一位女士，她的头发是黑的……这些判断活动是无意识的，而且毫不费力，是快系统在起作用。系统2依赖人的理性，需要刻意思考，按部就班运算。运行起来要消耗大量脑力，而且比较慢，被称为“慢系统”。当我们解答复杂的数学题时，需要集中注意力推理，就是慢系统在起作用。[2]

前述介绍的法律判断流程是一种慢思考，实际上不可能解决每个问题都采用这种方法进行判断。这要求法律判断必须模式化、技能化，能以“快系统”作出判断，仅在疑难问题方面启动“慢系统”。

不过，丹尼尔·卡尼曼的研究表明，对快系统的过分依赖，会导致偏见和判断失误。例如，光环效应（人们对某个事物形成的一种概括固定的看法，并把这种观点看法推而广之，认为这个事物或者整体都具有该特征，而忽视个体差异），锚定效应（人们在对某人某事做出判断时，易受第一印象支配，就像沉入海底的锚一样把人们的思想固定在某

---

① 参见杨贝：《裁判文书说理的规范与方法》，法律出版社2022年版，第130-146页。

② 参见［美］丹尼尔·卡尼曼：《思考，快与慢》，胡晓姣等译，中信出版集团2012年版，第3-4页。

处)，框架效应(人们对一个客观相同问题的不同描述导致了不同的决策判断①)，禀赋效应(当拥有某个物品后，人们会觉得它价值更大)。

如何避免系统1出错？丹尼尔·卡尼曼指出，避免系统1出错的方法从原则上讲是很简单的：认识到你所处的认知领域，放缓并要求系统2来加以强化，要多听听其他人的建议和批评，未雨绸缪、事先考虑可能的失败。②快系统实际上是我们头脑中业已形成的惯性法律业务在操作思维模型。鉴于快系统可能导致偏见和判断失误，有必要经常对头脑中业已形成的法律技能习惯进行反思。

检索要点

一个现实法律问题往往会涉及数量众多并且环环相扣的法律判断，一个简单的实际诉讼流程可能要进行数十次法律适用分析。很多情况下，只有遇到疑难问题才有必要从最基础的法条检索进行判断分析，通常都是直接调动或者检索法律业务操作规则。按照操作规则处理问题，可以让法律判断模式化、技能化，以“快系统”作出判断。不过，由于快系统可能导致错误和偏见，必要时应用系统2来加以强化，启动慢思考，这时需要注意通过检索把握其他可能的判断以避免偏见。

① 一个经典的例子是：在加油站A，每升汽油卖5.6元，但如果以现金的方式付款可以得到每升0.6元的折扣；在加油站B，每升汽油卖5.0元，但如果以信用卡的方式付款则每升要多付0.6元。显然，从任何一个加油站购买汽油的经济成本是一样的。但大多数人认为：加油站A要比加油站B更吸引人。

② 参见[美]丹尼尔·卡尼曼：《思考，快与慢》，胡晓姣等译，中信出版集团2012年版，第385-386页。

第三节

法律决策与检索

法律判断仅是决策的基础，法律问题解决的过程总体上是决策的过程。法律决策是为解决或者预防特定法律争议，在收集事实、法律以及其他相关信息的基础上，对影响问题解决的诸因素进行分析计算后，对未来行动方案作出决定的一系列判断过程。

法律决策所依赖的知识已经远远超出法律知识的范畴。对此，法学理论研究者一般将问题限缩为主要依靠法律知识就能解决的问题——法律解释适用；实务中的法律工作者不可能如此超脱，他必须收集一切有助于解决与预防特定法律争议的知识并作出分析判断。为区分只将法律适用于事实的法律判断，本书将为解决法律问题确定行动方案的一系列分析判断称为法律决策。

一、法律决策的思维模型

（一）程序性决策和非程序性决策

法律决策可区分为程序性决策和非程序性决策。

程序性决策是针对日常的、反复发生的例行问题的决策，对于这些问题，按照既定程序行动即可，无须衡量。法律程序性决策的推理所依赖的事实与规则总体上是明确的，事实是案件事实，规则则是明文规定的法律以及较为成熟的法律业务操作指引。

法律决策总体上是以程序性决策为基础的，但其中的众多环节也涉及非程序性决策。相对于程序性决策，非程序性决策更为复杂，决策所欲实现的目标更为多元，其推理所依赖的事实和规则也更为多样。

（二）理性决策、行为决策和渐进决策[①]

理性决策是一种简化的决策思维模型。它假定：（1）决策过程中能获得全部有效的信息；（2）决策者能够找出与实现目标相关的所有决策方案；（3）决策者能将每一个方案的收益值（程度）或损失值（程度）计（估）算出来，经过比较后，按照决策者的价值偏好，选出其中最佳者。理性决策的这些前提假设在现实决策中不可能全部具备，理性决策带有一定的"乌托邦"色彩，并不代表其没有意义，因为人们通常能在追求尽善尽美中得到较善较美。基于理性决策前提假设推导出的具体决策思维模型通常会有一般指导价值，而其不足部分则可由行为决策和渐进决策思维模型在一定程度上弥补。

行为决策模型认为，人的理性是有限的，介于完全理性和非理性之间。这是因为在高度不确定和极其复杂的现实决策环境中，人的知识、想象力和计算力是有限的。行为决策理论刻画了决策者认知局限性、主观心理因素以及环境等因素对决策的影响，在一定程度上填补了理性决策模型前提假设的不足。

渐进决策模型是美国政策科学家林德布洛姆在批判理性决策模型的基础上提出的。渐进决策，是指在以往的政策、惯例的基础上制定新政策，新政策是对过去政策的延伸和发展，只对过去的政策做局部的调整与修改。常规性的法律业务决策通常是以渐进决策模型进行的，也就是说，以程序性决策为主，然后采取一些保守的补救措施，它的特点是稳妥可靠，渐进发展，但补救措施的引入则需要参考理性决策、行为

---

① 参见《管理学》编写组：《管理学》，高等教育出版社2019年版，第91-95页。

决策。

二、程序性决策与检索

程序性决策涉及的是那些重复出现的、日常的法律问题。由于受到法律的严格规制，大部分法律问题解决方案已经形成一种成熟的程序、处理方法和标准，只要检索到这些成熟的解决方案，就可以照章办事，省去繁杂的决策程序。

检索要点

法律实务类著作是了解各类法律问题解决方案的主渠道，从检索角度看，要重视相关电子书平台的运用以提高检索效率。法律出版社“有章”阅读平台包括“法规”“案例”“图书”“论文”“观点”“系列”六大板块内容，覆盖了法律读物的各大类别，其中电子书完整收录法律出版社具有数字版权的图书资源，是一个值得重视的检索渠道。中国法制出版社部分电子书可在“得到”平台查询。

各地律协编写了众多法律业务的操作指引，基本上都可在线查询，是权威的参考资料。微信是简便好用的检索平台，多数常见法律问题解决方案可通过微信检索获得。一些专业法律数据库上线了各种不同法律问题解决方案的项目模板和操作指引，很有参考价值。中国法律服务网“智能咨询”以及人民法院在线服务“诉讼风险评估”可自动生成法律问题解决方案，能为初学者提供参考。

为了强化程序性决策执行效率，源自管理学的“PDCA”循环获得不少法律人的重视。“PDCA”循环将质量管理分为四个阶段，即Plan（计划）、Do（执行）、Check（检查）和Act（处理），要求把各项工作按照作出计划、计划实施、检查实施效果的步骤进行，然后将成功的纳入标准，不成功的留待下一循环去解决。法律人应重视对管理学特别是企业管理知识的检索，以便更好地提升决策水平。

三、非程序性法律决策与检索

非程序性决策没有明确的、可遵循的既定规则，其决策过程包括识别问题、决策背景研究、制定备选方案、评价优选、实施监督等多个环节，每一个环节都可能涉及检索，下面重点讨论其中部分环节。

（一）决策背景研究

决策背景研究的任务是探查环境，寻求决策条件。在明确法律决策所要解决的问题之后，接下来的任务是广泛收集资料进行整理分析。

检索要点

以律师非诉讼业务为例，法律决策背景资料的收集包括两个方面。一是事实层面，主要体现为尽职调查等，一般需要明确具体交易背景、己方当事人、对方当事人、法官、社会舆论等相关情况。二是规则层面，包括：①法律规则，用于明确行动方案所应遵循的法律尺度；②行动中的法，用于预测法律的实际运行以及其对客户的影响；③行业以及宏观社会背景知识，用于明确客户的需求、所处社会环境，以及把握客户实现其目标的行业规则；④法律界为此类行动方案业已总结的业务操作规则。

（二）制定备选方案

制定备选方案，类似于谋划行动路线图。提出方案的关键是激发想象力。典型的方法有反溯法和联想法。

检索要点

通过决策背景研究，明确了决策所依赖的事实知识和规则知识，理论上可根据“以事实为根据，以规则为准绳”推导备选方案，但非程序性法律决策的难点就在于它没有可靠的既有规则可遵循，需要激发想象力通过反溯法和联想法推导。

反溯法是以假设目标为出发的逆向推理，设想一个争议解决成功是因为做了什么，或者争议未得到解决又是因为做了什么，进而确定具体行动方案。反溯法可重点检索类似胜诉、败诉案例及项目方案。

联想法是发挥想象从其他同行乃至其他行业的方案中寻找可借鉴之处。头脑风暴是联想法的一种形式，体现为产生新观念、激发创新的设想、无限制的自由联想和讨论。联想属于发散性思维，具体到行动上，要求尽可能从多视角进行检索。

（三）评价、选择方案

评价、选择方案可从论证评估和权衡优选两个方面考察。

1. 论证评估

有一个目标G，主体A拟采取行动方案a以实现G。可以依照以下若干步骤进行评估[①]：

（1）行动方案a能否实现G？

（2）行动方案a可操作吗？

（3）除了目标G，是否有与目标冲突的其他目标？操作行动方案a会带来哪些副作用？是优点大于缺点，还是缺点大于优点？

（4）还有其他实现目标的选择方案吗？

（5）行动方案a与其他方案比较是不是最佳选项，即权衡优选，下面就此专门讨论。

2. 权衡优选

权衡优选的常见理论模型是期望效用函数。期望效用函数的一个简化模型是：每个方案的期望值=（结果1的价值×概率+结果2的价值×概率+…）−成本，其中各个概率之和为100%。

一起损害赔偿纠纷，对方表示，如果和解私了愿意出10万元赔偿金，如果走诉讼程序则一分不赔。经过检索预估：此案如果起诉，诉讼成本为20万元（已经考虑全部诉讼与执行成本），诉讼成功的概率是60%，可能得到80万元赔偿；诉讼失败的概率是40%，反而可能赔偿对方10万元。可应用期望效用函数模型做如下预估判断：

和解方案：10×100%−0=10万元；

诉讼方案：[80×60%+（−10×40%）]−20=24万元。

结论：诉讼方案期望值高于和解方案，所以应该选择诉讼方案。[②]

---

① 参见周建武：《科学推理：逻辑与科学方法》，化学工业出版社2020年版，第251−252页。

② 参见何力、常金光等：《合同起草与审查指南　三观四步法（第三版·2021）》，法律出版社2021年版，第28页。

检索要点

在前面的决策情境中，计算的前提是明确“价值”与“概率”的各项值。首先可以根据法律规定以及相关证据等测算出各项可能结果的价值（含收益、成本）和概率。由于纸面上的法与行动中的法可能存在差异，可通过分析同类案件大数据进行预估。一般可检索所在地的基层人民法院、中级人民法院、高级人民法院、最高人民法院的类案，对判决结果统计分析，预估本案的结果和可能赔偿的金额。

以上模型仅讨论了诉讼与和解（调解）方案之间的权衡选择。现实生活中法律决策场景更为多元，包括不同诉讼策略、合同条款、合规方案的权衡选择等。不过，权衡优选的思路大体相同，基本上可采用上述模型以及相应的检索思路进行分析。

四、小结

以上针对程序性决策检索和非程序性决策检索的讨论是基于理性决策假设的。在理性决策模型之外，还有行为决策模型和渐进决策模型。从行为决策的角度，检索需要在理性决策检索的基础上引入决策者认知局限性、主观心理因素以及环境等决策影响因素的检索和考量。从渐进决策模型看，要注意在过往决策的基础上检索研究可能的改进措施。

第四节 法律修辞与检索

法律问题解决，一方面要在法律判断基础上提出法律主张，另一方面要通过沟通和说服实现这一主张，后者主要表现为一系列修辞活动。法律决策确定了法律问题解决的整体流程，而具体细节的完善很大程度上有赖于修辞。

一、法律修辞概述

法律修辞是法律活动中的言说艺术，它关心的是法律活动中语言的表达效果。一些简单的法律言说，只要表达清晰即具有说服力。一些重要的法律修辞活动需要在对听众的知识背景和偏好进行研究的基础上制定适当的言说策略。

修辞有消极修辞与积极修辞之分。消极修辞力求意义明白，以明白为止境，采用明确、通顺、平匀、稳密为标准的修辞方法。积极修辞，不仅要使人明白，还要使人感动，要求语言不仅意思准确、明白，而且要形象、生动、活泼，可通过用词、炼句、各种辞格以及谋篇布局等多种手法来加强表达效果。一般来说，民事起诉状、申请书以消极修辞为主；而代理词和庭审辩论可适当采用积极修辞。

法律问题解决是人与人打交道的过程，修辞说服活动无所不在。站在当事人以及作为当事人代理人的律师（法务）解决法律问题的立场，法律修辞的重点任务在于：说服法官（以及对纠纷有裁定权的其他人员）作出某项特定裁决，或增加其做出某项特定裁决的概率。

二、修辞学理论模型与检索重点

亚里士多德提出，“由言辞而来的说服论证有三种形式，第一种在于演说者的品格，第二种在于使听者处于某种心境，第三种在于借助证明或表面证明的论证本身。”[1]这个理论也称为修辞学三角形，是迄今为止最为经典的修辞学框架，它概括了修辞情景三要素：言说者、受众和信息。无论是法官还是律师，他们的言说都有言说者、讲话对象和传递什么信息的三个问题。修辞学的手法——提升修辞效果的方法，也是从三方面入手，一是基于言说者的个人品格，言说者本人必须显示可信、可靠或者有权威性的气质；二是基于听众的思维框架表达，即要以听众能理解和感兴趣的方式进行言说，通过彼此的同理心唤起听众的认同；三是言说内容属于可靠的论证。

修辞学另一个重要的理论模型来自接受逻辑。修辞的目的在于说服听众接受特定的主张，强调对听众的研究是提升说服力的关键。所谓接受是认知主体对命题进行评价后，所采取的是否认同或者接纳的态度。可用模型定义如下：认知主体S接受一个命题H意指，S在时间T时的一种信念状态（相信命题H是充足证成的）。接受程度可以用条件概率表达为：$P(h/e)$，即在证据e的条件下对h的接受程度。$P(h/e)=1$，表示对命题的确信；$P(h/e)>1/2$，表示强相信；$P(h/e)<1/2$，表示弱相信。[2]劝说一个人接受一个命题需要从证据e入手。证据e包括直接证据，也包括听众的背景信念。背景信念涉及听众的先验信念、已接受的理论、所具有的经验及他们所处时代的社会文化传统，研究听众已有的背景信念，在直接证据之外引入适当的素材是劝说的关键。

① ［古希腊］亚里士多德：《修辞术·亚历山大修辞学·论诗》，颜一、崔延强译，中国人民大学出版社2003年版，第8页。

② 参见张大松主编：《科学辩护的沉思：科学确证与科学接受的方法论辩护》，科学出版社2008年版，第188-191页。

检索要点

根据上述修辞学理论模型，修辞的基础前提是“知己知彼”。知彼有赖于对说服对象知识背景的检索。以说服法官为例，我们需要通过检索了解法官的履历性格、思维方式、裁判习惯。对法官的检索，可通过百度、微信、知网、庭审直播网等多种途径，其中最重要的还是通过类案检索了解法官的裁决习惯，知晓裁决规则。

检索的另一个重点是对各种修辞文本和技巧的检索。各类诉讼以及非诉讼文书模板大部分均可在互联网检索获得，注意选择有权威来源的法律文书模板。具体检索方法可参考第三章第五节中的“三、法律文书与修辞规则”检索的相关论述。

三、修辞论证的职业伦理

从说服角度讨论法律问题解决，可检索到众多可供法律人参考的资料。例如，《一本书学会做房地产经纪人（实战强化版）》[①]中提到房地产经纪人的话术技巧远超法律人所熟悉的修辞技巧，但是，法律人并不能直接照搬这些修辞技巧，因为修辞论证有严格的伦理限制。

修辞学之必要从根本上说是因为法律的正确适用离不开对话与说服。法律的结论必须是有论证理由的结论，是对法律适用者本人以及其他人具有说服力的结论[②]。为了说服听众，论证者必须建构听众概念，明确自己是在说服什么人接受自己的主张，用听众能接受的方式去论证自己的主张。

---

① 参见刘建伟、陈朴：《一本书学会做房地产经纪人（实战强化版）》，人民邮电出版社2013年版。

② 参见舒国滢主编：《法理学阶梯》，清华大学出版社2006年版，第4页。

说服的学问源远流长，中国古代称为名辩之学，西方则是源自古希腊亚里士多德的修辞术。不过，名辩之学和修辞术也曾经声名狼藉，被看作言说者运用的有害技巧，被指斥为“利用听众的情感和漂亮的语言而不是事实与法律赢得诉讼”，这一点提醒我们应以正确的法律适用判断为基础展开修辞论证。

修辞学的引入让法律判断成为主体间的过程，但并不是所有主体间的互动都能产生正确的法律判断。理想的论辩环境才有可能导出正确的法律判断，这要求各方遵守程序法以及法律职业伦理。法律人离不开修辞论证，但时刻提醒自己必须在合法和遵守职业伦理规范的前提下展开。

第五节 小 结

一切理解都建立在前理解的基础上。检索的广度和深度很大程度上取决于我们所持的法律问题解决方法论模型。

最简化的法律问题解决方法论模型是法学方法论，在这种方法论模型下，检索任务围绕法律解释适用展开，包括法条及其释义、为归纳裁判规则的案例、体系化整理的法教义学知识等。

为了解决法律适用问题，我们还需要进入查明和评价事实环节，本书将这种融入事实工作的方法论模型称为法律判断。在这种方法论模型下，除了法律解释适用，检索任务还包括针对事实的尽职调查检索。

对当事人而言，解决法律问题不仅需要对事实作出判断，更需要在此基础上提出维护其合法权益的主张以及明确相应的行动方案。本书将这种方法论模型称为法律决策。在这种方法论模型下，检索任务需要在法律判断的基础上进一步扩展到行业知识、行动中的法、法律业务操作规则等。

在当事人为解决法律问题提出的行动方案中，修辞是重要的环节。法律问题解决是一个人与人打交道的过程，我们需要通过修辞说服处事者接受自己基于法律判断提出的主张。法律修辞检索应围绕言说者、受众和言说内容三个要素展开。

02

第二编

常见法律业务检索要点

第六章
民商事诉讼检索要点

面对复杂民商事诉讼，当事人通常会委托律师或者本公司法务处理，本章从律师角度讨论民商事诉讼的检索要点，其基本思路对于法务同样适用。《民事诉讼法》《律师法》等法律法规框定了律师参与民事诉讼业务模型，众多诉讼实务类著述对此进行了详细阐释。不过，诉讼专业化仍有赖于将检索深度嵌入诉讼具体流程。从会谈委托到诉讼策略制定，从庭前准备到庭后总结，检索的适当运用都将大大提升诉讼质量。

第一节
委托洽谈阶段检索

会谈交流是案件委托阶段的中心工作。客户与律师建立联系后，双方一般需要经过至少一次深入会谈才会确认法律服务委托。充分的检索准备工作可以大大提升会谈的交流效果。

一、会谈前检索的目的与任务

会谈前，律师实际上通过电话等沟通方式初步了解了案情。会谈前检索是建立在对案情有初步把握的基础上的检索，其目的主要有：（1）全面了解案件背景和客户需求，确定需要进一步了解的事实和补充的证据材料，作出初步的法律判断；（2）初步预测案件发展存在的各种可能，进行风险评估，确定初步的案件代理方案；（3）向客户展示案件代理方案，确定案件委托。以上三项可分别归于法律判断、法律决策、法律修辞之下，前一章所讨论法律检索方法同样可适用，但需结合民商事诉讼特点进一步细化，可具体化为以下检索任务。

（一）当事人尽职调查

当事人尽职调查是开展会谈前检索的第一步。调查对象范围包括己方当事人、对方当事人及与案件办理密切相关的其他主体。调查事项范围通常包括基本信息、财产状况、资信情况、涉诉状况等。依据调查对象和调查事项的不同，可选调查渠道包括官方平台、商业平台，并注意对多平台调查结果的比对校验。

检索要点

可通过企查查、天眼查、启信宝等商业尽职调查平台了解当事人基本信息、财产状况、股权穿透图、对外投资信息、商标信息、资信情况、涉诉状况等。在法律数据库案例检索框中输入当事人名称/姓名，可检索当事人涉诉以及涉行政处罚的情况。一些法律数据库可一键生成当事人涉诉情况大数据报告。为进一步提高检索结果的准确性、时效性、权威性，可使用国家企业信用信息公示系统、中国裁判文书网、中国执行信息公开网等官方平台对从商业平台调查获得的对应信息进行比对。

尽职调查检索是为实现特定诉讼目的而做的调查，要注意在法律指引下进行检索。例如，针对经营范围的检索，要注意判断对方是否存在违规经营；针对注册资本的检索，要注意查询是否实缴；检索对方企业变更信息，要注意审查是否存在异常的增减资；等等。

（二）案件行业背景调查

对案件所涉行业背景的调查有助于律师准确理解案件信息、厘清案件事实，了解案件所涉行业标准、交易习惯和行业规则。这些信息能够在一定程度上弥补律师的跨专业知识短板，辅助律师准确把握案件事实，也能够为案件的办理提供除法律条文之外的规则信息。

检索要点

案件行业背景调查检索包括事实检索和规则检索两方面，前者可参考第三章尽职调查之“上市公司及相关行业背景调查”，后者可参考第三章其他规则类知识之“行业知识”检索。

（三）初步法条检索

这一阶段开展法条检索，重点在于对案情所涉法律问题形成基本认知，快速验证所预判的争议焦点、诉讼风险，初步拟定案件突破点和诉讼策略。法条检索体现了根据法律判断确定诉讼策略的思路，具体检索方法可参考第五章“法律判断与检索”的相关介绍。

（四）同类案件检索

根据与客户前期沟通获得的信息归纳案件基本事实，明确案件纠纷类型，初步确定案由。以“案由”检索维度结合案情关键词进行检索，可以找出此类案件的过往判例，多数法律数据库可在此基础上一键生成大数据报告。类案大数据分析能直观展示该类纠纷的总体情况，是一种根据裁判规律确定诉讼策略的思路。在法条检索的基础上，通过对同类案例的梳理，可进一步明确把握案件的诉讼策略。

检索要点

由同类案件确定诉讼策略包括两种不同思路：一是将同类案件诉讼策略类推到待处理案件；二是通过同类案件大数据分析总结裁判规律，以验证初步拟定的诉讼策略是否可行。因为尚处于委托洽谈阶段，所以这一阶段的主要任务是借助同类案件大数据报告快速研判拟采取诉讼策略的可行性。

在Alpha法律智能操作系统案例检索框中输入案由，如“婚内夫妻财产分割纠纷”，点击可视化即可生成该案由的大数据报告。大数据报告包括此类案件纠纷总体情况、行业分布情况、标的额、审理期限、法院法官、律师律所、高频法条引用情况等。为了锁定与本案更为相似的同案，可多添加一些案情特征词，减少案例范围，提高精准度。筛选其中重点案例的判决书研读，可进一步了解此类纠纷的当事人诉求、争议焦点、法院裁判倾向。在此基础上，了解法官对拟采取诉讼策略的支持率，以及支持和不支持的理由，进而研判拟采取诉讼策略的可行性。

一些法律大数据智能检索系统引入AI检索，输入案情描述后，系统会自动匹配相应的案由和关键词，进而自动检索类案，甚至进行结果预测，可在一定程度上提高工作效率。但是，法律AI检索推荐只能作为参考，尤其要避免被AI误导，因此，练就人工分析案情检索类案的本领才是根本。

（五）会谈问题清单检索

倾听是律师在与当事人会谈中获取信息的主要手段。但当事人在交流中主动提供的信息往往与律师从办案视角需要获得的信息存在错位，导致单纯的倾听并不能实现会谈目标，不足以为律师办案提供完整、准确的信息支撑。此外，当事人凭自身经验、认知、好恶等对案件信息的叙述往往与客观事实存在出入，往往当事人未曾注意的细节，却对案件办理本身有至关重要的影响。因此，律师适时发问、从办案视角出发准确发问至关重要。

一般来说，通过前述环节的检索研究，律师对询问内容应有基本的把握。为实现高效会谈，应于事前制备会谈问题清单。会谈问题清单因案而异，律师在接触较复杂案件或较少办理的案件时，应投入一定精力用于会谈问题清单的检索。

检索要点

以“××案件 案情调查表”“××案件 案情登记表”或者“××案件 审判要素表”作为关键词在微信或者百度等搜索引擎检索，例如，在网上可检索到《山东省高级人民法院关于印发要素式审判方式指引（试行）的通知》发布的九类案件《审判要素表》，新入行的律师对此稍加改造即可作为会谈问题清单。另外，中国法律服务网小程序的智能咨询模块也有一些格式化问题，能为法律新人提供参考。

会谈问题清单有关事实的询问，本质上是法律分析的结果。在民商事诉讼中，需要根据请求权方法明确客户诉求的请求权基础，然后以此检验现有证据明确必须进一步了解的事实和补充的证据材料，从而确定会谈问题。因此，要注意根据请求权方法研判网上检索到的会谈问题清单是否合适。

（六）会谈接待检索

对于年轻律师而言，还有必要针对会谈接待展开检索，把握会谈前应做好的材料准备、会务准备、会谈流程规划以及会谈交流礼仪准备等。

二、检索结果分析

根据检索结果判断案件的纠纷类型、争议焦点，要明确案件基础事实，确定会谈需要向当事人进一步了解的事实和证据材料。

通过法律分析和研究、梳理过往案例，明确所主张的观点是否有法律法规的支持、是否有案例支持，支持的理由以及不支持的理由，结合大数据报告对本案结果、诉讼所耗费的时间和经济成本等客户关心的重要问题进行预测，设计案件的初步诉讼策略。

在检索结果分析中，结果预测是客户最为关心的问题，律师被要求像预言家一样提供服务。诉讼律师如果不能准确评估案件的潜在结果，并据此向客户提供意见，便不能为客户提供有效的法律服务。结果预测基本上与医学预后预测等效：试图预测各种诉讼过程的后果，以便律师能够帮助当事人就对当事人有重大影响的事项作出明智的决定。[①]在传统法律分析预测和经验预测的基础上，案例大数据提供数据预测的新方法，要注意选择适当检索条件生成合适的大数据报告以研判诉讼结果。

---

① 参见[美]马克·K.奥斯贝克：《律师的预言家角色：探讨结果预测在法律实践中的重要作用》，陈静、宋晓宇译，载赵万一、侯东德主编：《法律的人工智能时代》，法律出版社2020年版，第114页。

对律师而言，会谈的目的是促成委托的达成，但仍需要保持清醒的头脑对案件是否具有代理价值进行评估。要注意甄别案件的风险点，及时向客户揭示案件风险，帮助客户做好案件结果预期管理。

三、检索报告制作

会谈前检索报告的制作常常被忽略，其实，这是诉讼专业化的关键环节。一方面，检索报告可以帮助我们厘清案情和诉讼策略；另一方面，检索报告本身也是一种修辞，可以帮助律师更好地说服客户，提高案件委托成交率，提升办案质量。

会谈前检索报告通常以《接案报告》形式呈现，内容包括：当事人信息、行业信息、法条、案例，需要进一步了解的事实和补充的证据材料，初步预测案件发展存在的各种可能，进行风险评估，确定初步的案件代理方案。很多法律数据库具备将选中检索结果自动生成检索报告的功能，可大大提高《接案报告》制作效率。

会谈前检索报告有时需要呈现给客户，这时可将检索报告进一步升级为法律服务方案。法律服务方案需要从修辞角度考量，站在受众角度思考问题，可以有选择地利用一些可视化工具，通过图表等形式对风险状况、行业情况和诉讼策略等进行梳理，采用可视化报告形式进行呈现。“好的图表会自己说话”，一份制作精良的检索报告可以帮助律师更好地赢得客户信赖。

四、会谈中检索

在通过电话等沟通方式掌握较详细案情的前提下，可制作成熟的会谈前检索报告，以实现更好的会谈交流效果。如果会谈前对案件尚不了解，也可尝试边会谈边检索，会谈结束后可通过法律数据库的检索报告生成功能形成检索报告。律师将当事人基本陈述输入一些法律数据库的智能系统，可当场自动生成大事记图，可以初步研判缺失的信息以及现有证据材料存在的缺陷，在会谈现场即可明确需要补充的要件事实和证据材料。

第二节
起诉阶段检索

代理原告时，律师需要做好起诉前的准备和立案工作。在这一阶段，律师需要深入全面了解案情，进行分析判断，确定案件代理思路和诉讼策略，准备诉讼材料，办理立案。具体可进一步区分为以下几个步骤：

一、事实调查与法律判断

在诉前洽谈阶段，律师已经对案情有所了解，不过，这些了解显然无法达到全面深入。在正式委托之前，当事人不一定会披露全部案情，律师也很难有足够时间对案件进行细致的调查和法律研究。事实调查与法律判断的基本思路包括处理案件事实、寻找法律依据、法律分析判断等三个方面。具体可参见第五章“法律判断与检索”的介绍。下面仅介绍在诉讼场景中需要进一步考虑的问题。

（一）拟定取证申请计划

第五章仅从法律判断者本人视角讨论事实调查，进入诉讼程序之后，属于当事人和诉讼代理人因客观原因无法收集的证据，可申请法院调查取证。

检索要点

向法院提出取证申请，法律依据在民事诉讼法中有具体的规定，对此法律人已熟稔于心，大多数情况下不必检索即可判断。不过，法律存在语义的模糊性，面对疑难的问题则需展开检索研究，可在法律数据库通过法规检索锁定相关法条，结合该法条的关联法条和关联案例明确法律规定。一些法律数据库可将法条关联案例一键生成可视化案例大数据报告，据此总结的裁判规律，对拟定取证申请计划有一定指导价值。

（二）深入调查取证

在经历会谈交流后，律师不能只满足于当事人通过口头表达陈述的案情，应尽可能将当事人对案情的陈述以书面形式记录下来并交由其确认，应尽可能指导当事人收集、提供与案件相关的各种证据材料。在全面查看材料的基础上，如有必要，仍需与当事人展开进一步深入的会谈交流，查看证据资料、察看现场、向第三人取证。

在诉讼活动中，证据收集需要根据客户诉求确定，具体而言，就是以客户主张所依据的法律规范的构成要件为主要的事实调查起点。例如，作为借款人的客户如果欲主张民间借贷合同无效，那么就要重点依据《最高人民法院关于审理民间借贷案件适用法律若干问题的规定》第13条之规定调查出借人是否存在套取金融机构贷款转贷、是否是职业放贷人等事实。同时，基于诉讼博弈的考量，不能只满足己方对事实的把握，更要考虑如何反驳对方质疑以及如何说服法官。捕捉那些能影响法官心证的证据是事实调查的关键，不妨换位思考，假设自己是法官，会关注哪些事实和问题，会有哪些考虑和担忧。

固定证据是一项重要的工作。对物证、书证，应明确告知当事人应妥善保存原件、原物，对电子证据，应要求当事人妥善保存原始载体、做好备份；对证人应要求其出具书面证言或征得其同意下进行录音录像，同时要争取证人出庭作证。为了解决证据真实性问题和保全证据，对一些可能灭失的证据可以考虑公证保全。目前，可信时间戳取证作为一种新型的便捷、有效、经济的证据保全方案，在电子证据保全中的应用频率逐步提高，使用该类取证方法固定的电子证据在涉知识产权纠纷中应用较为普遍。根据联合信任时间戳服务中心公布的数据，截至2023年11月24日，裁判文书网公布的判决书中，采用可信时间戳®的案例有88,958件，覆盖全国31个省/自治区/直辖市，971家法院。①

检索要点

上述工作具有相当的技术含量，新入行律师应注意检索同行律师总结的调查取证的经验文章。具体检索方法可参照第三章介绍的尽职调查检索以及第五章介绍的事实调查检索的方法。面对一些特定行业的复杂案件，如果缺乏相关行业知识背景，仅通过一方陈述和证据难以还原涉诉案件的全貌，需要进一步检索行业和跨学科知识。调查取证并非纯粹的事实调查，而是要解决法律问题，实现当事人的诉求，需要在法律指引下进行，因此，调查取证同样应该结合法律判断的检索方法进行。

① 参见联合信任时间戳服务中心网站，https://m.tsa.cn/phoneUs，2023年11月24日访问。

（三）梳理证据材料，明确案件事实

在诉讼阶段，证据不仅是为了解决对事实的认识，还兼有说服法官的任务。在事实调查过程中，律师必须从说服法官的角度对证据材料进行整理，具体可分为三个步骤：第一，对案件材料进行整理，编写材料清单；第二，在当事人陈述和材料清单的基础上整理案件事实；第三，为了直观地展示案件事实，如有必要，可以绘制可视图表。

检索要点

在诉讼过程中，经常存在盖然性判断，51%的证明力大于49%的证明力，这2%差异要求律师在证据整理和展示方面做好功课。不同类型案件材料的整理方式各有所不同，律师内部讨论案件的证据材料与为说服法官的证据材料的表达方式有所不同，整理证据材料是一种学问，经验很重要，应注意检索同行律师总结的整理证据材料的经验文章。一些法律数据库开发的证据智能系统具备自动生成大事记图的功能，有助于提高工作效率。案件事实的可视化图表，可以时间点或者人物关系为线绘制，蒋勇主编的《诉讼可视化》一书对此有详细的介绍。①

（四）法律分析判断

事实确定之后，紧接着就是寻找法律依据和法律分析判断。具体方法可参考第五章“法律判断、决策、修辞与检索”部分介绍，但需结

① 参见蒋勇主编：《诉讼可视化》，法律出版社2017年版。

合诉讼场景加以变通。

在诉讼场景中，客户通常不会告诉我们他有什么法律问题需要判断，而只是讲：他遇到什么事，与谁发生了纠纷，他的目标是什么。诉讼中的法律判断必须从客户所要实现的目的出发，并充分考虑博弈场景。

检索要点

针对诉讼的博弈场景，需要将争点提炼与不同观点检索嵌入法律分析判断的流程，流程参见图6-1。

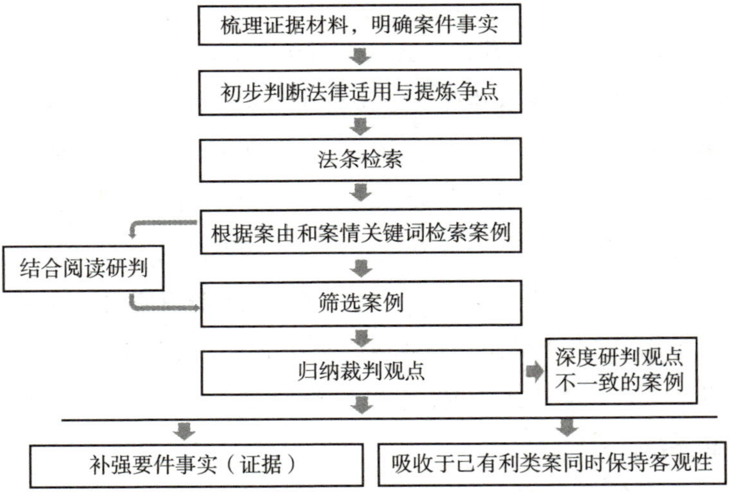

图6-1　法律分析判断的检索流程

区分对己方有利或者不利的案例是诉讼场景案例检索的重要思路。以一审案件为例，检索维度定位于“结果类型”，在结果处勾选“全部/部分支持”，可检索到支持原告诉求的相关案例；在结果处勾选“全部驳回”“驳回起诉”等，可检索到对原告不利的案例。研究那些诉求获得支持的案例，要注意查看对比，明确本案需要补强的事实要素和证据。研究那些诉求被驳回的案例，可预测被告会提出哪些抗辩。

二、诉讼方案拟定

在事实调查与法律分析判断完成之后，需要进一步确定诉讼方案。诉讼方案拟定属于法律决策范畴，第五章讨论法律决策与检索时同样可适用此问题，但需结合民商事诉讼特点进一步细化。一份完整的诉讼方案涉及诉讼与非诉讼的策略组合，包括案由、诉讼主体、管辖法院、诉讼保全、诉讼请求、事实理由、证据选择与向法院的取证申请计划、证据证明力与举证责任等要素。①

（一）诉讼与非诉讼手段的策略组合

随着民事司法制度的改革，多元化纠纷解决机制在不断发展和完善中，和解、调解、仲裁和诉讼都是纠纷解决可以考虑的选项。有些案件在提起民事诉讼的同时，可结合行政投诉、行政举报、刑事举报、寻求检察院支持起诉等方式解决。律师应与当事人充分沟通，对各种纠纷解决方式利弊进行分析和比较，为当事人选择最优的纠纷解决方式组合。需要考虑的问题包括：是直接提起诉讼还是优先采取非诉讼协商，如果暂不诉讼应如何做好防备，以及诉讼中如何结合协商手段等。

检索要点

对于新入行的律师，有两个简便的检索路径：一是中国法律服务

① 参见张群力：《诉讼代理55步：案件流程管理》，法律出版社2021年版，第166-167页。

网微信小程序的“智能咨询”，二是人民法院在线服务微信小程序的“风险评估”。在上述软件中输入相关案情咨询，系统会给出多种争议解决建议方案以供参考。

诉讼与非诉讼手段的策略组合选择则是一个决策问题，有赖于在法律判断基础上检索收集决策所需要的各类信息：①通过法律数据库的同案大数据报告预测该类案件各种诉讼结果的概率；②通过搜索引擎检索同类案件通过行政投诉、行政举报、刑事举报等方式解决的情况；③通过尽职调查检索了解被告的偿付能力和执行风险；④检索同行律师处理此类问题的经验文章。具体的决策判断方法可参考第五章“法律决策与检索”的相关介绍。

（二）案由

虽然目前没有明确法律规定当事人在向人民法院提起诉讼时必须选定案由，但人民法院在受理案件时通常会依据当事人的起诉材料确定案由。2020年12月29日，最高人民法院印发修改后的《民事案件案由规定》包含11类一级案由、54类二级案由、473个三级案由，在部分三级案由下又包含391个四级案由，可覆盖实践中绝大部分争议类型。

一般情形下，人民法院、有经验的律师对争议属于何种案由的判定难度不大。但是，疑难案件、发生频率较低的案件的案由选定也常常令律师、人民法院举棋不定。

检索要点

结合案件事实查阅最高人民法院最新公布的《民事案件案由规定》是案由确定的首要工作。首先，律师应结合案件事实从中选定某个或某些案由备选；其次，依据选定的案由检索相应的法律条文，推演选定该案由可能获得的诉讼结果；最后，可检索同类案件在不同案由下的审理情况，通过大数据分析，最终选定某个最贴切或最有利的案由。同时，也要注意到人民法院以及对方当事人对案件争议所属案由的不同理解，做好论证说服的准备。

（三）管辖法院

管辖法院的选定需考虑法律规定和当事人约定两种情形。实践中，案件争议可由多地法院管辖的情形时有发生。此外，最高人民法院结合诉讼实践对某些类型案件管辖法院的不定期调整也直接影响了当事人依据法律规定对管辖法院的预判，例如，2022年4月20日《最高人民法院关于印发基层人民法院管辖第一审知识产权民事、行政案件标准的通知》。为实现管辖法院选定的准确、经济、有利等目标，律师应视情形开展检索工作。

检索要点

管辖法院的确定属于法律决策问题，涉及法律判断和法律攻防。当面临管辖法院确定的争议，一方面，要深入检索法律和同类案件裁判规则，以作出准确的法律判断；另一方面，可借助案例大数据报告预测对方当事人可能提起的管辖权异议并做好攻防准备。同时，当存在多个管辖法院可供选择时，要努力争取对委托人有利的管辖法院，这需要对可能影响诉讼以及执行成本的相关因素做相应的背景调查。

（四）诉讼请求、事实和理由

诉讼请求是民商事案件审判过程中需要解决的核心问题。虽然在前述“事实调查与法律判断”中已经对案件事实进行全面梳理，但这只是了解案件事实的前期阶段。在确定好诉讼请求后，必须以己方诉讼请求为出发点对事实和法律进一步梳理。

应当明确每一项诉讼请求所对应的法律依据，如诉讼请求对应的是哪一部法律的哪一个条款，或者合同中的哪一条、哪一款，确保“每一个诉请都有法律依据”。事实依据以己方诉讼请求以及要件事实为出发点，有针对性地进行收集、筛选以及整理，形成完整的证据链。对当事人提供的每一份材料都要从有利和不利两方面思考，按照攻防兼备的原则对证据进行取舍，按一定的逻辑顺序进行组织，内容和形式必须紧扣使裁判人员形成对己方有利心证的目的进行编排。

检索要点

确定大多数案件的诉讼请求不是疑难问题，无须检索即可判断。遇到法律关系复杂的案件，则可能存在多重权衡问题：以谁的名义提起诉讼、如何选定被告以及是否列第三人、诉讼请求分为几项、各项诉讼请求之间的关系、诉讼请求全额如何确定、诉讼请求是否具有可执行性等。对此，可从两个方面入手进行检索研究：一是法律判断，可通过检索相关法律厘清法律所允许的诉讼请求，尽可能模拟法条的表述习惯叙写请求内容，此外，类案裁判文书中体现的诉讼请求也可作为参考；二是法律决策，诉讼请求的选择同诉讼成本、诉讼攻防的难度等直接相关，这方面可结合同案大数据报告辅助决策，由于决策在很大程度上需要结合经验判断，深入检索同行律师经验文章对解决此问题也将会有很大的帮助。

诉讼请求有必要区分民事和商事。在商事纠纷中，诉讼作为争议解决手段服从于客户更高层面的商业目的。除了关注个案的合法权益外，还要考虑个案处理与其他商业利益的关联。例如，一些案件基于维护商业关系以及后期谈判的需要，选择被告需要做策略考量。商业交易环环相扣、瞬息万变，对方违约会带来一系列连锁反应，需要将诉讼请求嵌入商业交易背景考量，这需要律师不仅要做法律方面的检索，也要做商业背景的检索。在并购等非诉讼服务中，通常会对目标公司开展一次乃至数次的尽职调查，这一思路对重大商事诉讼同样适用。

事实和理由在“事实调查与法律判断”阶段已有讨论，这一阶段的检索研究必须力求使之精确化，需要反复对自己发起灵魂连问：“案件事实能否全面完整地表述清楚？证据是否能够形成完整的证据链？法律适用的检索是否已穷尽完整？”①事实和理由的确定要灵活运用请求权方法，一方面要根据请求权基础寻找要件事实，另一方面应全面预测对方可能提出的各种抗辩。必要时可再次检索同类案件判决书。通过同类案件大数据报告显示的“高频法条”可进一步辅助检测法律依据选择是否适当。选择部分内容完整的判决书深入研读，查看法官的论述，对比确定本案的事实和理由的表述是否规范。

证据整理是本阶段的重难点。一些法律数据库开发的证据智能系统，在律师输入相关证据后，系统会智能提示取证程序和方式的注意事项，可生成可视化图表。可借助这类智能化的证据系统提高检

① 袁秀杰：《庭前准备八步法，充分应对诉讼可能》，载微信公众号“iCourt法秀”2021年2月5日，https://mp.weixin.qq.com/s/19P9UFbRpOcpECNDsKaJrQ。

索研究的效率。不过，更重要的还是具体扎实的调查取证和证据整理工作，只有这样才能在证据和事实之间搭建起可以接受的、值得相信的关系。

（五）保全

保全是诉讼方案的一部分，在确定诉讼方案的过程中要统筹考虑：是否申请保全，诉前保全还是诉中保全，保全的金额和保全的对象等。

检索要点

法院对诉前保全的审查严苛程度不一且有变化可能，如有诉前保全之考虑，向受诉法院立案部门当面或电话询问是可行的方案，也可检索之前的成功案例，做好充分准备，以提升保全成功率。

申请财产保全需要对被申请人的财产信息进行检索。在被申请人的工商登记、年度财务报告、招投标公告等线索中有可能发现有价值的被申请人的财产信息，从申请人与被申请人的业务往来信息可检索到被申请人银行账户、车辆、不动产等重要信息。

三、撰写法律文书与办理立案

诉讼方案确定之后，就进入法律文书撰写与立案办理阶段。

民事起诉状的撰写按照诉讼方案的思路展开，必须认真研究民事起诉状的格式要求和内容要素。民事起诉状正文包括当事人信息、诉讼请求、事实和理由。撰写时应反复斟酌相关文字表述，不当的诉讼请求或者事实理由有可能一开始就让己方诉讼陷入被动。起诉状的事实和理由构成法官对案件的第一印象，是法庭归纳争议焦点以及开展案件审理的出发点。事实陈述应有清晰的逻辑顺序，一般依据法律关系和时间顺序展开，并与证据清单的证据编排顺序相呼应。事实的陈述，特别是对双方存有争议事实的表述需要讲究一定的技巧，必要时在这方面应展开必要的检索，检索可弥补经验之不足。整理证据是本阶段的重要任务，应围绕说服法官和方便庭审展开。

检索要点

形式层面，中国法制出版社法律应用研究中心编写的《最高人民法院民事诉讼文书样式：制作规范与法律依据（律师与当事人卷）》是律师与当事人参与民事案件的常用参考书。不过，律师基于实践经验对样式文书的调整也十分常见，应注意视案情不同对样式文书作对应变通。

内容层面，很多实务类文章对不同类型案件事实陈述和证据要求有专业的分析，新入行律师应结合检索精进法律文书写作水平。资深律师可通过逻辑、修辞等跨学科知识检索完善既有操作习惯，例如，证据可视化就是跨学科知识交汇带来的创新。“为便于释法说理，裁判文书可以选择采用下列适当的表达方式：……案件事实或数额计算复杂的，采用附表的方式；裁判内容用附图的方式更容易表达清楚的，采用附图的方式；证据过多的，采用附录的方式呈现构成证据链的全案证据或证据目录；采用其他附件方式”，这是《最高人民法院关于加强和规范裁判文书释法说理的指导意见》第14条对法官提出的要求。显然，律师更应以这样的高标准要求自己，把工作做在前面，以可视化的表达将文书做好。

此外，对事实部分涉及的行业专业术语以及可能会产生歧义的术语，如果法官不熟悉的，律师需要检索确定其精准含义，一并提交给法官。

诉讼准备工作完成之后，应按计划办理立案。立案前需要通过网络检索法院立案的手续要求，各地法院在立案手续方面可能存在细微差别。

检索要点

登录中国审判流程信息公开网（https://splcgk.court.gov.cn/gzfwww/），点击进入“诉讼指南”，输入“立案”进行检索，可了解各地法院立案手续。如有诉中保全必要，应在立案时一并提交相关保全材料。

第三节 庭前准备阶段检索

庭审是诉讼工作的中心。在庭审前，应做好的准备工作主要包括：取证申请与申请证人出庭作证、应对答辩与补充证据、出庭准备工作。

一、取证申请与申请证人出庭作证

取证申请包括申请法院调查取证、申请法院责令对方当事人提交证据、申请法院委托鉴定、申请法院保全证据、申请法院现场勘验等。证人证言的收集工作基本贯穿诉讼大部分阶段，在事实调查阶段，就有证人的选择、证人证言的固定等工作，在这一阶段，需要做好申请证人出庭作证的准备。此外，还可以考虑申请专家辅助人出庭陈述，申请对方当事人、对方单位员工出庭接受询问。

检索要点

新入行的律师对这方面如果不熟悉，可结合《民事诉讼法》《最高人民法院关于民事诉讼证据的若干规定》有关规定及其关联案例把握相关工作要点。

二、应对答辩与补充证据

在本阶段，如果被告提出答辩状，应及时进行质辩研究，与当事人交流讨论采取应对措施。对答辩状的研究，要明确被告已确认的事实，归纳被告否认的事实以及另行主张的事实、被告关于法律适用的不同主张。

在事实方面，需要研判被告否认的事实以及主张的事实有无相应的证据证明，相关证据的证明力如何，对方提出否认事实的理由是否成立，考虑是否需要针对被告的主张补充证据，是否需要对被告的证据申请鉴定，是否有必要申请人民法院责令对方进一步披露某一证据。需要与当事人一起对被告提出的每一份证据进行研究，形成书面的质证意见。一般来说，在庭审前应准备好书面的质证意见，必要时可采取可视化图表方式，以达到更好的质证效果。

在法律适用方面，必要时应展开新的法律检索，研判如何反驳对方观点，研究如何更系统和更全面地论证己方观点。

三、出庭准备工作

这一阶段的重点是拟定庭审提纲。庭审提纲是一份“书面的模拟法庭”，是庭审准备的中心工作。庭审提纲应当围绕达到当庭影响或强化法官自由心证的目标拟定，一方面要对之前的案件材料和各项准备工作进一步提炼，另一方面要按照出庭要求查漏补缺。一份完整的庭审提纲包括庭审信息、庭审陈述、争议焦点、举证质证、庭审询问、法庭辩论、法律案例摘录等要素①，律师需要在前期工作的基础上围绕上述要素进行检索、分析、判断，进而形成庭审提纲。原上海市长宁区人民法院法官邹碧华生前撰写的《要件审判九步法》一书从裁判者视角对案件审理应遵循的逻辑顺序作了卓有建树的梳理，该书附录的“九步法”分解备考表可作为律师拟定庭审提纲的基本遵循。②

（一）庭审信息

庭审信息，主要包括：（1）法院名称、地址；（2）法院承办法官的相关信息，审判长、承办法官、合议庭其他成员的姓名和电话，法官助理、书记员的姓名和电话；（3）庭审时间和法庭序号；（4）己方与对方的当事人、代理人信息；（5）第三人信息。

---

① 参见张群力：《诉讼代理55步：案件流程管理》，法律出版社2021年版，第299－314页。

② 参见邹碧华：《要件审判九步法》，人民法院出版社2021年版，第288－290页。

检索要点

对法官的调查是这个部分的重要检索任务，一些专业法律数据库在案例库输入法官名字可生成法官大数据报告，不过更深入的调查仍然需要人工操作，主要检索路径如下：(1)通过案例数据库以“法官名字+案情”关键词组合检索，对裁判文书中“法院认为”部分进行重点研究，了解法官在既往同类案件的裁判观点；(2)通过图书期刊文献检索法官的相关著述，在搜索引擎检索“法官姓名 site：chinacourt.org”，了解法官针对本案类似情形的论述；(3)通过中国庭审公开网检索该名法官审理同类案件的庭审录像，了解法官庭审风格；(4)通过法院官网等途径检索法官履历背景；(5)向经常参与某法官庭审的同行、同事了解该法官的庭审风格、裁判倾向。以上检索法官信息的方法同样可适用于检索对方律师。

（二）庭审陈述

这一部分要求已经体现在起诉状中，但需要根据诉讼进展适当应变，例如被告在答辩状中认可原告的某些诉讼请求，陈述时可能有所变化。为了方便法庭陈述，必要时，除了民事起诉状外，还需要配套案件事实一览表、法律关系图、时间轴等可视化图表。

检索要点

必要时，可检索承办法官的类案视频以及类案判决中的说理逻辑和修辞，了解法官倾向于怎样的陈述风格。

（三）争议焦点

争议焦点是庭审着重解决的问题。对争议焦点的归纳要注意层层分解，一个争点之下可能存在若干争点。一般而言，归纳争议焦点是民商事案件庭审过程中的标准流程，任务是基于对无争议事实的固定，指向庭审着重关注和解决的问题。因此，律师应提高自身对争议焦点的预判能力，于庭审前进行预判和准备，以便庭审时围绕法庭归纳的争议焦点开展工作。

检索要点

结合案件事实，运用请求权方法厘清原告诉求与被告防御的要件事实争议点，可预判案件争议焦点。一些说理较充分的裁判文书，尤其是二审和再审裁判文书的"本院认为"部分多有针对案件争议焦点的逐个说理。类案裁判文书中的争议焦点可为预判本案争议焦点提供实证依据。将类案中归纳的争议焦点与本案的案件事实和已知的诉辩意见相结合，是可尝试的预判本案争议焦点的方法。另外，以对方当事人、对方代理律师作为关键词进行类案检索，研判对方诉辩意见的规律倾向，也是锁定争议焦点的一种可行方法。

一些法条本身即指明法庭应将某个或某些问题列作争议焦点，值得注意。例如，《最高人民法院关于民事诉讼证据的若干规定》第53条第1款规定，诉讼过程中，当事人主张的法律关系性质或者民事行为效力与人民法院根据案件事实作出的认定不一致的，人民法院应当将法律关系性质或者民事行为效力作为焦点问题进行审理。

（四）举证与质证

举证与质证是法庭调查中的独立环节。囿于篇幅限制，抑或诉讼策略考虑，庭前提交的证据清单、证据说明往往存在局限，需于庭审中补充，以便法庭充分理解证据的证明目的以及各项证据之间的关联关系。此外，视案件进展所作的二次举证、多次举证在实践中也较为常见，仍应把握如上要点，发挥证据的最大效用。

检索要点

新入行的律师可检索相关庭审视频熟悉庭审举证质证流程。对不熟悉、不常见的证据类型，亦可通过检索庭审视频，借鉴律师的举证说明和质证意见，还可以检索类案裁判文书的相关记载以及法院对证据的认定意见，以拓展思路。

（五）庭审询问

询问对象包括己方当事人、证人，对方当事人、代理人、证人、己方专家辅助人、对方专家辅助人、鉴定人等。有必要制作专门的询问提纲，询问对方的主要目的在于让对方陷入两难境地，甚至陈述对我方有利的内容。必须能够预判对方的回答。如果不能预判对方的回答，或者对方的回答可能于我方不利，则应放弃询问此类问题。

当事人是否出庭，除尊重当事人意愿外，需要从案件胜诉角度进行衡量，当事人的表达、临场反应能力以及与对方当事人的关系等都是决策过程中需要收集的信息。

当事人是案件的亲历者，更能准确地叙述案件情况及其需要解释之处，当事人陈述的过程会代入更多感情，在部分案件中有利于强化法官自由心证。关键是要做好辅导工作，把控好当事人在庭审发言的节奏与情绪，预测法官和对方可能提出的问题，以便在庭审中从容应对。

检索要点

庭审询问是一项专业性非常强的工作，应以于己有利为原则谨慎为之，不拘泥于查明案件事实。新入行律师通常需要花费大量时间在这方面做准备工作，以"庭审询问""庭审操作规范"为关键词检索相关实务文章是打开思路的重要方法。必要时进一步检索同类案件视频，截取其中相关环节，以便于辅导己方当事人。

（六）法庭辩论

法庭辩论应围绕争议焦点展开，这既是法庭的要求，也是最大化实现己方诉讼目标的选择。应结合庭前对案件争议焦点的预判预先准备辩论意见或形成完整的代理词。对于当时无法形成成熟代理词的案件应准备好辩论提纲。对于庭审中归纳的争议焦点与预判的争议焦点错位较大的案件，除应快速应变外，还可于庭后补充提交书面代理词，以作为法庭辩论的延伸。一般情形下，法官对当事人庭后提交书面代理词的做法是持肯定态度的。

检索要点

法庭辩论的准备具有很强的专业性，需要在前期各项工作的基础上，进一步做好法律检索和研究。辩论围绕事实认定以及法律适用问题展开。

事实认定涉及证据证明力、举证责任、证明标准等。《最高人民法院关于加强和规范裁判文书释法说理的指导意见》第6条规定："裁判文书应当结合庭审举证、质证、法庭辩论以及法庭调查核实证据等情况，重点针对裁判认定的事实或者事实争点进行释法说理。依据间接证据认定事实时，应当围绕间接证据之间是否存在印证关系、是否能够形成完整的证明体系等进行说理。采用推定方法认定事实时，应当说明推定启动的原因、反驳的事实和理由，阐释裁断的形成过程。"这一规定是对法官事实论证的要求，同时也为律师进行事实论证提供了基本的论证框架，是检索的基本遵循。在此基础上，律师还需要切换到对方当事人的角度，预判对方可能提出的抗辩，做好反驳准备。被告抗辩的思路通常是针对原告的诉请展开的，可先运用请求权基础思维初步把握对方的可能抗辩，然后进一步结合案例检索明确被告可能采取的具体抗辩思路。

法律适用可以围绕相关法律法规、立法沿革、法学理论、类案比较、本案特殊性、法律逻辑、社会常识、行业惯例、是否会引起双方当事人重大利益失衡、案件社会影响等展开。《最高人民法院关于加强和规范裁判文书释法说理的指导意见》第13条规定："除依据法律法规、司法解释的规定外，法官可以运用下列论据论证裁判理由，以提高裁判结论的正当性和可接受性：最高人民法院发布的指导性案例；最高人民法院发布的非司法解释类审判业务规范性文件；公理、情理、经验法则、交易惯例、民间规约、职业伦理；立法说明等立法材料；采取历史、体系、比较等法律解释方法时使用的材料；法理及通行学术观点；与法律、司法解释等规范性法律文件不相冲突的其他论据。"这一规定是对法官法律解释论证的要求，同时也是律师检索法律论证资料的基本遵循。存在多种多样的论证根据，检索时需要注意研究怎样的论据对法官具有较强的说服力。例如，为论证某格式条款“加重买受人责任、排除买受人主要权利”，可以通过检索类案中律师论据以及“法院认为”对相关论据采纳情况，明确本案的论证依据。

为了增强论辩说服力，在前期检索法条、案例和司法观点的基础上，根据需要，可制作提交法院的法律检索报告。类案有很强说服力，一份精准的检索报告，是说服法官支持己方诉讼主张的有力参考素材。①检索报告有自用版和法院版等不同类型。如地方人民法院已颁布法律检索报告标准格式的，则应遵循该标准格式相关要求。提交法院的法律检索报告相较于自用版的法律检索报告需要更为精简，只保留法条、案例检索内容。法官每天需要接收海量信息，提交法院的检索报告务必精准有效和便于阅读，优先引用指导性案例和公报案例，让法官看到我方的论证有强有力的论据支撑。

检索报告应围绕争议焦点展开，并与起诉状、证据、代理词等文书思路相呼应。案例只精选典型案例，应准确标明案例的审理法院、案号、裁判时间、案由及双方当事人信息、案例来源，并根据类案判断标准，详细说明所选取案例在基本事实、争议焦点、法律适用问题等方面具有相似性，对于重大案件可进一步作类案对比可视化分析。附件应提供选自裁判文书网、法院官网直接打印的权威版本的裁判文

① 符合相关条件的类案检索结论对法官适用法律具有一定的强制性。《最高人民法院关于统一法律适用加强类案检索的指导意见（试行）》第2条规定，人民法院办理案件具有下列情形之一，应当进行类案检索：（1）拟提交专业（主审）法官会议或者审判委员会讨论的；（2）缺乏明确裁判规则或者尚未形成统一裁判规则的；（3）院长、庭长根据审判监督管理权限要求进行类案检索的；（4）其他需要进行类案检索的。第9条规定，检索到的类案为指导性案例的，除与新的法律、行政法规、司法解释相冲突或者为新的指导性案例所取代的外，人民法院应当参照作出裁判。检索到其他类案的，人民法院可以作为作出裁判的参考。第10条规定，公诉机关、案件当事人及其辩护人、诉讼代理人等提交指导性案例作为控（诉）辩理由的，人民法院应当在裁判文书说理中回应是否参照并说明理由；提交其他类案作为控（诉）辩理由的，人民法院可以通过释明等方式予以回应。

书全文。除提交给法官的检索报告外，建议在庭审时还可备上更为详尽的自用版检索报告，以应对法庭调查及辩论可能发生的各种情况。

（七）调解预案

应与当事人协商准备一套或几套预案，调解预案应注重策略，划定己方可接受的底线和上限，预判对方的可接受度，在此基础上做到可进可退。如果需要让步，一般是附条件让步。

检索要点

依据相关规定，调解结案的裁判文书并不会向公众公开，但并不妨碍律师通过检索确定相对优选的调解方案。尤其是涉及赔偿金额的案件，从类案判决中获知案件在判决情形下可能获得的支持度、判赔额度等，可指导律师恰当选择调解方案，也可用于说服相对方接受己方方案。此外，检索同行律师、法官撰写的实务文章，也常常可获知他们在类案调解中的做法。

第四节 法庭审理与庭后工作

一、参加庭审

庭审过程中虽然不能再做检索，但它是检索结果应用转化为知识的过程。因此，仅从检索角度，庭审程序也需要特别关注，确保前期准备和检索结果能得到有效应用。

庭前一天应再次清点庭审应准备的材料，提醒当事人交接证据原件。开庭需要提前到达法庭或者法庭外的等候区。异地办案时，可提前一天到法院了解法庭地址，熟悉法庭情况。如果庭前需提交证据、举证意见、质证意见、案件事实一览表、法律关系图、代理词等材料，应在开庭审理前向法官助理或书记员提交，以便在庭审中阅读和记录。法官有可能在征得双方当事人同意后将法庭调查与法庭辩论合并进行，按争议焦点逐个审理，应做好准备。

庭审陈述以起诉状为基础，由于书面语言和口头语言的区别，不能简单地直接宣读起诉状，应适应口头语言的表达风格，必要时，可通过事前演练提高起诉状的宣读效果，借助可视化图表进行陈述。

法庭归纳争议焦点是庭审的重要环节，涉及对本案的基本判断和法官对庭审的掌控，律师应详细记录，并与庭审前预判的争议焦点进行比对，如果出现偏差应及时申请补充。法庭对争议焦点的归纳有可能是法官基于类案的经验，也有可能是法官的临场总结，实践中法庭补充归纳争议焦点或应各方当事人要求变更、增加焦点的情形也偶有发生。此外，律师对法庭归纳的争议焦点提出异议时应注意表达技巧。

举证在庭审举证方案的基础上进行，具体程序要根据法庭的安排。一般是按证据组别举证。核对完证据，要及时将原件收回。如果对方质疑证据的真实性，应请求法院确认证据原件和复印件是否一致，并做好相应记录。出示书证、电子数据等证据可结合证据证明的内容对相关部分进行宣读并说明，出示的视听资料如果比较长，可以选择播放与证明内容相关的部分，这说明前期对相关内容的标注很重要，能大大便于举证。出示物证，应注意物证保管和携带的相关要求，必要时可要求法官对物证进行勘验。举证时，如有申请法院调查收集的证据和申请证人出庭作证等情况，应一并说明。在对方当事人发表质证意见后，经法庭同意可发表回复意见。

质证在前期准备的基础上进行，应认真核实对方举证意见与庭前提交的举证意见是否有变化，可从真实性、合法性、与待证事实之间的关联性和证明力强弱等方面进行质证。在发表质证意见前，可向法庭申请，就证据形成过程、取得方式向对方当事人发问，然后结合其回复进行质证。对质证中发现的疑点必要时可当庭申请鉴定。对方逾期举证的，可提请法庭责令对方说明理由，对方当事人因故意或重大过失逾期举证的，可提请人民法院不予采纳。对方逾期举证或当庭举证的，不宜贸然当庭质证，应以己方能够充分核实对方证据及理解对方证明意图为原则，决定是否向法庭申请质证期限。

庭审询问，在庭审提纲的基础上结合法庭实际情况进行。

法庭辩论，庭审辩论应与法庭调查相衔接，对对方的观点进行回应。在第一轮辩论中系统阐释己方辩论意见，在第二轮辩论中针对对方观点进行回应或补充遗漏。

二、庭后总结和提交代理意见

庭后应及时进行总结，评估案件风险，针对合议庭关注点和案件风险点采取应对措施。代理意见一般在庭后提交，如果在庭审中提交，庭后还可以根据法庭关注问题提交补充代理意见。法庭要求补充的证据，应在法庭限定期限内提交。为进一步证明庭审涉及事实，如有必要，也可选择补充证据。此时的证据很可能被认定为逾期证据。依据《民事诉讼法》第68条，逾期举证的证据被采纳，当事人可能要承担相应法律后果。但如评估合适，仍应毫不犹豫地努力提交这些证据。此外，应当注意向法庭说明逾期举证的适当理由。

三、业务总结与知识管理

案件结束之后，律师除了归档材料和整理卷宗，还须在个案的基础上提炼同类案件办案操作指引，将办案检索工作积累的法律依据与案例归档在相关知识目录下，实现从检索到知识管理的进阶。用围棋术语表述，诉讼是一场“对弈”，业务总结是“复盘”。诉讼中的复盘，是以旁观者的客观角度揣摩比对诉讼过程中的各方心理思维、对错得失，进而总结经验。传统的经验总结体现为档案整理和办案手记，在信息化时代，则需要进一步升级为知识管理，第三编将对此作进一步阐述。正如经验积累是成为棋林高手之前提，知识管理之于法律人同样如此。

第五节 小 结

当法律问题解决推进到具体法律业务，需要进一步引入“流程”要素。为了将检索做深做实，我们需要结合法律具体业务流程刻画检索的应用。本章围绕民事诉讼流程逐一分析了各环节的检索要点。准确把握这些要点，还必须明确相关环节的思维模型，也就是说，要结合第一编所讨论的检索方法论展开检索。

以事实调查检索为例，如果检索是为了作出法律判断，那么检索侧重于那些能为法律评价的事实；如果检索是为了修辞论证，那么检索应侧重于影响言说者说服力和受众接受的相关事实；如果检索是为了制定诉讼策略，那么需要将检索范围进一步扩展到当事人的业务现状和业务需求、庭审相关信息等。

以规则检索为例，如果检索是为了解决法律解释适用，那么检索任务需要聚焦于法条及其释义，为归纳裁判规则的案例，体系化整理的法教义学知识等规则；如果检索是为了修辞论证，那么检索应侧重于修辞规则与修辞文本；如果检索是为了制定诉讼策略，那么需要将检索范围进一步扩展到案件的裁判规律、案涉行业的运作规律与操作规则等。

以案例检索为例，如果检索是为了解决法律解释适用，那么检索任务应聚焦于归纳裁判规则，用案例辅助对抽象法律条文进行解释，增强大前提涵摄小前提进而得出法律结论的说服力；如果检索是为了说服法官，案例检索必须扩展到对法官的画像；如果检索是为了明确诉讼策略，那么案例检索需要进一步扩展到案件画像，以把握该诉讼案件的过程特征以及结果风险。

检索是道与术的结合，随着检索的熟练，道应力求化于无形，术应力求化为简明的流程。为了便于读者在实践中随时查阅和使用本章内容，我们将其归纳为简明的检索表，详见附录。

附录：民商事诉讼检索简明表

01　委托洽谈阶段

任务名称	检索路径	备注
当事人尽职调查	1.通过企查查、天眼查、启信宝等查询当事人基本信息、财产状况、股权穿透图、对外投资信息、商标信息、资信情况、涉诉状况等； 2.通过当事人官方网站、微信公众号等途径了解当事人主动公示的信息； 3.通过法律数据库、案例库查询当事人涉诉以及涉行政处罚情况； 4.通过国家企业信用信息公示系统、中国裁判文书网、中国执行信息公开网等官方网站核验相关信息； 5.根据需要，有选择地结合检索工具深入检索。	检索思路详见第六章第一节“一、（一）当事人尽职调查”，以及参照第三章第四节、第五章第二节“一、（一）事实的调查与检索”相关介绍。
案件行业背景调查	1.通过巨潮资讯网、见微数据等上市公司信息披露网站，检索同行业客户的招股说明书、法律意见书； 2.通过行业协会官网、国家标准全文公开系统等检索行业标准、行业习惯、行业规定； 3.通过百度指数以及相关行业大数据网站，检索行业发展情况； 4.通过图书期刊、百度百科、MBA智库百科等检索所涉行业专业知识； 5.向行业资深人士寻求帮助。	检索思路详见第六章第一节“一、（二）案件行业背景调查”，以及参照第三章第四节“二、（六）上市公司及相关行业背景调查检索工具”、第五节“五、行业知识与跨学科知识”相关介绍。

续表

任务名称	检索路径	备注
初步法条检索	1.体系检索法，即借由法律判断直接定位问题可能涉及的法律条文，从宪法、法律、法规、规章以及法律解释依次全面检索所有相关法律条文； 2.案例倒查法，即设定适当的案情关键词，在案例库中找到相应案例，然后借助案例引用的法条锁定检索结果； 3.通过法律术语检索，即将用日常生活语言表述的案情特征词“翻译”成法律术语，用于检索法规数据库； 4.借助法律判断模型对案件法律问题进行具体拆解，围绕案件所涉要件事实、争议焦点、法律冲突以及法律漏洞等进行检索。	检索思路详见第六章第一节“一、（三）初步法条检索”，以及参照第三章第二节、第五章第一节与第二节相关介绍。
同类案件检索	1.以案由和案情特征词为关键词在法律数据库检索生成同类案件大数据报告； 2.在具备AI检索功能的数据库中输入案情描述，通过AI自动检索类案； 3.根据需要，有选择地结合案例检索路径进行检索。	检索思路详见第六章第一节“一、（四）同类案件检索”，以及参照第三章第三节相关介绍。
会谈问题清单检索	1.以“××案件 案情调查表”“××案件 案情登记表”为关键词在微信或者百度等搜索引擎检索； 2.以审判要素表或者要素式审判为全文关键词在法规数据库检索； 3.参考中国法律服务网小程序智能咨询模块的格式化问题制作会谈问题清单。	检索思路详见第六章第一节“一、（五）会谈问题清单检索”。

续表

任务名称	检索路径	备注
会谈接待检索	1.以“接待 当事人”为关键词在法律数据库、微信以及百度等搜索引擎检索相关实务文章； 2.结合律师操作指引和法律实务类图书明确会谈接待要求。	检索思路详见第六章第一节“一、(六)会谈接待检索”。

02 起诉阶段

任务名称		检索路径	备注
事实调查与法律判断	取证申请	1.基于《民事诉讼法》相关规定，使用法律数据库的关联案例和关联法条功能展开检索； 2.通过法律数据库、微信等检索相关实务文章。	检索思路详见第六章第二节“一、(一)拟定取证申请计划”。
	调查取证	1.结合尽职调查检索工具进行检索； 2.结合事实调查要点展开检索； 3.结合行业知识和跨学科知识检索要点展开检索； 4.通过法律实务类著作、法律数据库、微信等检索调查取证的注意事项和工作技巧。	检索思路详见第六章第二节“一、(二)深入调查取证”，以及参照第三章第四节、第三章第五节“五、行业知识与跨学科知识”、第五章第二节“一、(一)事实的调查与检索”相关介绍。

续表

任务名称		检索路径	备注
事实调查与法律判断	法律判断	1.寻找法律依据，一般根据体系检索法、案例倒查法等检索路径进行检索； 2.当遇到不同法律渊源的法律规范冲突的情形，一般需要检索《立法法》《最高人民法院关于裁判文书引用法律、法规等规范性法律文件的规定》等法规； 3.面对“S=T（个案事实与法律规范事实构成部分的等置）”的难题，需要围绕要件事实拆解、法律解释适用、法律漏洞填补等不同角度进行检索； 4.鉴于诉讼的对抗性，需要重视不同观点检索，区分对己方有利或者不利的案例。	检索思路详见第六章第二节“一、（四）法律分析判断”，以及参照第三章第二节、第三节和第五章第一节、第二节相关介绍。
诉讼方案拟定	诉讼与非诉讼手段的策略组合	1.诉讼与非诉讼手段的策略组合是一个决策问题，可采用法律决策与检索的思路检索决策所需要的各类信息：①通过同类案件大数据分析预测该类案件各种诉讼结果的概率；②通过搜索引擎检索同类案件，了解利用行政投诉、行政举报、刑事举报以及调解等方式解决纠纷的情形；③针对被告的偿付能力和执行风险进行尽职调查检索；④检索同行律师处理此类问题的经验文章。 2.利用中国法律服务网微信小程序的“智能咨询”功能和人民法院在线服务微信小程序的“风险评估”功能自动生成争议解决建议方案。	检索思路详见第六章第二节“二、（一）诉讼与非诉讼手段的策略组合”，以及参照第五章第三节相关介绍。

续表

任务名称		检索路径	备注
诉讼方案拟定	案由	1.查阅最高人民法院最新公布的《民事案件案由规定》，选定备选案由； 2.依据选定的案由检索相应的法条，推演选定该案由可能获得的诉讼结果； 3.检索同类案件在不同案由下的审理情况，结合大数据分析，最终选定最有利的案由。	检索思路详见第六章第二节“二、(二)案由”，以及参照第五章第三节相关介绍。
	管辖法院	1.借由法条检索和案例检索准确判断管辖法院； 2.借由类案大数据报告预测对方当事人可能提起的管辖权异议，并做好攻防准备； 3.当存在多个管辖法院可供选择时，对可能影响到诉讼以及执行成本的相关因素做适当的背景调查检索，确定对委托人更为有利的案件管辖法院。	检索思路详见第六章第二节“二、(三)管辖法院”，以及参照第五章第三节相关介绍。
	诉讼请求、事实和理由	1.借由法条检索和案例检索准确判断本案可以提出的诉讼请求及其事实与理由； 2.借由类案大数据报告预测不同诉讼请求的诉讼成本、诉讼攻防的难度等； 3.检索案件所涉商业交易背景，结合商业交易需要确定诉讼请求。	检索思路详见第六章第二节“二、(四)诉讼请求、事实和理由”，以及参照第三章第二节、第三节、第四节和第五章第三节相关介绍。
	诉讼保全	1.通过尽职调查检索手段查询被申请人的财产信息； 2.基于诉讼保全相关规定，借由法律数据库的关联案例和关联法条功能展开检索； 3.针对诉前保全，可当面或致电法院立案部门咨询，以确定法院审查及认定标准。	检索思路详见第六章第二节“二、(五)保全”，以及参照第三章第五节相关介绍。

续表

任务名称		检索路径	备注
撰写法律文书与办理立案	撰写法律文书	1.检索法律文书类著述准确把握法律文书的格式规范，以及不同类型案件事实陈述和证据要求； 2.对于事实部分涉及的行业专业术语以及可能会产生歧义的术语，借由行业专业知识检索确定其精准含义。	检索思路详见第六章第二节“三、撰写法律文书与办理立案”，以及参照第三章第五节“五、行业知识与跨学科知识”相关介绍。
	办理立案	1.登录中国审判流程公开网，点击进入“诉讼指南”，输入“立案”进行检索，可了解各地法院立案手续； 2.通过人民法院在线服务小程序、电话询问等方式了解法院立案手续。	检索思路详见第六章第二节“三、撰写法律文书与办理立案”。

03　庭审准备阶段

任务名称	检索路径	备注
申请证人出庭作证	1.基于《民事诉讼法》《最高人民法院关于民事诉讼证据的若干规定》等相关规定，借由法律数据库的关联案例和关联法条功能展开检索； 2.通过法律数据库、微信等检索相关实务文章。	检索思路详见第六章第三节“一、取证申请与申请证人出庭作证”。
应对答辩与补充证据	根据被告答辩状，明确被告已确认的事实，归纳被告否认的事实、另行主张的事实以及被告关于法律适用的不同主张，必要时围绕事实调查与法律判断展开新一轮检索研究。	检索思路详见第六章第三节“二、应对答辩与补充证据”，以及参照第六章第二节“一、事实调查与法律判断”相关介绍。

续表

任务名称		检索路径	备注
拟定庭审方案	庭审信息	庭审信息一般不需要深入检索，对于个别法律争议较大的案件，可研究法官的裁判倾向，主要检索路径如下： 1.通过案例数据库以“法官名字+案情”关键词组合检索，对裁判文书中“法院认为”部分进行重点研究，了解法官在既往同类案件中的裁判观点； 2.通过图书期刊文献检索法官的相关著述，以及在搜索引擎检索“法官姓名 site:chinacourt.org”，了解法官对类似情形的论述； 3.通过中国庭审公开网检索法官审理同类案件的庭审录像，了解法官庭审风格； 4.通过法院官网等途径检索法官履历背景。	检索思路详见第六章第三节“三、(一)庭审信息”。
	庭审陈述	这一部分检索要求已经体现在撰写起诉状中，但需要根据诉讼进展适当变化，必要时，可检索具体承办法官的类案视频以及类案判决中的说理逻辑和修辞，了解法官倾向于怎样的陈述风格。	检索思路详见第六章第三节“三、(二)庭审陈述”。
	争议焦点	1.结合案件事实，运用请求权方法厘清原告的诉求与被告防御的要件事实是预判争议焦点的基本方法，必要时可查阅基于请求权思维撰写的法学著作； 2.检索类案裁判文书的争议焦点，为预判本案争议焦点提供实证依据； 3.以对方当事人、对方代理律师作为关键词进行类案检索，研判对方诉辩意见的规律倾向。	检索思路详见第六章第三节“三、(三)争议焦点”。
	举证与质证	1.必要时检索相关庭审视频，熟悉庭审举证质证流程和要求； 2.检索类案裁判文书，研究其中有关举证质证认证的具体表述，为准备举证质证提纲提供参考。	检索思路详见第六章第三节“三、(四)举证与质证”。

续表

任务名称		检索路径	备注
拟定庭审方案	庭审询问	1.以“庭审询问”“庭审操作规范”为关键词检索实务文章； 2.必要时检索类案视频供当事人出庭参考。	检索思路详见第六章第三节“三、(五)庭审询问”。
	法庭辩论	1.法庭辩论检索重点在于论证前提的检索，可借鉴《最高人民法院关于加强和规范裁判文书释法说理的指导意见》第6条、第13条规定检索，检索有说服力的论证资料。除法律法规、司法解释的规定外，还包括：最高人民法院发布的指导性案例，最高人民法院发布的非司法解释类审判业务规范性文件，公理、情理、经验法则、交易惯例、民间规约、职业伦理，立法说明等立法材料，采取历史、体系、比较等法律解释方法时使用的材料，法理及通行学术观点，与法律、司法解释等规范性法律文件不相冲突的其他论据。 2.在前期检索基础上制作提交法院的法律检索报告。	检索思路详见第六章第三节“三、(六)法庭辩论”。
	调解预案	1.通过类案检索预测案件在裁判时可能获得的支持度、判赔额度； 2.检索法官、律师以及法律服务工作者撰写的有关调解的实务文章。	检索思路详见第六章第三节“三、(七)调解预案。

04　结案阶段

任务名称	检索路径	备注
业务总结与知识管理	1.案件结束之后，除材料归档和卷宗整理外，应在个案的基础上提炼同类案件办案指引，必要时可展开新一轮检索以完善办案指引； 2.将办案检索过程积累的法律依据与案例归档在相关知识目录下，实现从检索到知识管理的进阶。	检索思路详见第六章第四节“三、业务总结与知识管理”。

第七章

CHAPTER SEVEN

刑事辩护检索要点

刑事诉讼是指在当事人以及其他诉讼参与人的参加下，人民法院、人民检察院和公安机关（含国家安全机关等其他侦查机关）依照法定程序解决被追诉者刑事责任问题的诉讼活动。犯罪嫌疑人、被告人享有辩护权，有权自行或者委托辩护人为自己辩护。在我国现行诉讼模式下，律师主要以辩护人和诉讼代理人的角色参与刑事诉讼。本章讨论律师参与刑事辩护的检索要点。

第一节

客户接待检索

法律检索可以定位案件关键信息，帮助律师确定适当的辩护策略，促成法律服务委托，其中后者是前者的前提。专业、有效、委托人认可的辩护策略将大大提高促成法律服务委托的概率。而做到这一点，关键是将法律检索前移至接待客户阶段并尽可能覆盖刑事辩护全程。

在接待客户阶段，可以根据办案机关确定的罪名进行检索。以“案由”这一检索维度，加上案情情节的关键词，可以找出类似判例。在此基础上，一是通过案例倒查法，检索该罪名的相关法条，进行法律研判；二是导出同类案件大数据报告，对案件的量刑进行预测，拆解案件的主要辨点，初步把握此类案件的辩护方案。

检索示例：

律师不能承诺办案结果，但可以对办案结果做概然性预测。结果预期是委托人的刚需，如果不进行预测，律师与委托人之间很难建立信任关系。

针对一起案情为“犯罪嫌疑人甲，多次强奸不满14周岁的幼女后主动投案并如实供述其罪行”的案件。黄艺威律师在《委托到结案：法律检索全流程指南》①一文中提出了运用大数据进行刑期预测的方法，步骤如下：

第一步：类案大数据分析。设置如下关键词进行大数据检索：①案由：“强奸罪”。②法院认为：同句包含“多次奸淫”“多次强奸”或“多次性关系”。③法院认为：“幼女”。

在设置上述关键词之后，找到比较有借鉴参考意义的判例，一般包括：①同一法官审理的同类案件；②同一法院审理的同类案件；③相同地域（一般为同一地级市）法院审理的同类案件；④上级人民法院审理的同类案件（包含中级人民法院、高级人民法院、最高人民法院）；⑤指导案例与公报案例。

假设我们找到100篇判例，则借助Excel表格统计量刑分布情况，得出第一步“大数据分析”的结果：同类案例的平均量刑为6.8年有期徒刑。

---

① 参见黄艺威：《委托到结案：法律检索全流程指南》，载微信公众号“iCourt法秀”2019年8月8日，https://mp.weixin.qq.com/s/bJ13epXTpCgVkGip6FP68g。

第二步：结合法律规定进行调整。犯罪嫌疑人甲具有自首情节，依据《广东省高级人民法院〈关于常见犯罪的量刑指导意见〉实施细则》第13条，对于自首情节，经综合考虑，可以减少基准刑的40%以下。此时，量刑变为4.08—6.80年；再按照上述关键词的设置方法，找到具备自首情节的同类判例进行调整，得出量刑区间为5—6年。

第三步：结合办案经验进行微调。假设发现承办法官为女性且对强奸罪案件的容忍度较低，并且强奸幼女在当前时期属于重点整治类型，则结合上述分析，预测结果为5.50—6.50年。

分析：

以上刑期预测方法有一定参考价值，此处加以引用介绍。在实践中，刑期预测还有多种模型。

在中国法律服务网微信小程序的“智能咨询”，输入相关情节，能对常见案件进行初步的罪名认定、刑期预测，并在此基础上提出行动建议。一些付费的法律数据库也提供这类服务，有些功能更为细化。例如，实践中不同地区之间的量刑存在一定的差异，一些研发主体按照省域构建数据本地化模型，形成本地化的量刑模型。总体上看，这类预测模型实际上是一种理论量刑预测模型，即将量刑指导意见的量刑转化为量刑计算公式。系统根据输入的案件情节智能推荐量刑结果，包含对刑期预测结果、对预测结果的分析表格及相应定罪量刑的法律依据。这种量刑模型将量刑视为一个线性模型，就像“2+2=4”这种决策方式，把量刑视为一系列加重、减轻情节的加减计算。但实际上法官决策并不是这样一个简单清晰的过程，法官量刑要综合考虑犯罪构成要件，以及各种难以定量化的犯罪情节，往往是复杂的决策过程。

理论量刑预测模型的局限在一定程度上可以通过实际判例量刑大数据分析克服，即以历史相似案件的判例推测在办案件的量刑。一种简单的模式是，在系统检索出相应的类案后，以柱形图的形式对刑期数量进行统计，以饼状图形式对类案的主刑种类及刑罚执行方式进行分析。一种更智能的模式是，通过算法将理论量刑预测模型和实证量刑分析相结合提供量刑预测。

法律人工智能系统的量刑预测功能已经取得了一定成绩。不过，笔者还是相对更认可《委托到结案：法律检索全流程指南》介绍的结合办案经验、以人工分析为主的量刑预测模型。在检索起点上，黄艺威律师采用先类案后法律规定的检索方法，在实际运用中，也可以先根据法律规定预测再由类案检索调整。另外，还可以结合具体办案需要，细化检索研究内容：(1)在类案检索方面，增加检察文书库的检索，特别关注其中的不起诉文书；(2)在量刑统计上，除计算平均量刑外，还要关注极端案例(最轻/最重)，对因为有无适用认罪认罚而产生的量刑不同进行比较；(3)在量刑指导意见等规定基础上，对影响法官自由裁量权的相关因素进行分析，包括未被量刑指导意见覆盖的犯罪情节、民众预期、司法政策、承办人的个性等。

刑期预测总的原则还是要以刑法和相关司法解释为基

础，然后以量刑指导意见为依据判断基准刑。法律人工智能、大数据统计分析以及根据办案经验对量刑作出的推测只可作为参考，这一点务必向客户说明。

刑事辩护检索有两个突出特点：一是前文介绍的刑期预测；二是客户身份的检索。与民事诉讼来访客户通常是当事人本人不同，刑事辩护的来访客户可能是：(1)未被羁押的犯罪嫌疑人、被告人；(2)犯罪嫌疑人、被告人的近亲属或者其他亲属；(3)犯罪嫌疑人、被告人的朋友或者特殊关系人；(4)犯罪嫌疑人、被告人的利害关系人，如债权人、债务人或者共同犯罪中的其他当事人；(5)尚未被侦查机关发现的其他涉案人员或者冒充当事人近亲属的人。这些人员都有可能以客户的身份出现在律师面前，但他们的利益和出发点各不相同，有的是关心当事人的安危，有的是关心自身的安危和财产，因而律师在接待客户时应当辨别每个人的身份，确定他们与当事人之间的关系。[①]一方面，要对客户身份做必要检索；另一方面，应当留下委托人的身份证复印件及能证明亲属关系的证明，在解答咨询和问题时应当根据不同的对象进行选择性回答。

检索是一个从未知向已知的方向不断靠近的过程，客户接待阶段的检索只是初步检索。随着已知信息的不断发现，检索方向需要不断调整。一方面，要根据侦查、审查起诉、审判等不同阶段的工作要求调整检索任务；另一方面，要随着法律判断的深入调整检索方向，例如，辩护人初步打算做量刑辩护，以量刑辩护为方向检索，但在检索发现多起无罪判决的类案后，就需要从量刑辩护向无罪辩护的检索方向调整。

① 参见钱列阳、娄秋琴：《刑事诉讼律师基础实务》，中国人民大学出版社2014年版，第22页。

第二节
事实调查检索

《刑事诉讼法》第37条规定："辩护人的责任是根据事实和法律，提出犯罪嫌疑人、被告人无罪、罪轻或者减轻、免除其刑事责任的材料和意见，维护犯罪嫌疑人、被告人的诉讼权利和其他合法权益。"案件事实调查是辩护的基础，贯穿辩护的全过程。刑事诉讼的事实调查活动主要由司法机关进行，律师的调查往往是辅助性的或者补漏性的。在侦查阶段，事实调查受到严格的限制，不能妨碍侦查机关的侦查活动；对被害人的调查应经人民检察院或者人民法院许可方能进行，并且经被害人或者其近亲属、被害人提供的证人同意。审查起诉阶段开始，律师可行使阅卷权，通过调阅卷宗，才会有更多元的事实调查方向。

一、会见与检索

会见是了解案情的重要渠道。在前期与委托人、侦查机关办案人员等相关人员交流沟通的基础上，律师需要申请会见犯罪嫌疑人。

检索要点

会见是律师对案件进行事实调查的重要方式。对案件事实的了解不能仅限于犯罪嫌疑人的陈述。犯罪嫌疑人常常不能准确地描述案情，律师也不可能熟悉所有类型的案件，这要求律师在客户接待阶段做好必要的法律与案例检索，研判该罪名的构成要件以及司法机关在审理该类案件时重点关注的问题，明确通过会见进行事实调查的方向。

与民商事诉讼类似，律师还必须通过当事人尽职调查、案件行业背景调查，进行同类案件大数据、会见问题清单等方面的检索，做好会见前的准备工作，以便能够更好地通过会见收集案件的基础事实信息，进而制定适当的辩护策略。会见检索的另一种方式是直接搜索同行撰写的关于会见的经验性文章，这些文章融入了律师办案体会，有很强的实操性。

二、阅卷与检索

自案件移送人民检察院案件审查起诉开始，律师可以通过阅卷，详细地了解案件情况，从而发现案件程序、事实和法律程序中存在的问题。

检索要点

微信检索“刑事 阅卷”，检索到一篇《实务干货：刑事案件的120个阅卷要点》[①]，这篇文章来自律师的经验总结，对阅卷有一定的帮助和启发，其可操作性胜过某些传统教材以及律师协会的操作指引。阅卷是律师的一项基本功，很多律师习惯沿用传统惯性思维，其实知识要常学常新。互联网提供检索新知识便捷途径，律师应有意识地

① 参见牛健：《实务干货：刑事案件的120个阅卷要点》，载微信公众号“温度法律圈”，2023年6月18日，https://mp.weixin.qq.com/s/aipdWJgR6p1lMb_e4_OHlw。

通过检索学习提升自己的办案技能。有关阅卷要点，还可以通过法律数据库、电子书、搜索引擎快速检索，在时间允许的情况下，可以多看多学以提升阅卷水平。

阅卷检索的另一种方法是借助证据智能系统进行检索分析。在阅卷过程中，律师需要按照犯罪构成的评价角度把证据一一归类，然后，再去对照证明标准。阅卷过程是一个法律检索研究的过程。一些法律数据库配备证据智能系统功能模块，将阅卷获得的证据材料输入证据智能系统，可有效提升法律检索研究效率。例如，运用证据智能系统阅卷，系统会在律师做标注过程中智能提示取证程序和方式的合法性，提示审查要点。

证据智能系统是大数据技术在证据审查中的运用，属于检索的高级应用。检察机关系统在这方面已经做了较为深入的探索，律师要注意及时跟进技术的发展。传统的视听资料审查存在查阅难度大、内容需要靠手工记录等缺点，检察机关运用的证据智能系统可实现视频内容智能检索、音频识别转译、关联电子卷宗等多种功能，大大提升了工作效率。一些检察机关引入“出庭示证可视化系统”，针对视频证据可以进行逐帧圈点、选中放大，大大增强了证明力。不过，总体上看，证据智能系统提供的机器搜索只能作为初步参考，最终仍需人工甄别判断以及人工在证据智能系统改变检索条件以提升检索精度。

第三节 辩护策略检索

除为当事人提供法律咨询外，辩护律师维护当事人合法权益的主要方法是协助当事人在人民法院主导的刑事审判中对抗检察机关对当事人的犯罪指控，这种对抗表现为否定指控或削弱指控的严厉性。律师一旦确定了无罪辩护或罪轻辩护的辩护目标，就要竭尽一切合法方法实现这一诉讼目标。[①]辩护策略涉及法律判断、决策和修辞，其一般检索流程第五章已有详细介绍，这里仅结合刑事辩护的特点作补充分析。

一、通过体系化法条检索寻找辩点

辩护要有明确的法律依据，做到“言出有据”。法律依据不仅是刑法条文、司法解释以及量刑规范性文件，还包括司法观点等，需要运用体系检索法，以解决法规检索中“找不全”的问题。由于我国法律体系十分庞大、繁杂，《刑法》条文的规定仅是冰山一角，辩点常常隐藏在《刑法》条文之外的其他法律渊源。例如，侦查机关依据《刑法》第358条第1款以涉嫌组织卖淫罪对犯罪嫌疑人进行刑事拘留。辩护人通过检索发现，现有司法观点对“组织卖淫罪的行为人”与“在外围协助组织者实施其他行为的人”进行了详细区分，犯罪嫌疑人应该属于后者。

检索要点

体系检索法，能较好地解决法规检索中“找不全”的问题，防止因主观预判而遗漏辩点。法律数据库能在很大程度上保障“穷尽”法规检索的可能，表7-1列明了法规检索的路径，但也难免会出现个别遗漏和不及时的问题，这需要通过官方发布途径进一步查证。

---

① 参见中华律师协会编：《律师执业基本技能（上）》，北京大学出版社2009年版，第6页。

表7-1 法律法规及其解释的检索类型及检索路径

<table>
<tr><th>类型</th><th>发文机关</th><th>检索路径一</th><th>检索路径二</th></tr>
<tr><td>法律</td><td>全国人大及其常委会</td><td>中国人大网、全国人大常委会公报</td><td rowspan="8">法律数据库</td></tr>
<tr><td>行政法规</td><td>国务院</td><td rowspan="2">国务院官网、国务院公报以及各部委公报</td></tr>
<tr><td>部门规章</td><td>国务院各部委</td></tr>
<tr><td>地方性法规</td><td>具有立法权的地方人大及其常委会</td><td>地方人大官网、地方人大常委会公报</td></tr>
<tr><td>自治条例和单行条例</td><td>民族自治地方的自治机关</td><td>民族自治地方的自治机关官网、人大常委会公报</td></tr>
<tr><td>地方政府规章</td><td>具有立法权的地方政府</td><td>地方政府官网、地方政府公报</td></tr>
<tr><td>正式法律解释</td><td>全国人大常委会、最高人民法院、最高人民检察院</td><td>全国人大网、最高人民法院官网、最高人民检察院官网</td></tr>
<tr><td>与法律解释适用有关的规范性文件等官方资料</td><td>公安部、司法部；省级司法机关</td><td>发文机关官网</td><td>法律数据库及其它多平台检索</td></tr>
<tr><td>学理解释</td><td></td><td>全国人大常委会法工委的法律释义书、最高人民法院的司法解释理解与适用书等，《人民司法》《人民法院报》《检察日报》等期刊报纸发表的文章，学者及法律实务界人士的观点</td><td>图书馆、期刊网及法律数据库实务文章</td></tr>
</table>

表7-1从法律渊源分类角度介绍了体系检索的路径。值得注意的是，刑法是其他法律贯彻实施的保证，刑法所规制的犯罪行为往往也违反了其他部门法的规定。也就是说，不能只是关注刑事法律部门的不

同法律渊源，如有必要，还要深入其他部门法检索，以便准确把握犯罪的构成要件，找准案件的切入要点。此外，还需要深入检索某些罪名的历史演化，比较制定背景与如今案件的政治经济背景的差异，从该罪名保护的法益探索社会学解释的可能。

体系检索法还要注意时间流程的把握，具体而言，以集资诈骗罪为例，可分为图7-1所示的七个步骤，一般而言，只有当前一个步骤无法解决问题时，才考虑下一个步骤。

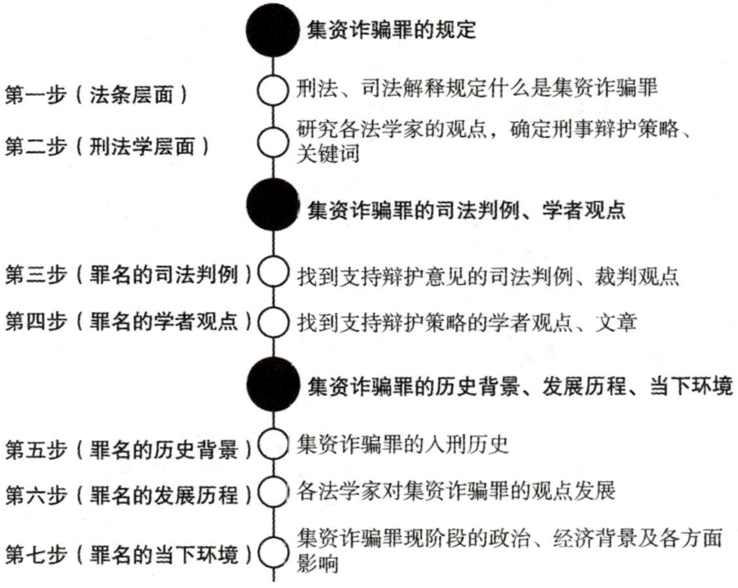

图7-1　集资诈骗罪体系检索流程

二、通过裁判结果检索类案

如何在海量的案例中找到辩护要点呢？一些法律数据库有专门的“裁判规则”（北大法宝）、“类案同判”（Alpha）之类的功能模块，根据裁判规则整理了类案，能提高类案检索效率。不过，这类功能模块通常只能检索部分类案，更多类案需要通过人工设定关键词进行检索。

一种有效的方法是通过裁判结果的检索维度寻找类案。在裁判文书数据库裁判结果检索维度设定检索结果为“无罪”“缓刑”等，在检察文书数据库检索某一罪名的不起诉决定书。对这些文书进行分析、研读，能快速梳理出某一罪名无罪、免予刑事处罚、情节显著轻微、不予起诉等情形，从中发现辩护要点。

检索要点

一起诽谤罪案件，经过法律分析预判具有“免予刑事处罚”可能。检索类案时，可在案由检索维度定位“诽谤罪”，在刑罚结果维度定位“免予刑事处罚”，这样就初步锁定相关案例，从中寻找类案。有些罪名仅用这两项维度检索出来的案例数量会过于庞大，这时可以加上其他检索维度进行限定：（1）在量刑情节维度勾选相关情节进行限定，Alpha法律智能操作系统将量刑情节区分为自首、从犯、坦白、悔罪、当庭自愿认罪、达成刑事和解协议、积极赔偿等，我们可以根据待决案件相关情节进行限定；（2）通过法院、案例类别等检索维度进行限定；（3）输入案情特征词进一步限定。当检索到的相关案例数量已限定在可阅读范围，可根据案例时间、层级、地域等因素进一步排除不需要的案例，快速浏览判决书“法院认为”部分，筛选最有参考价值的类案，重点文书则需要对判决书中的“检察机关指控、辩方答辩意见、法院查明、法院认为”等部分详细阅读。

通过裁判结果检索类案，需要注意无罪的结果并不一定出现无罪判决书。一个行为，如果司法机关认为不构成犯罪，可能在公安机关直接不立案或者立案后撤案，检察机关决定不起诉或者法院建议检察机关撤回起诉。也就是说，网上查到该行为的无罪判决书其实是少数情况，司法机关及办案人员认为不构成犯罪的大多数案件，并不会出现对应的无罪判决书，检索时要特别注意。

三、通过案情特征词检索类案

从辩护策略角度看，类案检索的功能主要体现为两方面：一是从类案裁判文书的“检察机关指控、辩方答辩意见、法院查明、法院认为”等部分获得辩护要点的启发；二是寻找适当的类案作为论据补强辩护观点。前者可侧重通过裁判结果进行类案检索，后者可侧重通过案情特征词进行类案检索。

一个醉酒驾驶致使一人重伤一级的交通肇事案件，可以通过“案由：交通肇事罪”“全文：醉酒驾驶 重伤一级”进行检索，检索范围可限定在管辖法院及其上级法院近三年案件，然后快速浏览判决书“法院认为”部分，筛选最有参考价值的类案。

检索要点

案情特征词检索的难点在于案情特征词提取。提取刑事案件的案情特征词，首先，可以根据案件进度从提请批准逮捕书、起诉意见书、起诉书、一审庭审笔录及一审判决书等法律文书中提取；其次，从辩护观点锁定的情节以及法条或法理表述中提取。前者有侦查机关、检察机关、审判机关的基础文书，相对容易操作；后者可以围绕事实之辩、定罪之辩以及量刑之辩等不同辩护策略寻找案情特征词。

事实之辩，重点在于指出公诉方证据不合法或者不能充分证明指控，或者提出证据证明没有实施犯罪。在此辩护策略之下，案情特征词应重点从证据入手寻找。例如，辩护人发现公安机关讯问时未对犯罪嫌疑人进行全程录音录像固定证据，提出对公诉机关提供的犯罪嫌疑人侦查阶段的供述不予认定的观点。为了强化辩护观点说服力，可以用“同步录音录像”作为案情特征词进行检索，寻找能支撑辩护观点的案例。①

定罪之辩，重点在于法律适用分析，通过犯罪构成要件之分析，指出被告不构成犯罪或者罪轻。在定罪之辩的策略之下，类案检索首先可以从案由入手，从该类案由的无罪或罪轻案例中寻找类案。案由根据办案机关明确的罪名确定，案由是定罪之辩的关键，需要注意的是，案由不应仅限于本案办案机关所确定的案由。例如，一起被告人涉嫌购买枪支的案件，律师的辩护方向是持有枪支罪的轻罪辩护，如果检察院指控的案由为买卖枪支罪，那么律师可以通过检索法院将“不以出卖为目的的单纯购买枪支行为”认定为“持有枪支”的判例，为被告人不构成买卖枪支罪辩护。

量刑之辩，重点在于从量刑情节辩护。在此辩护策略之下，案情特征词应重点从量刑情节入手寻找，以此为关键词在案例库中寻找相似的判决。多数裁判文书数据库都有量刑情节检索维度，为寻找类案提供了便捷的检索方式。

通过案情特征词检索类案，可根据事实之辩、定罪之辩以及量刑之辩等不同辩护策略从证据事实、定罪事实以及量刑事实提炼关键词。不过，类案判断是一个在目标问题、基本事实、争议焦点、法律适用之

---

① 参见刘杰：《案例大数据检索在刑事诉讼中的应用研究》，载微信公众号“尚权刑辩”2019年12月4日，https://mp.weixin.qq.com/s/YKMA_5ANWYQio7kkGw0A-w。

间来回往返的过程，不能仅局限于与事实要素相似性的判断。

四、量刑预测在刑事辩护中的应用

随着认罪认罚从宽制度的实施，协商辩护的分量越来越重。认罪认罚从宽制度的适用已成常态，不少刑事案件的犯罪嫌疑人、被告人在审查起诉阶段已经认罪认罚，辩方已在一定程度上获悉公诉机关的量刑建议。在协商辩护中，量刑预测是一个必要的前提。唯有借助结果预测，辩护人才能为当事人争取到好的结果。量刑预测的另一个应用是刑事和解。例如，在故意伤害案中，赔偿数额预测对于和解的达成具有重要的决策参考价值。

检索要点

虽然有量刑指导意见，但法官在个案中的自由裁量权不容忽视，因此，量刑预测需要结合类案检索进行大数据分析。量刑预测模型前面已有详细介绍。服务于认罪认罚的量刑预测，需要检索全案类似的案例，而非局部类似案例；不仅要预测平均刑期，而且要找最有利于当事人的刑期，如条件合适，应尽可能为委托人争取更多的可能性。

在认罪认罚从宽中磋商刑期，需要将通过类案检索预测的量刑与认罪认罚量刑建议对比，找到矛盾点，判断在本案中是否选择认罪认罚。如果犯罪嫌疑人打算认罪认罚，应尽快启动程序，发挥主动性，表达认罪认罚态度，考量控方的量刑意见，提供量刑计算表格，发现矛盾点，细致地与控方围绕具体情节进行磋商。

五、辩护要点检索

法条检索和案例检索是提炼辩点的有效方式，还有一个更为简单直接的方式，即直接检索辩护要点。

检索要点

获取专业化的辩护要点应注意检索各律协发布的刑事案件办案操作指引，或有关辩护的法律专著。法律数据库通常也有一些具体入微的刑事案件办案指引，专业可靠，有较强的参考价值。微信是检索辩护要点的快捷路径。通过微信检索“某某罪名 辩护要点”，可检索到律师撰写的实务文章。

辩护要点检索要注意分解检索思路，除了采用“罪名辩护要点”“罪名 辩护策略”等检索词外，应深入犯罪构成要件，拆解要素中的关键词，进一步检索，从而找到最适合的辩护要点。

第四节 小 结

完整刻画刑事辩护检索必须落实到刑事辩护的各个环节，引入“流程”要素。刑事诉讼涉及众多环节，本章重点选取客户接待和辩护策略两个阶段讨论检索知识。客户接待阶段检索讨论了刑期预测，主要因为结果预期是委托人的刚需。刑事辩护检索的重点是辩护策略的拟定。从思维模型看，这是一个“以事实为根据，以规则为准绳”的推理过程。本章第二节讨论的事实调查检索主要聚焦案件事实的调查以及在此基础上针对案件事实的法律判断，严格意义上讲，这种事实调查检索并不完整。本章第三节讨论的辩护策略检索也仅是从典型检索路径着眼。辩护策略作为法律问题解决的行动方案，据此应展开的事实和规则检索应包括法律判断、修辞、决策所应考量的各种事实和规则，这些在第一编有详细的论述。从这个意义上讲，本章只是阐述了刑事辩护检索的部分要点，完整的刑事辩护检索必须在第一编所介绍的“法律问题解决与检索方法论”的框架下进行，也必须参照第六章所介绍的一个诉讼的完整流程进行。

附录：刑事辩护检索简明表

01 客户接待检索

任务名称	检索路径	备注
辩护方案初步研判	1.根据办案机关确定的罪名以“案由”加上案情关键词，检索类似案件的判例，通过案例倒查法，检索该罪名的相关法条，进行法律研判； 2.导出同类案件大数据报告，拆解本案的主要辩点，初步把握此类案件的辩护方案。	检索思路详见第七章第一节，以及参照第三章第二节、第三节和第五章相关介绍。
量刑预测	1.检索刑法及其相关司法解释等规范性文件，根据量刑指导意见进行量刑预测； 2.根据类案大数据分析结果，结合法律规定和办案经验进行量刑预测； 3.在中国法律服务网微信小程序“智能咨询”中输入相关情节，进行初步的罪名认定、量刑预测； 4.借助具备智能量刑预测功能的法律数据库进行量刑预测。	

02 事实调查检索

任务名称	检索路径	备注
会见前检索	1.通过法条与案例检索，研判罪名的构成要件以及司法机关在审理该类案件时重点关注的问题，明确通过会见进行事实调查的方向； 2.通过当事人尽职调查、案件行业背景调查、同类案件大数据、会见问题清单等方面的检索做好会见前准备； 3.检索同行撰写的关于会见的经验性文章。	检索思路详见第七章第二节、第六章第一节，以及参照第三章第二节、、第三节、第四节、第五节和第五章第一节、第二节相关介绍。
阅卷检索	1.通过法律数据库、微信等检索有关阅卷的实务文章； 2.通过证据智能系统进行阅卷分析。	

03 辩护策略检索

任务名称	检索路径	备注
通过体系化法条检索寻找辩点	1.通过法律数据库、法律专业书籍等进行检索，法律数据库一般都能完整收集法律法规与司法解释，但尚未实现对“与法律解释适用有关的规范性文件等官方资料”以及学理解释的完整收集，需注意多平台交叉检索； 2.通过各发文机关官网核验上述检索结果。	检索思路详见第六章第三节，以及参照第三章第二节、第三节、第四节和第五章相关介绍。
通过裁判结果检索类案	1.通过案由加上刑罚结果维度定位检索，必要时可添加量刑情节、法院、案例类别、案情特征词等检索维度； 2.无罪结果不一定有相应的无罪判决书，要注意结合检察文书、行政处罚文书等不同案例库检索。	
通过案情特征词检索类案	1.从提请批准逮捕书、起诉意见书、起诉书、一审庭审笔录及一审判决书等法律文书中提取案情特征词； 2.从辩护观点锁定的情节以及法条或法理表述中提取案情特征词。	
量刑预测在刑事辩护中的应用	1.认罪认罚的量刑预测，需要整体而非局部检索类案，预测平均刑期，寻找更好的刑期； 2.刑事和解的量刑预测，重点通过检索预测赔偿数额。	
辩护要点检索	1.以“罪名 辩护要点”“罪名 辩护策略”为关键词检索； 2.通过拆解犯罪构成要件和量刑情节提取关键词检索。	

第八章 多元化纠纷解决检索要点

纠纷体现为对法律应然规则的背离，或者人们认为这种背离已经发生。解决纠纷首先通过法律判断明确纠纷的法律属性。基于法律所具有的强制执行效力以及由此产生的震慑力，纠纷有可能得到解决。不过，欲让可能成为现实，还需要程序上的作业，必须在诉讼基础上进一步了解纠纷解决的各种手段。

第一节 纠纷解决概述

纠纷解决，是指在纠纷发生后，特定的解决主体依据一定的规则和手段，消除冲突状态，对损害进行救济、恢复秩序的活动。[①]从当事人角度看，纠纷意味着权属不明或者权利受到侵害，纠纷解决则是权利救济和平息纷争的过程。在一个运转正常的社会之中，存在许多机制用于纠纷的化解，借以恢复被破坏的社会秩序，救济被侵害的法律权利。

纠纷解决方式可分为自力救济、社会救济和公力救济三种类型。自力救济是指双方当事人依靠自身力量通过协商、发出对抗信号或者放弃权利等方式解决纠纷。社会救济与公力救济都有第三方参与纠纷解

① 参见郭星华主编：《法社会学教程》，中国人民大学出版社2021年版，第269页。

决，社会救济的第三方不具有公权力，而公力救济的第三方是公权力机构。根据参与社会救济的第三方的不同，社会救济可分为调解、仲裁、社会组织管理（如行业协会对会员的管理、平台企业对商家的管理）、新闻媒体监督等。依公权力机构不同，公力救济可分为行政渠道救济、司法渠道救济、监察渠道救济、立法监督等不同救济途径。（见图8-1）

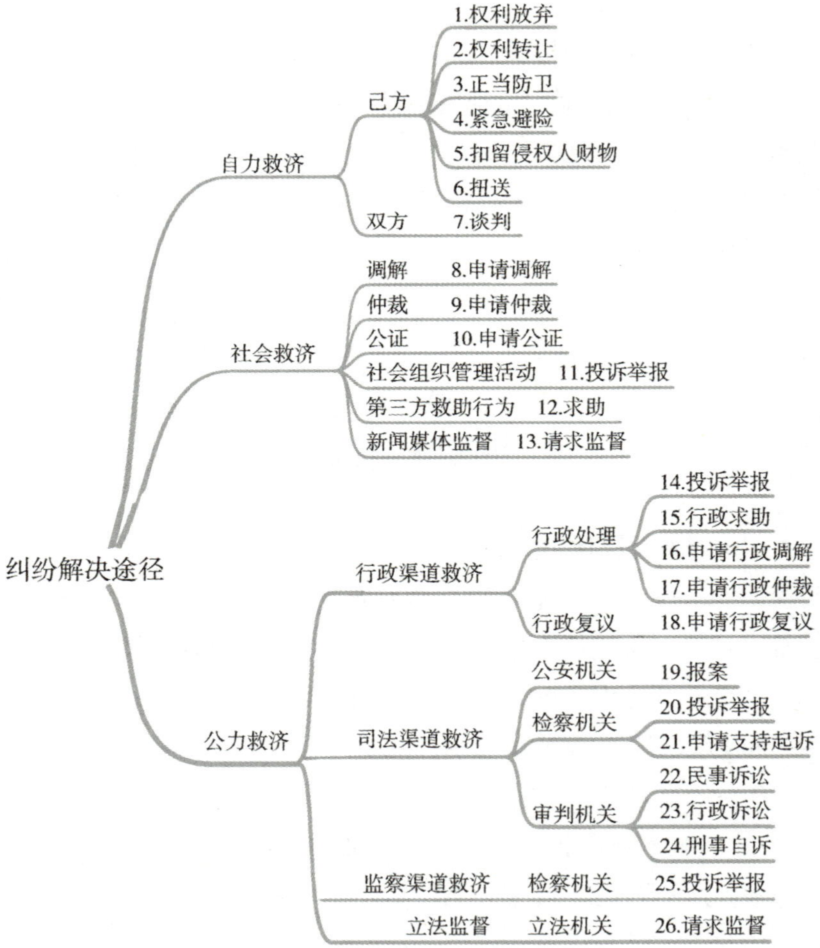

图8-1　纠纷解决途径

第二节
谈判检索

一、谈判概述

（一）谈判的概念

谈判是在双方都致力于说服对方接受其要求时所展开的一种交换意见过程。谈判是说服过程，需要讲究修辞；谈判也是一个对交换意见进行分析判断的过程，目的是达成一项各方较为满意的协议，双方需要在协商中达成共识。

（二）谈判的类型

广义的谈判包括一切洽谈、交涉、磋商、商量等。狭义的谈判仅指正式场合下的谈判。本章仅讨论正式场合的谈判。根据谈判的目的，可以将法律谈判分为达成交易型谈判和纠纷解决型谈判。本章讨论纠纷解决型谈判，其思路对下一章合同审查（交易型谈判）也有借鉴意义。

（三）谈判的过程

从谈判者的视角看，谈判的过程包括谈判准备、谈判开局、谈判磋商、谈判结束四个阶段。本章主要讨论与检索联系更紧密的谈判准备阶段。该阶段是谈判的基础阶段，其目的是制定谈判方案。法律谈判的准备工作包括谈判人员的准备、情报的搜集、假设性解决方案的拟定、谈判方案的制定、模拟谈判等。下面着重讨论情报的搜集、假设性解决方案的拟定、谈判方案的制定等三个环节的检索工作。

二、谈判情报的搜集

谈判情报的搜集是谈判的前提性工作。只有在知己知彼和对谈判标的充分了解的基础上，才能有针对性地制订谈判方案与策略。谈判情报的搜集是一项调查工作，其中检索也具有重要的辅助作用。检索方法可参考第三章介绍的尽职调查检索，而检索任务则需根据谈判的要求加以设定。具体而言，搜集谈判情报主要包括以下四项任务：检索谈判环境方面的信息、收集谈判对手的情报、梳理己方情况、了解谈判所涉及纠纷或事项的情况。

检索要点

***谈判环境信息**

包括法律制度、商业习惯、宗教信仰、气候因素，涉外谈判还要特别注意对相关国家的政局和国际关系进行检索。法律制度基于法律数据库检索，其他可通过搜索引擎检索。

***谈判对手信息**

包括：(1)对手商业主体的组织结构、经营状况、信用水平和履约能力等；(2)对手的谈判意图，期望谈判成功的迫切程度等；(3)谈判人员情况，是否具有签订合同的合法资格或授权，谈判人员的身份、地位、年龄、性格、爱好、履历、知识背景、谈判经验，特别是首席代表的权限、能力和谈判倾向。这部分按照当事人尽职调查检索进行，企查查、天眼查等第三方企业信息查询平台是一个便捷检索途径，其中一部分信息则需要通过人际关系网络检索。

***有关己方的情况**

包括己方经营状况、谈判需求清点、重大关切事项、在谈判中所处的地位和己方谈判人员情况等。

***谈判所涉及纠纷的情况**

这部分涉及两方面问题：一是需要对谈判所涉及纠纷或事项进行法律判断，把握其应然处理方法，具体方法可参照第五章“法律判断与检索”部分的介绍；二是需要了解谈判所涉及纠纷规律性知识，把握必须尊重的规律，可通过同类案件大数据检索途径搜集这方面的知识。

三、假设性解决方案的拟定

一般来说，谈判情报搜集之后，即可拟定假设性解决方案，不过，这仅适合于简单的谈判。面对复杂的谈判，则需要进一步分析，包括对现象进行分解、明确问题和利益目标、确定各种限制性因素、合法性评估、商业风险评估，并进行推演、检索类似解决方案、头脑风暴等，最后才能形成假设性解决方案。

检索要点

假设性解决方案提出的前提是解放思想、打破常规，不过，这主要是当事人业务部门的工作。律师介入此项工作的主要任务是法律审查。许多企业在与相对方达成和解前都需要由法务部门提供法定的利益保护尺度。这个法定利益保护尺度实质上是对法院判决的预测，假设性解决方案一般以法院判决的尺度为基准上下浮动。在这一方面，检索的任务是同类案件大数据检索，以便对法院判决进行预测。

值得注意的是假设性解决方案所遵循的规则机制不仅仅是法律，也包括传统风俗习惯、民族习惯、公序良俗、社会组织的自治性规范、行业惯例等。有必要扩大规则的检索范围，以便制定更合适的假设性解决方案。

假设性解决方案实际上是当事人的诉求，需要从法律上判断该诉求是否能得到法律支持；假设性解决方案也是为了实现一定目标的决策，需要从法律决策角度分析方案是否具有“可执行性”。检索在此阶段主要体现为法律判断、决策中的检索，更为详细的方法可参考第五章。值得注意的是假设性解决方案并非一成不变，而要根据谈判中搜集的信息及时调整。

四、谈判方案的制定

谈判方案的内容包括：(1)谈判的时间地点、进度安排、谈判人员组成；(2)谈判的策略技巧；(3)谈判的风险以及替代性解决方案等。

检索要点

微信检索“纠纷名称 谈判方案”“纠纷名称 谈判策略”等法律实务类文章，可为谈判方案的制定提供参考。检索到一份成熟谈判方案文本可大大提高谈判方案制定的效率，可通过图书以及实务类文章检索渠道进行检索。

在总体方案确定后，谈判策略很大程度上是一项语言修辞艺术，可参考第五章“法律修辞与检索”的检索路径。

五、谈判工作的展开与总结

在法律谈判的准备阶段结束之后，谈判各方进入面对面谈判的阶段。开局阶段，必要时需根据新收集的信息对谈判方案做调整。磋商阶段是谈判各方就报价和交易条件进行反复协商、交换信息、辩论，逐步缩小双方差距的阶段，其中关键技巧是修辞、交换和让步。谈判结局可能是成交、中止、破裂，不管结局如何都要尽可能为下一阶段的工作打好基础。与民商事诉讼一样，这阶段的总结要实现从检索到知识管理的进阶。

第三节 调解检索

一、调解概述

调解是指各方当事人在中立第三方协助下，通过平等协商解决纠纷的方式。延续本书的立场，本部分从律师代理当事人参与调解的角度展开。与谈判类似，调解包括准备、开局、磋商、结束等四个阶段。其中准备阶段是调解的基础阶段，包括情报的搜集、假设性解决方案的拟定、调解方案的制定等。下面着重讨论情报的搜集、假设性解决方案的拟定、调解方案的制定等三个环节的检索工作。

二、调解情报搜集

可参考谈判情报搜集，然后在此基础上增加对调解主体的尽职调查。从解决问题的成本着眼，收费也是调查的一部分。

检索要点

有关调解主体的检索包括对调解机构和调解员的检索，具体方法在第三章介绍尽职调查检索方法基础上做一定调整。标的额较大的商事调解，需要对调解员深入检索，检索的内容包括调解员籍贯、教育经历、职务（职称）、工作成绩、学术成果、调解风格。检索渠道包括百度、微信、单位官网、知网、个人的自媒体等。

在检索之后，需要对调解机构和调解员选择做决策。一般来说，对婚姻家庭、邻里、房屋宅基地等常见多发的矛盾纠纷，可通过村（社区）、乡镇（街道）人民调解委员会进行调解。对医疗、道路交通、劳动争议、物业管理等行业和专业领域的矛盾纠纷，建议通过相关行业性、专业性人民调解组织进行调解。对涉及当事人人数较多、案情复杂或社会影响大的矛盾纠纷，以及可能引发群体性事件的矛盾纠纷，可以通过各地矛盾纠纷多元化解中心或者法院的诉调对接寻找适当的调解解决方案。各地矛盾纠纷多元化解中心和法院的诉调对接对于重大疑难复杂矛盾纠纷可能会统筹律师、基层法律服务部门、公证、司法鉴定、法律援助和法治宣传等法律服务资源，通过行政调解、行业性调解、仲裁、行政裁决、行政复议和诉讼等衔接联动形成矛盾纠纷化解工作合力，有利于此类矛盾纠纷的化解。

三、假设性解决方案的拟定和调解方案的制定

这些工作总体上与谈判类似，首先是拟定假设性解决方案（调解协议的）；然后是制定调解方案。一般来说，调解更需要强调法条与类案检索。

检索要点

一起原告主张是民间借贷的案件，被告却主张是委托理财。作为原告要不要接受调解呢？在案例库中，案由定位“民间借贷纠纷”，在“法院认为”部分选择“民间借贷”“委托理财”作为关键词，选择其中典型类案，研判法官的裁判倾向，可为决策提供参考。

目前有些调解机构在进行调解时，会引入类案检索机制。通过类案检索报告让纠纷当事人了解纠纷存在的诉讼风险、类案裁判尺度、明确调判利弊。类案检索是调解员拟定调解方案的前期工作，同样，参与调解的当事人不妨也提前做类案检索。

类案检索对于假设性解决方案具有重要意义，不过，确定假设性解决方案从根本上仍然是法律规则推理的结果，调解所依据的法律规则是广义的法律，包括国家法和民间法，需要有意识扩大规则范围。

未经司法确认的人民调解协议缺乏法律上的强制执行效力，因此，需要对司法确认的利弊进行检索研究。一些调解机构的调解方式随意性大，缺乏严格的程序规范，调解人员法律素养参差不齐，制定调解方案时需要注意。总体上看，调解解决纠纷具有简捷、及时、保密和经济等多重优势，而且，通常不致双方当事人关系紧张，有助

于缓解双方对立情绪，使双方心平气和地解决矛盾，制定调解方案时要注意利用这方面的优势。

第四节 仲裁检索

一、仲裁概述

律师代理当事人参与仲裁，与民商事诉讼有很大的相似性，相关检索可参照第六章“民商事诉讼检索要点”。以下仅就仲裁检索的一些特殊路径进行分析。

二、仲裁信息检索路径

仲裁信息可以通过搜索引擎、仲裁机构官网以及处理国际仲裁事务较多的律所官网等途径检索。以下介绍一些有特色的检索方法。

检索要点

***如何查找仲裁和调解组织？**

威科国际商事仲裁在线（Kluwer Arbitration）数据库是这个领域值得重视的检索渠道。它由国际商事仲裁委员会、常设仲裁法庭、国际仲裁学会以及威科国际法律机构（Kluwer Law International）联合推出，提供与仲裁相关的必需资料。它提供9种智能工具，分别是仲裁员、调解员、仲裁机构、起草仲裁协议、国家豁免权、仲裁员任命、隐私与保密性、仲裁员的增值税处理等方面的各国或各仲裁机构的比较，选需要的领域和国别，就能呈现清晰的对比和答案。该数据库收录部分仲裁案例、法规、协定、公约、仲裁规则，能链接到400余家主要仲裁机构相关网站。此外，它也收录了有关仲裁领域的权威出版物。

中国法律服务网有专门板块提供国内仲裁机构的名称、地址、联系方式等基础信息。国内部分仲裁机构开设的网站提供关于本机构的仲裁规则、收费办法、仲裁员名册公示、示范文书等信息资料。一般地，以设区的市“地名+仲裁委员会”（例如：厦门仲裁委员会），可检索该市的仲裁机构信息、网站。但应注意，仲裁机构并非严格对应行政区划设置，一些规模不大的市可能没有相应的仲裁委员会或仅有其他仲裁委员会的分会或仲裁中心（例如：福州仲裁委员会莆田仲裁中心）；一些仲裁委员会会在其所在地设置多个分会以便利当事人选择及参加仲裁活动（例如：泉州仲裁委员会成立的晋江分会、保险行业分会、南安分会和石狮分会），但这些分会仅为仲裁委员会的分支机构，并非独立的主体。

国内一些全国性、专门性、国际化的仲裁委员会的影响力较大（例如：中国国际经济贸易仲裁委员会、中国海事仲裁委员会），其门户网站提供了丰富的涉仲裁信息和资料，也建立了较完善的在线仲裁平台。

***如何在公网上查看仲裁裁决全文？**

仲裁具有保密性，各仲裁组织的官网一般不公布仲裁裁决全文，目前没有一站式获取各仲裁组织的仲裁裁决全文的渠道。检索仲裁裁决全文，需要多渠道互补。italaw网站（https://www.italaw.com）是具有一定代表性的检索渠道。在见微数据库输入仲裁公告，可以找到大量的我国内地和香港上市公司的仲裁公告。

***如何检索最高人民法院对仲裁裁决撤销、不予执行、仲裁协议效力认定方面的复函？**

我国涉外仲裁司法审查实行报告制度。在法律数据库法规库输入“仲裁 复函”，选取法规标题检索方式，可以一键检索大量的最高人民法院仲裁复函原文。

***如何查询撤销裁决案件？**

在法律数据库案例库，选择“申请撤销仲裁裁决”案由，以仲裁委员会全称（如北京仲裁委员会）选择在“裁判结果”位置检索，可查询到涉及该仲裁委员会的撤销仲裁裁决案件。

***如何检索我国香港国际仲裁中心（HKIAC）在我国台湾地区认可执行的案件？**

可在我国台湾地区法源法律网（https://www.lawbank.com.tw/）输入“HKIAC”作为关键词进行检索。

第五节 行政处理检索

一、行政处理概述

所谓行政处理是指行政机关帮助当事人解决纠纷的职能管理活

动。虽然行政机关职能管理活动通常不能作出赔偿裁决，但能帮助当事人排除相关权益侵害情形或者建议更合适的权利救济途径，对纠纷解决具有重要价值。另外，一些民事纠纷以及某些适宜用调解方式解决的轻微刑事案件和行政纠纷，与行政机关执法存在一定的交叉。政府职能部门处在纠纷发生一线，可协调多方面力量，由其主持的调解有时更为高效。

二、行政处理的信息检索与求助路径

对当事人而言，借由行政机关职能管理活动处理纠纷，是一种咨询检索，也是一种求助。

检索要点

***通过国家政务平台和政府官网检索和求助**

在国家政务服务平台及各省各地政务平台，从中央到地方各个部门的行政监管职责和办事服务一览无余，相当部分办事服务甚至可以在网上一站式办理。

***通过"12345"进行查询、咨询、投诉和寻求救助**

"12345"一开始是政务服务便民热线电话，如今已成为包括电话"12345"、网络平台、手机App、小程序等方式的专门受理热线事项的公共服务平台，提供"7×24小时"全天候人工服务。"12345"是公民、法人或其他组织向各级政府部门反映日常生活、生产经营中所遇到各种困难和问题的一个政务服务平台，其服务功能包括：(1)法律政策规定、办事流程和其他公共服务信息的咨询解答；(2)接受行政管理、公共服务方面的投诉以及意见和建议；(3)接受行政职权范围内非紧急类管理、服务方面提出的求助；(4)接受危害群众生命财产安全、危害公共财产安全、影响经济社会发展的违法违规行为的举报；(5)对政府部门及其工作人员在办事效率、行政效能方面的表扬。

***通过“110”报警服务台报案和求助**

“公安‘110’，为民保安宁”。“110”是我国的公安报警电话，负责受理紧急性的刑事和治安案件报案，并接受群众突遇的或个人无力解决的紧急危难求助等。

“110”报警服务台受理报警的范围：(1)刑事案件；(2)治安案(事)件；(3)危及人身、财产安全或者社会治安秩序的群体性事件；(4)自然灾害、治安灾害事故；(5)其他需要公安机关处置的与违法犯罪有关的报警。

“110”报警服务台受理求助的范围：(1)发生溺水、坠楼、自杀等状况，需要公安机关紧急救助的；(2)老人、儿童以及智障人员、精神疾病患者等人员走失，需要公安机关在一定范围内帮助查找的；(3)公众遇到危难，处于孤立无援状况，需要立即救助的；(4)涉及水、电、气、热等公共设施出现险情，威胁公共安全、人身或者财产安全和工作、学习、生活秩序，需要公安机关先期紧急处置的；(5)需要公安机关处理的其他紧急求助事项。

***通过行政处罚文书库检索**

当权益受到侵害时，如果认为侵害人应该受到行政处罚，可通过行政处罚文书库进行检索研究，明确侵害人应受到何种处罚，以便选择通过合适的途径维护自身权益。

***通过搜索引擎检索**

许多行政机关通过行政处理解决纠纷的典型案例得到新闻媒体

的报道，可通过搜索引擎检索了解，判断所涉纠纷是否适合通过行政方式解决。

第六节 支持诉讼检索

一、支持诉讼

根据《民事诉讼法》《人民检察院组织法》的相关规定，人民检察院对损害国家、集体或者个人民事权益的行为，可以依法支持受损害的单位或者个人向人民法院起诉。可获得民事检察支持起诉的原告主要指诉讼能力不足的特殊弱势群体，包括农民工、残疾人、老年人、未成年人、妇女、城乡扶贫对象等。受损害的单位或者个人向人民检察院提出支持起诉申请的，应向检察院提交支持起诉申请书、身份证明、相关法律文书和证据材料等。在支持特殊群体起诉过程中，检察机关具体能提供的帮助有：提供法律咨询、协助收集证据、提出支持起诉意见书、协调提供法律援助、出庭宣读支持起诉意见书。

二、支持起诉的信息检索路径

支持起诉常常为人们所忽略。事实上，如果条件适合的话，这是非常重要的推动纠纷解决的渠道。

检索要点

“12309”中国检察网和各地检察机关官网提供了在线查询和利用检察服务的基本路径。另可通过各类搜索引擎检索了解有关支持起诉的新闻报道。

第七节 公证检索

一、公证概述

公证可以通过调查取证、保全、送达、鉴定评估等方式参与到诉讼案件诉前、诉中和诉后各阶段，参与到其他形式纠纷解决过程中。公证可以在一定程度上弥补传统纠纷解决机制的短板，以柔化手段实现法律适用，是定分止争的利器。

公证机构参与调解也是一个值得注意的纠纷解决方式。对于具有给付内容的调解协议，公证可以通过对协议赋予强制执行效力来保证协议的执行效果。公证参与调解的案件范围应以纠纷涉及事项或事务属于可公证的范围来确定。

二、公证的信息检索路径

公证在多元化矛盾纠纷解决机制中扮演着重要角色，当事人应充分重视这一纠纷解决手段。

检索要点

各地公证机构官网提供了在线查询公证服务的基本路径。通过搜索引擎检索，可以了解有关公证参与纠纷解决的新闻报道。通过裁判文书可查询公证介入纠纷解决可能产生的争议。

第八节 其他纠纷解决方式检索

纠纷解决的其他路径可参照上述方式进行检索。这里就劳动争议仲裁文书的检索做一点补充介绍。

法律数据库尚未收录劳动仲裁裁决书。目前一些省级人力资源和社会保障厅网站（如江苏省）在其公示公告栏有仲裁文书公告，可通过此方式查询。基于劳动争议"一裁两审"为原则的制度设计，劳动争议仲裁裁决书通常会作为当事人提起劳动争议诉讼的基础证据。在法律数据库中以"劳动争议""仲裁"为关键词检索获得的法院裁判文书中可能有对劳动争议仲裁裁决书内容的记载。

第九节 小　结

从当事人角度看，纠纷解决有多种手段选择。如何选择并利用这些纠纷解决手段解决问题，需要在法律判断的基础上作出行动规划决策，并运用适当的修辞手段保证决策得以落实。从这意义上看，纠纷解决检索既包括法律判断检索，也包括决策和修辞检索。本章只是介绍不同类型纠纷解决检索的一些典型路径，完整的检索思路需要结合第一编所介绍的法律问题解决与检索方法论的框架。

附录：谈判、调解、仲裁检索简明表

01　谈判

<table>
<tr><th colspan="2">任务名称</th><th>检索路径</th><th>备注</th></tr>
<tr><td rowspan="4">谈判情报的搜集</td><td>谈判环境信息</td><td>1.通过法律数据库检索谈判事务所涉法律制度；
2.通过搜索引擎检索谈判事务所涉商业习惯、宗教信仰、气候因素等环境因素。</td><td rowspan="4">检索思路详见第八章第二节“二、谈判情报的搜集”，以及参照第三章、第五章相关介绍。</td></tr>
<tr><td>谈判对手信息</td><td>1.运用当事人尽职调查检索工具收集谈判对手信息；
2.通过人际关系网络收集谈判对手信息。</td></tr>
<tr><td>己方情况</td><td>通过调查、访谈以及查阅资料等方式收集己方情况。</td></tr>
<tr><td>谈判所涉及纠纷的情况</td><td>1.明确纠纷的法律性质和应然处理要求；
2.通过同类案件大数据检索等途径搜集信息，明确谈判所涉及纠纷的规律性知识。</td></tr>
<tr><td colspan="2">假设性解决方案的拟定</td><td>假设性解决方案的提出主要是业务部门的工作，法律人的任务是法律审查，因此检索主要围绕以下几方面展开：
1.通过同类案件大数据检索对法院判决进行预测，明确法定保护尺度；
2.通过对法律、传统风俗、民族习惯、公序良俗、社会组织自治性规范、行业惯例等检索，结合法律判断和决策分析，明确假设性解决方案的规则边界。</td><td>检索思路详见第八章第二节“三、假设性解决方案的拟定”，以及参照第三章、第五章相关介绍。</td></tr>
<tr><td colspan="2">谈判方案的制定</td><td>以“纠纷名称 谈判方案”“纠纷名称 谈判策略”为关键词搜索有关谈判方案的实务文章。</td><td>检索思路详见第八章第二节“四、谈判方案的制定”。</td></tr>
</table>

02 调解

任务名称	检索路径	备注
调解情报搜集	与谈判类似，调解情报搜集包括调解环境信息、对方当事人信息、己方情况、所涉及纠纷的情况，同时在这基础上增加调解机构、调解员以及调解收费的检索。	检索思路详见第八章第三节，以及参照第四章第二节“六、调解法律服务”相关介绍。
假设性解决方案和调解方案的制定	与谈判类似，首先，拟定假设性解决方案（调解协议），然后制定调解方案。一般来说，调解更需要强调类案以及规则的检索。	

03 仲裁

任务名称	检索路径	备注
如何查找仲裁和调解组织	1.通过威科国际商事仲裁在线（Kluwer Arbitration）数据库检索； 2.通过中国法律服务网检索； 3.通过仲裁机构官方网站检索。	检索思路可参照民商事诉讼检索，此处仅就仲裁检索的一些特殊路径进行分析； 检索思路详见第八章第四节，以及参照第四章第二节“五、仲裁法律服务”相关介绍。
如何在公网上查看仲裁裁决全文	1.通过italaw（https://www.italaw.com/）网站检索； 2.在见微数据库输入仲裁公告，检索我国内地和香港上市公司仲裁公告。	
查询最高人民法院仲裁复函	在法律数据库法规库输入“仲裁 复函”，选取法规标题检索方式查询复函。	
如何查询撤销裁决案件	在法律数据库案例库以“申请撤销仲裁裁决”为关键词查询撤销裁决案件。	

续表

任务名称	检索路径	备注
如何检索我国香港国际仲裁中心在我国台湾地区认可执行的案件	在我国台湾地区法源法律网（https://www.lawbank.com.tw/）输入“HKIAC”作为关键词进行检索。	

第九章 合同审查检索要点

合同审查是法律人踏入职场的必修课。本章从律师角度讨论合同审查流程的检索要点。全国律协以及不少地方律协组织编写的“律师办理合同审查业务操作指引”可作为此类工作的基本参考，也有众多法律实务类著述对此作了精细化的阐释。不过，高质量的合同审查尚有赖于将检索深度嵌入其具体流程。

第一节 合同审查概述

一、合同审查的目标

合同是交易规则的主要载体，是评判争议的基本依据。合同审查的目标在于防范风险、促成交易。[①]对合同审查成果的评价亦立足于对前述目标的实现程度。为便于贯彻，可将这些目标细化为有效性目标、完整性目标、可行性目标和公平性目标。

---

① 参见张海燕：《合同审查思维体系与实务技能》，中国法制出版社2020年版，第4页。

对合同有效性的审查应重点关注:(1)主体有效性,指合同主体是否拥有签订该合同的行为能力、资质条件;(2)内容有效性,指合同的交易内容是否符合法律法规的规定;(3)程序有效性,主要指合同签订程序及签订方式是否符合法律法规的规定,是否需要相应的批准、备案和登记程序,是否能够达到司法实践中的一般性认定标准。

对合同完整性的审查应重点关注:(1)条款周密性,绝对必要条款包括主体、标的和数量,一般合同条款至少包括主体、标的、质量条款、价款支付、违约条款、争议解决方式等,更为复杂的合同通常还有鉴于条款、变更条款、知识产权条款、保密条款、不可抗力条款、追索条款、通知送达条款、管辖条款、签署条款、签约份数、合同附件等;(2)条款严谨性,指合同条款之间的衔接通顺、规则一致,符合交易和风险防范要求;(3)整体匹配性,指从更宏观视角审查本合同与合同主体在整个交易场景下与其他合同的匹配关系,如框架协议与具体合同、主合同与从合同、上下游合同与本合同、多主体交叉的多份合同、"面对面""背靠背"合同等。

对合同可行性的审查应重点关注:(1)权利义务明确,即合同条款是否明确约定各主体的权利义务,能否给当事人提供清晰的行为指示,能否实现交易目的;(2)合同内容具有可操作性,即合同条款是否符合交易习惯,合同各方是否具有与履行合同义务相匹配的履约能力,我方对相关交易节点的提前和延后有无控制权。

对合同公平性的审查应重点关注:(1)权利义务对等,即重点审查双方的权利义务和风险分配、违约责任承担等方面是否大致公平;(2)各主体的合同地位,即合同内容是否在法律和诉讼实践允许的范围内凸显强势方地位,或在各方可接受范围内补强弱势方地位。

二、合同审查的步骤

在面对一份待审合同时，不宜直接进入逐条修改的环节，一般来说，应该包括以下几个步骤：

（一）背景调查

在审查合同之前，应全面检索和了解合同的背景和目的，切勿直接根据合同文本进行修改，除非该合同的交易模式简单明了。一般来说，需了解的事项包含：(1)双方欲通过合同实现什么交易，获得何种资源和好处；(2)双方的合同地位，谁是合同强势方，谁是弱势方；(3)待审合同文本由谁提供；(4)交易模式，即合同项下具体业务的交易流程、对价、标的等，交易双方所处行业的总体特征、运营模式、上游供应商、下游分销商、交易惯例等；(5)双方的熟悉程度（新客户还是老客户），当前交易所处的阶段（意向、谈判或者准备签约阶段）、之前达成的初步文件、沟通邮件；(6)己方的交易底线和特殊要求，如哪些条款不可让步、特殊事项的说明等。合同审查的背景调查首先来自与客户的深入沟通，同时，结合尽职调查检索、行业知识检索进行，具体的检索方法可参考第三章的相关介绍。

（二）待审合同的审查判断

法律适用是以法律作为大前提，以事实作为小前提，以三段论形式推理出法律判断，这个推理模型可简单概括为“以事实为根据，以法律为准绳”，合同审查的推理模型也是如此。不过，无论是在事实层面还是在规则层面，合同审查要考虑的因素远比法律适用推理更为多样。

在法律适用过程中，事实是发生在若干时间以前的个案事实。合同是一份面向未来的协议，是对未来交易的安排，我们需要设想“这个交易是如何具体开展的、可能出现哪些问题”。合同审查所依据的规则除了法律规则，还包括有关合同争议事项的裁判规律、促使合同目的实现的交易规则以及有关表述的修辞规则等。

合同审查，首先，要根据合同必须遵守的法律法规进行合法性判断，防范其背离法律强制性规定的风险；其次，要根据行业规则或司法裁判规律研判合同在完整性、可行性和公平性等方面存在的风险；最后，依据修辞规则判断合同是否以合适措辞传递恰当的语气和情感以促成合同的订立。考虑到合同审查所要调动规则的复杂性，在很多情况下我们直接参照专业人士总结的合同审查规则进行审查。这些合同审查规则其实已经包含了对法律规则、裁判规律、行业规则、修辞规则的考量。

（三）合同履约的跟踪管理

履约跟踪管理属于广义的合同审查，从思维模型看，相当于法律决策中的控制环节。履约跟踪管理必须关注履约全过程的情况变化，特别要掌握对自己不利的变化。履约跟踪管理务必及时，在目的上应围绕提示己方主体做预防风险和减少损失的准备；在手段上表现为对合同进行修改、变更、补充、中止或终止；在工具上应注重有形载体的运用，如书面材料的发出和履约、催告过程证据的保全。

以上仅是对合同审查步骤的一般性介绍，落实到每个具体的合同，有不同审查重点以及审查方式。检索贯穿合同审查的每一个步骤，下面着重讨论可作为合同审查依据的各类规则的检索与应用。

第二节
合同范本检索

一、检索方法

某种意义上讲，合同是法律人与合同主体共同的智慧成果——合同主体创造或演绎交易模式，法律人梳理、固化这种交易模式并试图以规则视角为其提供保障。鉴于商业交易的多样性、专业性和创新性，实践中大量的交易合同所体现的商业逻辑已超出作为个体的法律人的专业范围。对合同范本的恰当运用是帮助法律人突破专业知识局限、做好审查工作的可行路径。合同范本从大量的商业实践中归纳而来，可以帮助法律人了解该交易背后的商业逻辑，避免因商业经验欠缺导致合同审查的纰漏。一份优质的合同范本除具备完整的架构、严密的条款、美观的形式外，更重要的是契合合同主体的交易习惯、交易语言，回应其交易目的和风险防范要求。以合同范本为参考，“站在巨人的肩膀上”进行审查，可以大大提高合同审查的效率和准确性。

检索要点

***官方范本库检索**

国家市场监督管理总局合同示范文本库（https://cont.12315.cn/）提供了大量类型合同的官方示范文本，有一定权威性。一些行政机关、仲裁机构、行业机构网站也提供了大量常见类型的合同参考文本。不过，这类合同的条款内容往往比较简单，普遍适用性有余但个性化不足。借鉴这类合同示范文本时，要注意审查其在个案中的可适用性。如果只能满足基本交易需求，要注意增加一些个性化的条款，从而形成新的合同。必要时需要注意参考一些其他途径检索的合同范本，尝试进行组合。

***通用搜索引擎检索**

例如，在检索框中输入“filetype: doc股权代持协议”或者“filetype: PDF股权代持协议”，可找到doc或者PDF文件类型的股权代持协议。另一种方法是采用图片检索，如百度图片、必应图片，搜索“股权代持协议”。有些图片中的合同带有印章、签字，属于原始合同照片，真实性较高，质量优于普通合同范本。利用搜索引擎检索的合同质量参差不齐，可以尝试在待审合同的通用名称之后加上国内行业领先企业的名称，有可能找到这类企业使用的合同范本。

***法律数据库检索**

大部分法律数据库都备有合同范本库。这些范本库除征集大量官方示范文本外，还会收集业内常用合同范本，内容更为多样。

***人际关系网络检索**

经过律师整理加工保存的合同范本库，特别是那些带有律师以及当事人修改痕迹的合同范本，通常才是最值得参考的合同范本。问对了人可以事半功倍，这是高效率审查合同的有效办法。

***上市公司信息披露网站检索**

巨浪资讯网（中国证券监督管理委员会指定信息披露网站）可检索到上市公司涉及合同的公告。例如，巨浪资讯网搜索“商铺租赁”，有不少有关商铺租赁的公告，此类公告内含合同条款的质量有一定保证。

二、审查方式

“宏观—微观—语言”是较为妥当的合同审查步骤。借鉴合同范本审查合同时也应遵循这三个步骤。

（一）合同宏观结构的审查

基础的宏观结构审查要求判断合同范本的类型与待审合同的类型是否相符，合同目的是否相符，合同范本能否保证合同目的的实现（如交易环节是否完整、是否存在无效情形、是否具有可操作性、重要的交易节点是否能得到有效控制等），合同条款是否完整（一份完整合同通常需要包括主体、标的、质量条款、价款支付、违约条款、争议解决方式等，必要时还应包括鉴于条款、变更条款、知识产权条款、保密条款、不可抗力条款、追索条款、通知送达条款、管辖条款、签署条款、签约份数、合同附件等）。

深层次的宏观结构审查还要求审查合同的利益倾向性（如该合同交易倾向于保护哪一方的利益，是否符合己方的要求等）。如果合同范本符合要求，即可借其逐一对比排查待审合同的宏观结构。根据合同范本修改合同时，必须进一步检索、研究修改的理由，包括法律规定、司法判例以及商业规则等。

（二）合同微观条款的审查

合同微观条款的审查要求判断范本条款背后的理由，范本设定是否合理，是否采取有效的风险控制措施，然后逐一对比排查合同文本与合同范本的差距。一般来说，要注意区分不同类型条款的排查侧重点。

（1）合同主体条款。不能简单地照搬范本，而要充分考量合同的具体交易场景，例如，待审合同的合同主体资质条件与合同范本之间的差异，合同主体的数量是否存在不同，如何避免遗漏等。要对合同相对方展开尽职调查检索，考察其签约资格、履约资质、履约能力，具体检索方法可参考第三章内容。

（2）合同标的及对价条款。要注意审查范本条款的约定是否可适用于待审合同，能否保证合同标的准确明晰，合同对价的计算及支付明晰合理等。例如，产品质量要“合格”，要注意判断范本合同是否有“合格”量化标准，能否适用于待审合同，如果没有或者不能，要明确如何在待审合同中构造量化标准。

（3）合同权利义务条款。借鉴范本条款的同时要充分考量合同权利义务条款是否明确完整、合同主体的核心权利义务是否平衡等。

（4）违约责任条款。要注意排查范本条款能否有效防范待审合同的违约风险。

（5）争议解决条款。要注意排查范本条款用于本合同是否能做到明确、有效、经济。

（三）合同语言的审查

合同语言的审查要求判断范本条款的文字表述对待审合同的适用性，如是否有歧义，不同条款文字含义的衔接等。在对比排查同时，要注意了解客户对合同的格式要求。此外，还应通过检索确认合同语言，尤其交易术语、专有名词等是否符合行业表述习惯。更深层次的审查还应结合合同主体地位、主体之间合作渊源、既往关系等，选用合适的措辞以传递恰当的语气和情感。

合同范本可作为合同审查的参考，更可作为合同起草的基础。借助范本合同中既有的结构和条款，可以降低工作难度、缩短工作时间。不过，每份合同都有其个性化的交易背景，参照范本起草合同同样需要注意遵循审查的个性化要求。

第三节 合同审查要点检索

一、检索方法

放弃对合同审查原理的把握而去追求范本，是典型的“舍本逐末”。以范本为参考审查合同可以提高审查的效率，但范本并不是根据待审合同具体交易情况“量体裁衣”。过度依赖范本的“拿来主义”做法有可能使合同脱离客户的需求。运用合同范本审查合同，不能只是简单对照，而要深入合同结构，从“宏观—微观—语言”层层审核。检索合同审查要点可有效提升通过合同范本审查合同的精确度。在多数情况下，应以合同要点审查为主，以范本作为参考。

检索要点

***微信检索**

微信是检索合同审查要点的快捷路径。例如，通过微信检索“二手房买卖 合同审查”，检索到一篇来自法天使微信公众号的文章《二手房买卖合同起草审查需注意的20个要点》，其中对审查二手房买卖合同有具体入微并可操作的指引。但微信平台的文章质量良莠不齐，重点浏览权威公众号或者专业律师发表的文章可在一定程度上提高检索结果的质量。

***法律著作、法律数据库以及人际关系网络**

专业化的合同审查要点应注意检索各律协发布的合同审查起草操作指引，或有关合同审查起草的法律专著。法律数据库通常也有一些具体入微的合同审查操作要点项目模板，专业可靠，有较强的参考价值。人际关系网络也是检索合同审查要点的有效途径，一些大型公司法务整理的专项合同审查要点超过一般律师的水平，对特定项目有参考价值。

***根据合同的构成要素和条款细化检索思路**

检索合同审查要点要注意分解检索思路，除了采用“合同名称 审查”的检索词外，必要时应深入合同的构成要素和条款，根据拆解的合同要素和条款中的关键词进一步检索，从而找到适合的审查要点。检索关键词要注意灵活变化，例如，“合同名称 风险点”“合同名称 争议焦点”等都可作为检索词。

二、审查方式

审查要点为律师审查合同提供基础指引。特别是对新入行的律师，由于诉讼经验和商业交易知识的欠缺，如果没有审查要点的指引，仅凭法律规则知识以及个人推理是很难看出待审合同的潜在问题和风险的。

有关审查要点文章可以帮助我们快速获得合同审查的经验。但是，这些经验性的文章和著作有其特定的写作场景，处理问题的视角也有其特殊性。因此，运用合同审查要点审查合同，我们自己头脑中先得有一张完整的合同审查思路图。

合同审查的背景调查是审查合同的前提，不管检索到的合同审查要点有没有提及这一点，背景调查都是必要的。合同审查至少要包括“宏观—微观—语言”三个层面，“有效性、完整性、可行性、公平性”等四项合同审查标准缺一不可，有关合同交易的法律规则和行业知识都值得重视。如果检索到的合同审查要点不完整，要注意补足。合同相对方的签约资格、履约资质、履约能力是合同可实施的关键，对合同相对方的尽职调查是不可忽略的环节。

不同律师撰写的合同审查要点会存在一定差异，需要以可靠的文章为基础取长补短。理想的合同审查过程应该是知识管理的过程，应在查阅其他律师和相关专业人士的实务总结和类似范本的基础上建立适合自己的合同审查知识库。不能仅是简单资料汇集，而是要拆解到具体条款，把那些写得比较全面和准确的个性化条款和通用条款（如通知与送达、管辖、附件等）摘录下来，加以研读，并整合到自己的知识库。

第四节 合同审查法律规范检索

一、检索方法

合同审查的核心终究还是运用法律规范审查，对涉及合同主体权利义务变动的每一处修改都应有事实基础和法律依据。一份合同涉及的法律法规以及规章制度往往不胜枚举。因此，合同审查并非只关注合同是否符合《民法典·合同编》层面的规定，还应注意到其他部门法、证据规则、诉讼程序等方面的法律规定；不能只关注法律层面的规定，也要关注重要的部门规章、规范性文件、地方性法规以及本业务的相关标准和内部规章制度。正因为法律审查需要考虑的因素有很多，遵循合同审查要点和借助合同范本可以提高工作效率。遇到难以判断的法律问题仍需进行法律检索研究。

检索要点

***体系检索法**

体系检索法要求对相关法律规范可能分布在哪些大类的法律体系之中有一个系统的判断，然后再逐步展开检索得出结论。体系的把握非常重要，一个关键性的遗漏可能使结论谬以千里。例如，在审查与委托作品著作权相关的合同时，应首先判断属于涉知识产权的合同，除应检索《民法典·合同编》的一般法律规定外，还应定位至《著作权法》及相关司法解释等规定。检索发现，《著作权法》第19条规定，受委托创作的作品，著作权的归属由委托人和受托人通过合同约定。合同未作明确约定或者没有订立合同的，著作权属于受托人。至此，应特别注意合同主体对委托作品著作权归属的约定，进而设计合同条款。

合同交易背后其实有一个庞大的法律体系支撑，如果不通过法律检索查询相关法律规范，任何人的法律知识面都不可能达到解决合同审查疑难问题的广度和深度。体系检索法对合同审查具有重要意义。对于疑难问题，不经体系检索就以经验提供法律意见，是无法保证其可靠性的。体系检索法的具体要求可参考第三章的介绍。

***通过法律术语检索**

体系检索法的准确性依赖于法律判断定位，然而法律判断难免偏差和遗漏，因此，还有必要提炼合同及其纠纷中的法律术语进行检索。例如，经由“房屋 租赁”的检索，我们可以检索到《最高人民法院关于审理城镇房屋租赁合同纠纷案件具体应用法律若干问题的解释》(2020修正)，如果只是简单进行法律判断，一些人可能没有注意到这个司法解释。

***根据合同的构成要素和条款细化检索思路**

一份合同涉及的法律争议点、不同部分和不同条款涉及的法律规定各有所不同，笼统的检索可能无法全面覆盖合同审查的要求。例如，借款合同中具有强制执行效力的债权文书公证条款，需要单独拆解出来进行法律检索，才能找到《最高人民法院、司法部关于公证机关赋予强制执行效力的债权文书执行有关问题的联合通知》等相关法规。随着拆解思路的细化，我们可能需要进一步用到司法观点检索与案例倒查等检索方法，具体可参考第三章的相关介绍。

二、审查方式

通过法律规范审查合同的前提是对未来事实的预测。尽管我们也可以通过交易经验和生活经验推测关于合同的未来事实，但这样的推测往往是不完整的。因此，根据检索到的法律规范审查合同通常还需要结合合同范本以及合同审查要点。合同范本以及合同审查要点已经在一定程度上将未来事实考量包含在内。

从严格意义上讲，遵循审查要点和运用范本审查合同只是参考，通过法律规范审查合同才是根本。掌握审查要点和拿到范本后，首先要做的是要判断是否符合相关法律规定。然后，在运用范本审查以及合同审查要点审查合同过程中，遇到法律判断难题时，我们就有必要进一步展开法律检索研究。一般来说，律师必须具备扎实的法律知识基础，对相关合同所涉及的基本法律烂熟于心，只有在遇到疑难问题无法解决时才进行法律检索研究，否则将会大大影响合同审查效率。

法律检索需要覆盖不同层级和领域的法律规范，这要求我们要深入分析其立法的本意及相关法律规范之间的关系，从而得出准确的判断。检索到的法律规范之间可能存在冲突，要注意主流司法观点。司法途径是解决争议的最后手段，应当高度重视司法解释和法官的裁判规则。相关步骤可参考第五章“法律判断与检索”的介绍。

通过法律规范审查合同的重点在于比对合同条款与法律的要求，具体包括根据法律判断合同是否无效、是否完整、是否可行、责任风险分配是否公平、与相关管理规定是否存在冲突、相关法律规范的授权是否用足等。

第五节 合同审查案例检索

一、检索方法

通过检索范本、审查要点和法律规范，基本可以解决审查合同的需要。但是，对于重点或者关键性条款，需要进一步展开案例检索。通过案例研究合同条款在实践中的争议，把握裁判观点，从而改进条款的设计。做好非诉讼业务必须具备丰富的诉讼经验，新入行的律师亟须通过检索案例弥补经验的不足。

检索要点

***以合同条款作为关键词检索**

对于某些重要的合同条款，可通过法律数据库检索法院的观点。例如，可设置关键词“一方违约 解除合同”，检索法院对同类约定解除条款的观点。又如，欲判断违约金是否明显过高，可以先检索当地的相关案例。

***以合同纠纷案由作为关键词检索**

以相关合同纠纷案由为关键词，通过法律数据库检索裁判文书并生成大数据报告，总结相关类型合同主要涉及的法律适用问题、风险点及其防范方法。如果裁判文书数量太大，可重点阅读指导性案例和典型案例，或者将检索范围限定为当地法院。通过裁判文书对某类案由下争议事实的记载和评判，基本上可锁定相关类型合同可能涉及的经常性风险，有针对性地总结风险防范方法。

***以合同争议焦点作为关键词检索**

争议焦点的类型主要包括事实争议和法律适用争议。通常而言，事实争议因案而异，法律适用争议则原因复杂，可能是法律条文本身的模糊性导致，也可能是各方对事实与法律规定的对应关系看法不一致导致。

实践中大多数的争议因事实争议导致，解决方法也大多与合同本身关联不大。但完善合同条款在预防法律适用争议方面大有作为。

因此，以合同争议焦点为关键词的检索往往更能回应律师对合同中涉及法律适用部分的疑问。例如，在关于建设工程施工的多份“背靠背”合同中，业主单位（发包人）与施工单位已签订的建设工程施工合同约定的争议解决方式为诉讼，但施工单位与实际施工人拟签订的分包合同约定的争议解决方式为仲裁。当作为接受实际施工人委托审查合同的律师对该种差异化约定是否于己有利无法准确判断时，可将“案由：建设工程合同纠纷”“全文：争议焦点 诉讼 仲裁”设为关键词，检索案例，选择最高人民法院近三年案例。我们发现（2021）最高法民申1073号裁判书存在与待审合同类似的情形，从裁判结果看，这种差异化约定存在巨大法律风险。实际施工人将丧失援引《最高人民法院关于审理建设工程施工合同纠纷案件适用法律问题的解释（一）》第43条赋予的突破合同相对性要求业主单位（发包人）在欠付工程款范围内对其承担责任的权利。①

二、审查方式

经审查修改的合同必须经得起司法裁判的检验，通过检索案例审查合同，实际上是通过“逆推”方式审查合同，即将非诉讼文件置于诉讼语境下进行考察，以确保合同条款的目的在发生争议的情况下能够得到法院的认可。通过检索合同常见争议焦点，可以知道某类合同具体的风险点及法院对该争议的评价，然后有针对性地修改合同条款。在一些法律条文没有规定或者规定模糊的领域，不同地区的法官判决的尺度可能有所差异，要有意识地根据案件管辖法院的裁判倾向确定

① 参见青岛向荣建筑劳务有限公司、青岛市市政建设发展有限公司等建设工程施工合同纠纷案，最高人民法院（2021）最高法民申1073号民事裁定书。

相关条款。

通过案例审查合同不能只关注个案合同，还要有意识地通过案例大数据进行分析，定位行业的主要涉诉风险以及常见争议焦点，把握法官证据采信、法律适用的裁判规则和规律，进而锁定相关合同中的关键条款，给出合理化的修改建议。

第六节
小 结

合同审查的推理模型体现为“以事实为根据，以法律为准绳”。事实包括现在的事实，也涉及对未来事实的预测（合同交易将如何具体开展、可能出现哪些问题）。合同审查需要从现在的事实出发根据某种规律预测未来的事实，同时，还必须在事实的基础上结合法律规则、裁判规律等对合同进行审查。规则可以分为定律规则和案例规则，合同范本体现为案例规则，合同审查要点体现为定律规则，它们分别代表两种不同的合同审查规则。合同审查法律规范检索体现了以法律规则审查合同的检索思路。合同审查案例检索则包含两种不同思路，一是通过案例总结裁判规律审查合同，二是通过案例总结裁判规则审查合同。本章介绍了合同审查检索的主要路径，不过，在更广泛意义上，我们还可以通过执法规律、守法规律、价值规则、行业规则、修辞规则等审查合同，这要求我们根据需要扩大检索目标的范围，检索途径也不能仅局限于互联网和数据库，要扩大到“人联网”。

附录：合同审查检索简明表

任务名称	检索路径	备注
合同范本检索	1.官方范本库检索，登录国家市场监督管理总局合同示范文本库检索常见合同范本,深入相关行政机关、仲裁机构、行业机构官方网站检索更具专业性的合同范本； 2.通用搜索引擎检索，使用filetype检索命令，输入合同类型关键词，检索到指定文件类型的合同；运用搜索引擎图片检索功能，可检索部分真实合同的原始照片； 3.通过人际关系网络检索实践中运用的合同范本； 4.通过上市公司信息披露网站检索，登录巨浪资讯网等上市公司信息披露网站可检索到上市公司涉及合同的公告。	检索思路详见第九章第二节，以及参照第三章第四节相关介绍。
合同审查要点检索	1.微信检索，例如，通过微信检索“二手房买卖 合同审查”； 2.通过法律著作、法律数据库以及人际关系网络检索； 3.通过拆解合同要素和条款中的关键词检索，找到适合的审查要点。	检索思路详见第九章第三节。
合同审查法律规范检索	1.体系检索法，首先对合同所涉相关法律规范可能分布在哪些大类的法律体系之中作出系统判断，然后逐步展开检索，最后得出结论； 2.提炼合同及纠纷中的法律术语进行检索； 3.通过拆解的合同要素和条款中的关键词检索，以更精确把握相关法律规范。	检索思路详见第九章第四节，以及参照第三章第二节相关介绍。
合同审查案例检索	1.以合同条款为关键词检索； 2.以合同纠纷案由为关键词检索； 3.以合同争议焦点为关键词检索。	检索思路详见第九章第五节，以及参照第三章第三节相关介绍。

第十章 合规风险识别检索要点

CHAPTER TEN

合规法律服务是指为帮助企业识别、评估、报告和应对合规风险而提供的专项法律服务。合规法律服务本身具有主动性的特点，这一点区别于传统日常顾问法律服务被动咨询的特点。传统的法律顾问服务是在客户有问题需要解决时，律师才会提供解决方案，具有被动性。合规法律服务则是要主动发现合规风险，主动介入企业运营，通过合规管理体系实现对不合规行为有效控制。近年来，企业合规引起理论界和实务界的高度关注。本章从当事人视角出发，重点讨论和研究检索在合规风险识别中的应用。

第一节 合规法律服务概述

一、企业合规的概念

企业合规，是指企业主动建立体系化的制度去管理职工和第三方的行为，使企业的所有职工（包括普通职工和管理者）能够遵守法律法规、企业内部规章制度和道德规范。[①]广义上的合规还包括国家机关、

① 参见周万里：《合规型监管研究》，人民出版社2021年版，第4页。

行业协会、非营利机构和事业单位的合规，限于篇幅，本章仅讨论企业合规。

企业合规可区分为全面合规和专项合规。全面合规覆盖企业的各项业务，力图通过一整套管理体系提升合规管理水平。专项合规则着重针对某个细分业务领域（特别是存在违法犯罪行为的领域）专项整改，力求通过管理机制的重整有效防止再次发生相同或者类似的违法犯罪行为。

目前，国有企业在监管部门指导下基本已建立全面合规管理体系，很多大型民营企业也按照同样标准建立了企业合规管理体系。开展全面合规管理体系建设的企业也都会有重点地开展专项合规工作。中小企业则主要以专项合规为主。就涉案企业合规整改来说，绝大部分案例的主体是中小企业。

二、合规法律服务的类型

合规法律服务的类型包括合规管理体系建设、合规调查、合规风险识别、合规监管应对、合规评价、商业合作伙伴合规管理、合规培训、合规顾问等。

在律师合规法律服务工作中，合规风险识别是一项基础性工作。合规管理工作的落地需要制作以下三张合规关键清单：一是风险识别清单，确定工作中的合规风险点及其风险程度和发生概率，是合规管理工作的基础；二是岗位合规职责清单，将对合规风险的防控转化为岗位职责；三是流程管控清单，将合规风险的防控动态化，嵌入企业的业务流程和管理流程，增加关键环节的合规审查。

以上三张清单的功能彼此衔接，工作顺序层层递进，形成闭环，是建设合规管理体系的关键要素。不同类型合规法律服务的工作重点有所不同，但总的来说，都必须具备风险识别与风险防控的基本动作。

三、合规风险识别的基本任务

风险识别，是根据尽职调查等活动所获得的原始资料，通过分析确认企业因作为或不作为与法律等规范要求或合同等约定之间的差距，并结合主体及环境的情况判定企业所面临的风险的过程。[①]风险识别的工作成果是后续风险评估、方案设计等工作的基础。一般来说，合规风险识别包括以下两项基本工作任务：

（1）尽职调查。与客户的法务部门（或者合规业务部门）对接，必要时与主要业务部门进行访谈，了解以下内容：公司沿革、公司治理结构、管理架构、公司业务现状、公司业务的主要利益相关者、公司的合规管理现状、公司各部门的合规意识等。尽职调查的目的在于了解公司的基本情况、风险管理情况、合规意识情况，建设合规管理体系的有利和不利之处。[②]

（2）拟定《合规风险报告》。在尽职调查的基础上，根据合规法律服务类型的特点，分析确认企业因作为或不作为与法律等规范要求或合同等约定之间的差距，识别合规风险点，拟定《合规风险报告》。一般来说，重点围绕市场交易、商业贿赂、安全环保、产品质量、劳动用工等识别合规风险。

---

① 参见吴江水：《完美的防范：法律风险管理及合规管理的解决方案》（第二版），北京大学出版社2021年版，第204页。

② 参见《律师从事合规法律服务业务指引》（2021年11月通过），江苏省律师协会合规委员会，载江苏律师网2022年7月20日，http://www.jslsw.org.cn/lvxie/html/portal/detail.html?info=9306199。

以上两项工作都有检索任务，尽职调查检索在前述章节已有较为详细的分析。因此，本章着重讨论检索在合规风险识别中的应用，包括检索在合规风险识别的一般应用以及人工智能在法律风险识别的高级应用。

第二节
检索在合规风险识别中的应用

合规风险，是指企业及其员工因不合规行为，引发法律责任、受到相关处罚、造成经济或声誉损失以及其他负面影响的可能性。按照“以规则为大前提，以事实为小前提”思维模型，合规风险识别可以理解为“在尽职调查的基础上，运用规则进行判断”的过程。合规风险识别赖于遵循的规则大前提包括：(1)企业及其员工必须遵守的法律法规以及企业内部规章制度等规则；(2)政府的执法清单、监管动态以及合规指导清单；(3)合规风险案例；(4)企业员工对风险的预判；(5)示范性合规风险清单、合规义务清单以及合规管理指南等。

一、合规规则梳理与风险识别

合规风险识别的基础是在尽职调查的基础上梳理企业业务所涉及的合规规则，包括法律规则、监管规定、商业惯例、行业准则、国际条约、企业规章制度。合规规则涉及范围甚广，对企业来说，最大的风险在于因为违反法律法规而受到行政处罚和刑事处罚。因此，本部分重点讨论法规类规则的梳理与风险识别。一项简单的公司业务所涉及的法律法规可能超过仅凭经验可以列举的范围，需要通过检索将相关规则全部罗列出来，才有可能实现相对系统的风险识别目标。

检索要点

合规规则检索应重视体系检索法的运用，穷尽业务所涉及法律、行政法规、司法解释、部门规章、国家标准、行业标准或地方性要求。合规规则检索应注意完整性。一般来说，仅凭经验判断难以查全所有法规，需要对业务进行层层拆解，从多个角度检索。

梳理合规规则时要重点研究法律法规中本企业业务可能涉及的行政以及刑事法律责任。合规风险识别的任务是判断企业相关行为发生后符合法律责任构成要件的可能性和概率。法律构成要件是一般抽象规则，根据法律法规识别合规风险有相当难度，一方面需要对各部门法的构成要件学说有充分把握，另一方面需要借助行业知识对企业未来的业务行为作出推测。如同涵摄推理，当企业未来的业务行为符合法律责任之构成要件，就会导致合规风险。

我们固然可以借助行业知识预测企业未来行为，不过，理论是线性的，而企业的行为是非线性的，它以多线程发展，存在诸多不确定性。企业未来行为难以预测，大大增加根据法律法规识别合规风险的难度，因此，合规风险识别通常是多种方法并用。

二、权责清单、合规指导清单与风险识别

2018年2月，党的十九届三中全会审议通过《中共中央关于深化党和国家机构改革的决定》，全面推行政府部门权责清单制度。以对交

通运输部办公厅公布的违反海上安全营运管理秩序的处罚为例，权责清单包括：权责事项类别（行政处罚）、权责事项编码（MSACF001）、处罚内容（共罗列19项处罚内容）、法律依据（涉及两部法规5个条文）、实施主体（各级海事局所属的海事处、各级海事局）、追责情形（对不履行或不正确履行行政职责的行政机关及相关工作人员的追责，共12项情形）。法律构成要件是一般抽象规则，而通过转化为权责清单，海上营运的船舶所有人或者船舶经营人对哪些行为违法以及会受到怎样的处罚一目了然，更容易明确企业运营法律风险点。

一些地方政府出台了"企业行政合规指导清单"，加强对企业合规经营的指导。清单中逐一列举了合规事项、企业常见违法行为的表现、合规建议、指导部门和联系方式等信息，以明确的方式告诉企业"哪些行为违法、违反了什么法、怎样做不违法"，方便企业快速、简明、准确地了解和排查行政处罚风险点，熟悉与生产经营活动密切相关的法律法规，有效预防和避免违法行为的发生。[①]行政合规指导清单对企业在行政处罚方面的合规风险点有更明确的揭示，为企业识别风险点提供了指引。

检索要点

登录所在地政府政务服务网，检索与本企业业务密切相关的政府职能部门（例如市场监督管理局）的权责清单，研究其中与本企业经营业务相关的权责清单，对照规范企业经营行为，可以对本企业经营

① 参见曹天健、崔振兴：《山东滨州：用好行政执法"三张清单"为企业家成就梦想保驾护航》，载法治网，http://www.legaldaily.com.cn/index_article/content/2023-05/11/content_8852881.html。

行为涉及的各项行政法律风险形成直观的认识。对权责清单存在困惑的，还可以进一步通过电话咨询相关部门。

检索所在地政府发布的“企业行政合规指导清单”，可快速、简明、准确地了解和排查行政处罚风险点。如果本地政府未发布，其他地区发布的行政合规指导清单也有一定参考价值。

运用权责清单、合规指导清单识别企业风险，要尽可能穷尽业务涉及的所有政府部门的权责清单，要将其落实到企业具体部门和人员的工作职责中，把握实际工作可能发生的风险点。从权责清单、合规指导清单细化到企业具体运营管理还有很多工作要做。

三、案例分析与风险识别

案例分析运用的是反向推理，将诉讼经验反向应用于风险识别。案例分析识别的风险属于经过实证检验的风险，在可检验性方面，优于根据法律法规、权责清单识别合规风险。案例分析识别企业合规风险主要有三种方式：一是以本企业的合规风险案例为起点进行；二是通过其他企业类似的合规风险案例识别；三是通过同类企业合规风险案例大数据报告识别。

有时，检察院、法院在办案过程中也会向企业提出风险防范建议，可注意收集这方面案例，以提升风险识别能力。2015年12月，泉州市鲤城区某公司数名员工利用职务之便，通过高价转租公司店面谋取高额差价，累计上百万元。检察机关在办案中发现“企业人员在租赁合同上动手脚似乎已成内部的潜规则”。案件结束后，检察机关第一时间向该企业发出了检察建议。按照《检察建议书》要求，企业对全国3000家店铺的租赁合同进行全面排查整改。整改后，仅租金支出的部分，公司一年就节省了3500多万元的开支。[1]

检索要点

检索行政处罚文书库。大部分法律数据库都拥有行政处罚文书库，例如，某药店欲查询药品经营行政处罚风险点，以“药品”“药店”为关键词查询即可获取大量相关行政处罚文书，在检索结果中进一步通过地域检索项限定所检索的文书范围，通过研读相关处罚文书，能有效查询本企业在这一领域的风险点。药品零售的市场主体注册名称不只“某某药店”这种形式，不过，对于一家经营规模不大的药店，采用这一关键词可初步解决日常经营需要特别注意的风险。

在选定关键词对行政处罚文书库进行检索的基础上，可以将相关文书下载下来进行大数据分析。一份成功的大数据研究报告能勾勒行政处罚的常见模式，使合规风险可识别，为企业经营者提供行为模式及处罚额度的参考，预防行政处罚合规风险。

检索裁判文书库。目前多数法律检索大数据系统都能按行业对裁判文书进行大数据分析，刻画企业所处行业相关业务领域的常见法律纠纷的类型、案由、争议焦点、法律法规依据等，为企业提供全面梳理法律合规风险点的重要参考依据，能帮助企业分类编制风险识别清单。

四、调查访谈与风险识别

企业员工对合规风险有切身的体验，对他们的调查访谈是识别合

---

① 参见吴世舜、陈淑华：《“亲清护企”服务非公经济——泉州检察经验写入最高检工作报告》，载《泉州晚报》2018年3月28日，第3版。

规风险的重要环节。主要方法有:(1)访谈法,通过与工作中可能存在合规风险的企业员工访谈,确认是否真的存在合规风险;(2)问卷调查法,围绕企业可能存在的法律风险通过问卷收集资料,研判合规风险;(3)监督举报法,通过建立举报机制发现企业可能存在的合规风险。

检索要点

检索合规管理的相关著作,可发现大量有关合规风险识别的访谈提纲和问卷调查样本。一些法律数据库也提供此类问卷调查样本。通过搜索引擎以及微信也能便捷检索到可供参考的资料。

五、示范性合规风险清单与风险识别

如同合同审查可以依照合同范本,示范性合规风险清单也是识别风险的有效方法。另外,也可以示范性合规义务清单以及合规管理指南逆推合规风险。尽管合规风险识别最终目标是制作合规义务清单以及建立合规管理体系,但是,这并非单向推理过程,思维在它们之间来回往返才能将思路打开。

检索要点

示范性合规风险清单体现为合规管理指南、合规风险清单、合规义务清单,可通过搜索引擎以及相关组织官方网站查询由相关组织制定的国际标准、国家标准、团体标准。另外,通过微信、著作、论文以及法律数据库也可以检索众多实务界人士整理的合规风险清单。

人际关系网络检索是不可忽略的环节，同类企业的风险清单具有很高的参考价值。

示范性合规风险清单必须与企业实际相结合。很多企业合规流于纸面，是因为落实企业风险清单时未能符合企业实际情况。有研究认为，结合《民法典》合同编通则部分分析，实际交易中可能影响合同合法权益的法律风险点约有500个，但以数量如此庞大的法律风险点作为合同文本质量的检查依据没有任何意义，因为大部分风险点涉及的领域在实际交易中很少存在。①风险点的选择应以适合企业实际交易为基础，刚好满足企业需求并适合企业管理资源状况，不至于消耗过多资源而降低企业运营效率。

示范性合规风险清单的检索可以多组关键词并用，如“行业名称 合规风险点”“行业名称 法律风险点”“业务名称 合规风险”“企业机构名称 合规风险”“企业岗位 合规风险”等。

第三节 大数据技术在合规风险识别中的应用

不同项目的风险识别的广度、深度以及识别所依据规则的精细度等要求有很大不同。简单的识别依据经验判断即可，稍微复杂的可通过检索规则进行识别，而巨型企业通常需要建立基于大数据技术的适合本企业的风险防控系统。目前一些法律科技企业也在研发面向一般

① 参见吴江水：《完美的防范：法律风险管理及合规管理的解决方案》（第二版），北京大学出版社2021年版，第207页。

企业的合规风险防控软件。

合规风险点数量庞大，识别、评估、应对合规风险面临巨大压力，借助现代信息技术、人工智能，才能事半功倍。合规业务的信息化、网络化、智能化建设，是近些年法律科技领域的重要突破。将人工智能技术应用于合规业务主要有两种类型：一是运用法律科技企业开发的合规业务智能工具，辅助进行合规风险识别；二是企业借助法律科技企业建立适合自身的“合规风险防控数据库”，运用大数据技术对企业可能面临的合规风险进行排查、监测和分析。

法律科技企业开发的合规业务智能工具，是适用于企业的、具有普遍性的基本合规风险识别智能工具。不少法律检索大数据系统开发了合规业务功能模块。北大法宝的法宝合规，可支持定制匹配业务和岗位的合规清单。元典数智合规，提供了风险合规问卷系统、风险智能识别引擎、外部风险提醒及风险规则引擎等四种风险识别工具。把手科技的企业合规风险自检，可供中小企业进行合规自检。

另一类合规业务智能工具是只针对行业专业风险和特定风险的智能工具。例如，摩知轮，一个商标大数据专业检索及智能分析平台，可适用商标领域的合规管理；锦信一票通，一款基于发票的财税法合规软件；威科先行广告审核宝，一款广告人工智能审核工具。

合规风险识别涉及运用众多管理以及信息处理流程。针对涉及规则比较复杂的风险管理项目，借助专门设计的风险数据库进行风险识别有较高的性价比。一些大型企业借助法律科技企业建立适合自身的“合规风险防控数据库”。例如，众邦银行“倚天”大数据风控平台，涵盖贷前审批、贷中预警、贷后管理等环节，通过打造风险决策引擎、大数据建模平台、风险数据集市等，能对客户的信用风险、欺诈风险进行量化、评估、分析。[①]中国移动通信集团陕西有限公司开展了基于大数据的采购流程关键角色智慧画像研究，构建采购流程中的采购经理、评审专家、采购代理机构、采购代理机构项目经理及供应商五个关键角色的评价模型。评价模型涵盖了组织采购合规管理的各个方面，全方位、多维度、客观准确地反映和评价各单位的合规管理水平，能及时发现和防范采购过程中的各种风险，成为公司采购合规管理的有力抓手。[②]不过，目前多数企业还没有将大数据技术与合规紧密地结合起来，尚未建立运用大数据技术开展"合规风险点"排查、监测、分析的运行体系。

在大数据技术的支持下，合规业务从经验型管理上升为基于数据支撑的科学管理。大数据技术能根据所收集的数据运用算法确定风险后果的严重程度、发生概率以及分批应对的应有顺序等，从而为是否采取应对措施或采取何种应对措施提供决策的依据，以便将有限的资源充分地运用于亟须领域。但是，总体上大数据技术在合规风险识别的应用深度有限，法律人的人工分析仍不可替代。

第四节
从风险识别检索到合规管理检索

风险识别尚属"诊断"阶段，风险评估和合规解决方案设计才是合规管理中更具挑战性的工作。鉴于资源的有限性，企业需要结合经济性等方面的考量，针对不同的风险采取不同的措施，通常不会投入过多

① 参见杨尊琦主编：《大数据导论》，机械工业出版社2022年版，第186-187页。

② 参见程建宁、刘海燕、薛烨：《采购组织合规管理评价大数据画像模型研究》，载《招标采购管理》2022年第12期。

资源用于防范优先等级较低以及发生概率不高的风险。风险评估在于提示发生概率、优先处理等级等信息。风险点很少孤立存在，其形成的原因和产生的后果往往是多元的，如何设计一套适合企业的合规解决方案被认为是一种管理艺术。

就某个风险点设计解决方案并不困难，难的是兼顾、平衡各种因素给出系统的解决方案。这是一项涉及法律、企业管理、政策环境等多领域的综合性问题。合规所需要遵守的各项规则并不是一个内在统一的体系，企业内部投资人、高管、中层经理、普通员工也有各自不同的利益诉求、期望、行为模式。合规需要用一套管理体系将他们融合在一起，其难度远超过人类理性所能达到的高度。在多数情况下，人们只能凭个体经验去决策是否采取风险应对措施以及采取何种措施。随着大数据技术的引入，风险评估和合规解决方案设计有望从经验理性跨越到数据理性，从而得到改进。

相对于风险识别，合规管理与法律的关联度相对较低，很大程度上属于管理学范畴。长期以来，法律人对管理学接触较少，在合规管理中的表现不尽如人意。法律人必须强化管理学以及大数据技术的研究，以便在企业合规中发挥更大的作用。理论上，从事合规管理的法律人还应该有一套有关合规管理以及大数据技术的检索方法。由于知识面的局限，本书对此不能展开讨论，只能留待以后有所心得时再做介绍。

附录：合规风险识别检索简明表

任务名称	检索路径	备注
通过合规规则检索识别风险	合规规则检索应重视体系检索法的运用，穷尽业务所涉及的法律、行政法规、司法解释、部门规章、国家标准、行业标准或地方性要求。	检索思路详见第十章第二节“一、合规规则梳理与风险识别”，以及参照第三章第二节相关介绍。
通过权责清单、合规指导清单检索识别风险	1.登录所在地政府政务服务网，检索与本企业业务密切相关的政府职能部门的权责清单； 2.检索所在地政府发布的“企业行政合规指导清单”。	检索思路详见第十章第二节“二、权责清单、合规指导清单与风险识别”，以及参照第四章第三节相关介绍。
通过案例检索识别风险	1.通过行政处罚文书库和裁判文书库检索本企业的合规风险案例； 2.通过行政处罚文书库和裁判文书库检索其他企业类似的合规风险案例； 3.通过同类企业合规风险案例大数据报告识别风险； 4.检索检察院、法院向企业发出的风险防范建议。	检索思路详见第十章第二节“三、案例分析与风险识别”，以及参照第三章第三节相关介绍。
检索风险识别调查方案	1.检索合规管理的相关著作中有关合规风险识别的访谈提纲和问卷调查样本； 2.检索法律数据库有关合规风险识别的访谈提纲和问卷调查样本； 3.通过搜索引擎以及微信，检索合规风险识别调查方案。	检索思路详见第十章第二节“四、调查访谈与风险识别”。

续表

任务名称	检索路径	备注
通过合规风险清单检索识别合规风险	1.通过搜索引擎以及相关组织官方网站，查询合规管理指南、合规风险清单、合规义务清单； 2.通过微信、著作、论文以及法律数据库，检索众多实务界人士整理的合规风险清单。	检索思路详见第十章第二节“五、示范性合规风险清单与风险识别”。

03

第三编

大数据与法律人知识管理

第十一章 法律人知识管理概述

法律职业是知识密集型职业。法律问题的解决过程是知识运用的过程。知识管理包括组织的知识管理和个人的知识管理两种类型，本书仅讨论个人知识管理。法律人的个人知识管理具体表现在两种场景之下：一是法律问题解决过程中的知识管理，第二编已从检索角度对这一问题进行讨论；二是法律研习过程中的知识管理，本编拟从这个角度进行讨论。

法律问题解决需要具备海量而且庞杂的知识信息，远超个人知识储备和传统纸质书籍档案资料所能承载的范围。在知识储备所能控制的范围之外，人们依靠经验处理法律问题。而在今天的信息化时代，大数据和知识管理让人们有了更多机会摆脱经验束缚，从而更加理性地处理法律问题。

第一节 法律研习中的知识管理

一、知识管理的概念

从组织角度看，知识管理是指在组织中构建一个量化与质化的知识管理系统，以便最大限度地发挥知识在创造和应用过程中产生的价值。从个人角度看，知识管理主要体现为对知识的结构化整理，以便能更好地调取知识解决问题。结构化的过程是知识的获得、整合、消化、存储、更新的过程，其目的是更好地应用知识和创新知识。

法律数据库、互联网是知识管理的基础设施，它将信息按一定的方式组织和存储起来，让用户能根据自己需要找出有关信息。本书研究法律人如何在此基础设施的基础上进行知识管理：一是法律问题解决过程中的知识管理，即通过检索获取信息，然后借由检索结果分析完成知识的获得、整合、消化、更新，进而应用知识解决问题；二是法律研习中的知识管理，即通过检索和大数据分析明确知识要点，然后借由研究性学习实现知识的获得、整合、消化、存储、更新。

知识的获取不仅来自法律数据库、互联网，学校教育、理论研讨、实务实践、观察调查也都是知识获取的来源。不过，当法科生从法学院毕业后，借助法律数据库、互联网进行自主研习就成了不可或缺的知识获取方式，本编将重点探讨这个话题。

二、法律研习的知识管理要求

经过学习，法科生对学习方法似乎已再熟悉不过了。但是，较之法律问题解决所需的研习法律的要求，法科生的学习方法仍有进一步升级的必要，特别需要从知识管理角度进行构建。

（一）以法律问题解决为知识管理目标

法律人以解决具体业务问题作为主要知识需求，他需要超越法学院传授的知识框架，根据自身的工作任务、生涯规划设定一个以法律问题解决为核心的法律研习与知识管理的目标。

（二）有清晰的获取信息和知识的方法

知识管理的基础性工作是收集资料。这部分的一个重要体现是主动检索，然后在检索基础上采用知识管理的方式进行研习。大部分隐性知识无法通过检索获得，需要在互动和实务中积累。

（三）对知识进行准确的分类和保存

从法律问题解决出发，以分类角度归档和保存知识，建立自己的知识数据库，便于在工作需要时能够准确快速地查找并使用。知识数据库通常在自己的个人电脑中建立，需要做好命名以及文件夹的有序分类，如同“图书馆—阅览区—书架—层—书”一样，知识数据库体现为一层层的文件夹。网络时代，互联网本身是一个知识数据库，我们还可以在电脑文件夹的基础上，结合各类网站、App以及法律数据库的建立索引（文件夹）、贴标签的功能进行知识分类，或者借助印象笔记、有道云笔记以及网盘工具进行管理。

（四）能有效地消化所获得的信息并转化为知识

个人知识管理的核心，是要对所获得的信息进行消化吸收，融入既有的知识结构。这要求采取研究性学习以及刻意练习方法。一种高标准的方法是以成书要求进行知识梳理，书的严谨性有助于提高知识管理中知识的精确程度，化简单的信息堆砌为有效的知识内化。另一种方法是“以教促学”，通过教授他人或者向别人清楚解说知识的方式来检验自己是否真正掌握了知识。法律是共同体的事业，法律人的知识管理需要有共同体的视角。法律研习源自共同体的知识积累，作为法律研习者的我们在享受人类既有知识沉淀的同时也要分享自己的研习成果，分享既能为更多人创造价值，也能更好地消化吸收和创造知识。

第二节
法律人知识存储大纲

法律人摆脱依靠直觉解决问题的一个有效方法是知识结构化管理，即将个人拥有及获取的各种资料信息分类保存起来，变成有价值的知识，以便在工作需要时能够准确快速地找到并使用。在法学院学习阶段，法科生通常以法教义学知识为基础对知识进行分类整理与存储。进入法律职业领域，法律人需要以业务为框架建构知识存储大纲，通俗地讲，是围绕“做好案子”建立知识体系。下面以律师为例介绍法律人的知识存储大纲。

一、律师业务知识存储大纲的通用结构模型

律师的业务知识存储大纲体现为层级结构。不同律师有不同的知识大纲结构，以下只是做一般性介绍。

第一层为总体业务知识大纲。一个律师只能在少数业务领域做到精通。但是，总体业务知识大纲不妨建构得宽泛一些，毕竟业务交叉现象非常多。（见图11-1）

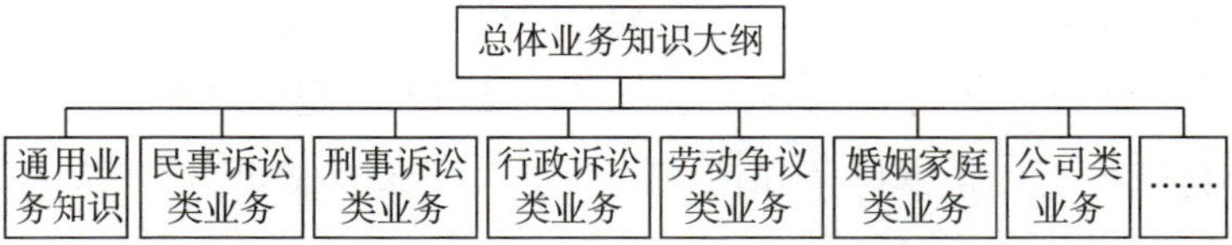

图11-1　律师总体业务知识大纲

第二层为知识大纲涉及的专业领域。以公司类业务为例，可参见图11-2。

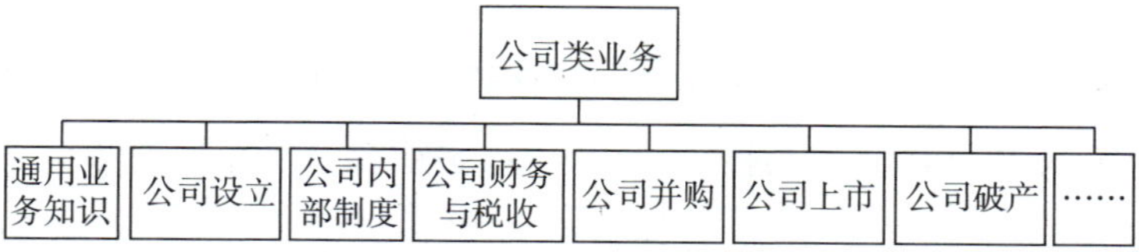

图11-2　公司类业务知识大纲

第三层为专业领域中具体业务专题。以公司并购业务为例，可参见图11-3。

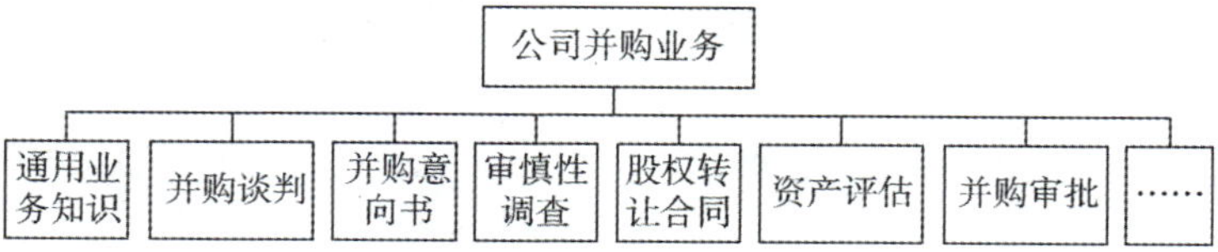

图11-3　公司并购业务知识大纲

以上知识结构模型，在电脑里体现为一层层的文件夹。在通用知识文件夹以及具体业务专题之下，进一步设置知识资料库。一般来说，可以设置如下知识资料库：法规知识库、案例知识库、法律业务操作规则知识库、法律文书与修辞技巧知识库、行动中的法知识库、行业与跨学科知识库等。

二、律师业务知识存储大纲结构模型的其他选择

上述律师业务知识存储大纲的结构模型主要来自中华全国律师协会编写的《律师执业基本素养》一书①，本人结合自己的经验做了部分

① 参见中华全国律师协会编：《律师执业基本素养》，北京大学出版社2009年版，第193-196页。

改动。事实上，法律人不应该只有一种知识存储结构模型。笔者以为，大学时代形成的以法教义学知识为基础的知识存储结构模型仍要保留，可以作为另一种知识存储路径继续发展。

另外，律师还可以采用其他知识存储结构模型。例如，直接以法规知识库、案例知识库、法教义学知识库、法律业务操作规则知识库、法律文书与修辞技巧知识库、行动中的法知识库、行业与跨学科知识库等建构知识存储结构模型。然后，再以项目形式建构具体业务专题的工作流程，在流程中注明知识从哪个库调取。

目前，一些法律数据库已经在向法律人知识库的方向演化。可便捷使用相关数据库的同人也可以考虑以数据库为基础建立自己的知识库。

第三节
法律人的知识收集以及整理

法律人的知识收集与整理必须服务于法律问题解决的需要，可以从法律适用、法律决策、法律修辞所需要的知识基础入手建构。具体内容包括：

一、法规知识库

《新编中华人民共和国法律法规全书》（法律出版社法规中心编）收录了现行有效的常用法律、行政法规、部门规章等规范性文件，是很多法律人常备的法规知识库。尽管已经有国家法律法规数据库以及各类法律数据库等网络数据库，但是，一本纸质版法律法规全书仍有必要，能为我们检索法律提供大致的指引。

专项法律问题的法规知识库则需要依托法律数据库建构。通过“法律数据库+检索报告”的功能将法律规定加入相应检索报告，制作特定业务的法规知识库。尽管法规基本可以在法律数据库中找到，但是，还是有必要花费些精力按照业务专题进行收集整理，以便形成系统的法律法规的体系。

法规知识库不能仅满足于法规的收集，还应尽可能收集所负责的专项法律业务领域的相关法规的重要法条释义。在这方面，多数法律数据库在相关法规之下均提供“立法解读”“法条沿革”“新旧对照”“关联法条”等功能模块，有的还提供期刊文章的链接，可以帮助我们系统把握重要法条的释义。有关期刊文章、实务文章以及相关著作对法条的释义也可以理解为法规知识库的一部分，法律数据库尚无法完整地将这些知识纳入其中，这要求我们在收集知识时必须有所留意，以更宽阔的视野收集知识。

法律数据库在法规知识库建构中具有重要的作用。但是，仍有必要重视其他途径的法规收集。以《刑法》第176条规定非法吸收公众存款罪为例，条文本身对于主体并无限制，但《最高人民法院刑事审判第二庭关于刘××等人的行为如何认定罪名的复函（2001年7月11日答复公安部经济犯罪侦查局“公经〔2001〕630号”征询）》（刑二函字〔2001〕35号）指出“刘××等人系银行工作人员，不能构成非法吸收公众存款罪的犯罪主体”，《最高人民法院研究室关于认定非法吸收公众存款罪主体问题的复函》（法研〔2001〕71号）指出，“金融机构及其工作人员不能构成非法吸收公众存款罪的犯罪主体。对于银行或者其他金融机构及其工作人员以牟利为目的，采用吸收客户资金不入账并将资金用于非法拆借、发放贷款，构成犯罪的，依照刑法有关规定定罪处罚”。截至2023年10月，一些较为流行的法律数据库并没有收集这两份文件，有的仅收集了其中一份文件。复函系为解决某一特定问题而进行的答复，具有一定的时效性，不具有普遍解释的效力。不过，对辩护律师来说，类似文件的检索无疑是重要的。

二、案例知识库

中国裁判文书网以及法律数据库提供了基础的案例库。法律人的任务是在此基础上围绕特定专题建立专项法律问题的案例库。可通过“法律数据库+检索报告”的功能将相关重要案例加入相应检索报告，制作特定业务的案例知识库。

“贴标签”是一些法律数据库或案例库提供的功能模块。法律数据库已经对裁判文书进行了拆解归类，但是，这些归类往往不能满足法律业务的需要。“贴标签”是用户自行进行的归类，它可以弥补系统归类的不足，为今后查询相关案例提供方便。

例如，在迈克尔·杰弗里·乔丹诉乔丹体育股份有限公司姓名权纠纷案中，我们看到其中有“外国自然人就特定名称主张姓名权保护，该特定名称应当符合何种条件”的裁判规则，可以贴上“外国人姓名权”的标签。对这个案例还可以从其他角度分析，比如，这个案例的代理人通过问卷调查的方式来证明姓名权侵权的因果关系，可以贴上“因果关系证明”的标签，以便于我们以后查询此方面的类案。

针对案例，还可以结合大数据分析生成更多知识，这部分在下一章进一步阐述。

三、法教义学知识库

"一旦有人适用一部法典的一个条文，他就是在适用整个法典。"①如果没有一套体系化的法律学问，无论是法条寻找、适用还是类案的检索都会存在相当的困难。法学院传授的是一种以法教义学知识为主的知识体系，在法科生进入工作岗位之后，可能更关注法条、案例以及实务类知识。事实上，法教义学也在实时更新，法律人有必要延续大学学习，继续强化法教义学知识的研习，可以主要围绕法考用书、经典教材以及重要的理论专著继续精进这方面的知识。

四、法律业务操作规则知识库

法律业务操作规则包括理论化的知识总结，也包括在实际工作中程序性知识、经验、教训等。进行法律业务操作规则知识管理，首先要将业务过程中各类资料收集起来，除需要归档的材料，涉及业务开展的各种工作成果和有价值过程性资料（如电子邮件、微信聊天记录、电话咨询结果等）都值得收集。法律业务操作规则带有很强的默性知识特点，资料收集应尽可能广泛。

律协和资深律师总结的法律业务操作指引是收集和整理的重点，收集方法可参见第三章介绍的法律业务操作规则检索。初期可将检索收集到的较为成熟的操作指引根据法律业务知识大纲嵌入相应模块。在此基础上，进一步整理加工。一般来说，可以以律协的业务操作指引、法律数据库开发的项目模板或者其他成熟的操作指引为基础，根

① ［德］卡尔·恩吉斯：《法律思维导论》，郑永流译，法律出版社2004年版，第73页。

据不同法律业务类型的特点，个性化地编制适合自身工作实际的操作指引，形成从与客户接洽到最终案卷归档的整套工作的流程图、操作规范、注意要点以及相应的所需文书。不同的案由和纠纷类型分类制作，每一环节的操作规范、注意要点都要一一呈现。法律业务操作的流程化、标准化逐渐成为业界共识，改进业务流程是知识管理的中心内容之一。

法律业务操作规则不能仅局限于办案层面的业务知识，还应该和业务优化升级、案源开发、产品研发相结合，才能更好地发挥知识管理的作用。在操作指引基础上，可进一步升级。一是从个人到团队的升级，形成团队针对客户的某个问题或者某个专项建立标准化作业流程；二是将适合呈现给客户的流程与要点进一步提炼成可视化的法律服务产品方案，让客户充分了解律师的工作流程及内容，提升服务质量。在现有法律服务产品方案的基础上，可进一步制作产品宣传册，通过社交媒体运营、发布会、研讨会等拓展该法律服务产品的市场。

将法律业务操作规则进一步提炼为培训课件是此领域知识管理的另一个重要方向。输出能有效带动输入，培训能更好地推动知识管理。

表单化和FAQ汇编是知识管理从个人到团队升级的重要路径，特别有利于新人的成长。闫玉新、古城在《万字长文，重新定义法律知识管理》一文中介绍了以“业务结构化表单”推进知识管理的方法。以劳动诉讼案件为例，相关表单包括：对应谈案接待环节的表单《劳动争议案件谈案记录表》，对应案情研究环节的表单《劳动纠纷诉讼请求权核查清单》和《请求权要素分析表》，对应证据环节的表单《劳动争议案件正反证据比对表》，对应案件检索环节的表单《类案检索结构化表单》等。[①]FAQ汇编是问答咨询库，总结了办案操作中经常遇到的问题的解答，便于高效地处理客户提出的各种问题。一些法律数据库以业务专题的形式将问题纳入常见的FAQ汇编。这种通用的FAO汇编往往不能满足解决个性化业务问题的需要，加之业务类型以及收集的问题较少，我们仍有必要在借鉴基础上整理自己业务领域的FAQ汇编。

法律业务操作规则知识库是传统法律知识整理的短板，法学院课堂以及法律图书馆关注的知识载体主要围绕法规、案例、法律理论著作以及期刊论文展开，而办案指引、实务经验、问题解答等相关成果的积累尚不成熟，法律人的职业智慧未获得提炼和总结。目前一些法律数据库开始在这一领域持续发力，我们需要关注这方面的进展，及时更新知识库的建构和知识的储存方式。

五、法律文书与修辞技巧知识库

法律文书知识是法律人知识管理的高频需求。首先，可以建立一个有关法律文书的法规库，将最高人民法院、最高人民检察院、公安部及其他各部委关于文书格式和规范的相关规定汇集起来。在法律法规数据库输入"文书"等关键词进行检索，挑选相关文件以检索报告形式生成法律文书法规库[②]。其次，应力求通过各种途径检索汇集法律文书的优秀范本，形成自己的文书范本库，这项工作可在法律数据库既有的常用文书模板的基础上进一步扩展。

在广泛收集各类文书范本的基础上，法律人也应该制作适合自己业务工作需求的文书模板。文书模板应尽可能覆盖法律服务各个环

---

① 参见闫玉新、古城：《万字长文，重新定义法律知识管理》，载微信公众号"德恒西咸新区律师事务所"2022年7月10日，https://mp.weixin.qq.com/s/B0CHyzi4YWP-IUJNLteYKw。

② 各地可能有一些更具体的规定，在使用时注意检索各地对格式的特殊要求。

节，包括法律委托服务协议，以及与法院和客户相互沟通的各类文书。文书模板可进一步根据不同的业务要求细化为不同类型的版本，如劳动合同，可细分为简易版、复杂版、高管版、普通员工版等不同版本。一个好的模板，须包括对核心条款的重点提示，提醒容易出错的环节。模板应包括全面的条款和规范的语言，确保工作能建立在一个高质量文本基础上，减少修改工作。

法律文书是一种法律修辞。法律人要注意积累各种修辞理论，从业务角度看，重点还是各种模板和范本的收集，包括书面的法律文书以及口头的各类话术。话术包括不同场景下与法院和客户的各种沟通技巧，传统上一般专注于庭审辩论和表达技巧，事实上，各类非诉业务也存在诸多重要的话术技巧。例如，要与经过考评不能胜任工作的员工解除合同，如何与员工沟通？这时可以总结出一些表达技巧，明确哪些话能说，哪些话不能说，怎么样说会更好一些。①

六、行业知识与跨学科知识库

以企业法律顾问业务为例，它要求法律人不仅要懂得法律知识，而且熟悉企业商业模式、经营管理、财务税务以及行业技术等方面的知识。例如，在商铺租赁合同起草中，一个熟悉咖啡行业商业模式的法律人，会懂得力争在租赁协议中加入“本项目将不会出租其他物业给A品牌、B品牌等连锁咖啡品牌”的条款。

鉴于专业知识学习成本较高，一些法律数据库开始探索引入专业术语关联功能。例如，针对大气污染的污染物名称，输入“硫化氢”这

① 参见程阳：《法律人的知识管理和职业发展》，载常金光、踢米尼主编：《合同相对论：法律人的一千零一夜》，中国法制出版社2022年版，第253页。

一关键词时，系统应自动提示其关联词，如一氧化碳、二氧化氮、碳氢化合物等。①不过，系统能给出的知识是碎片的、局部的，法律人应有意识地建立自己的行业知识和跨学科知识框架。

科学知识包括形式科学（逻辑学、数学）、经验自然科学（物理、化学、地球科学、生命科学等）、经验社会科学（经济学、政治学、社会学等）、人文科学（哲学、文学、艺术、历史等）、应用科学（法学、管理学、医学、技术科学等）等不同学科门类。法学是应用科学，是对形式科学、经验自然科学、经验社会科学、人文科学知识的运用，同时也要与管理学、技术科学等应用科学结合才能更好地解决人类社会面临的问题。

逻辑对法律人非常重要，法律人对逻辑学的掌握不能仅限于三段论、复合命题推理、归纳推理、类比推理、溯因推理等，需要懂得逻辑学本质上是一门关于形式真理判断标准的科学。比如，两个人有不同观点，逻辑学能通过论辩标准帮助我们判断哪一个在形式（程序）上是"真"的。人文科学是探寻人的意义的科学，努力展示生活意义的各种可能性和感受，而法律则是要将它们与具有可操作性的生活意义结合起来。法律是要解决问题的，它通过与自然科学、社会科学、应用科学的结合处理具体的法律问题，法律解释、事实认定以及法律问题解决方案的拟定都离不开其他学科知识的支持。

每一类科学知识都有经典的理论体系，都具有相当的说服力。但是，在科学内部，所有的经典都处在不断审视和重新认识过程中，并没有一个绝对稳固的知识体系；在科学外部，科学所取得的成就，距离隐藏在普通人思维中的信息和常识有明显的距离。在此意义上，强

① 参见姜伟主编：《法律人工智能导论》，北京大学出版社2023年版，第247页。

调科学知识学习的同时，仍要重视知识的碰撞和交流，要尊重常识的力量。

七、行动中的法

行动中的法包括法院、行政机构以及相关当事人处理该领域法律事务的惯常做法、实际经历和故事，以及蕴含其背后的规律。法律问题解决是一个人与人打交道的过程。我们需要对所有处理法律事务的人会如何行为有所了解，对执法、司法、守法、法律监督的规律性现象有所了解，才能更好地处理法律问题。案件大数据分析是把握“行动中的法”的有效办法，法律人应有意识收集整理案件大数据报告。法社会学理论是关于行动中的法的另一个重要的知识来源。

八、境外法律规定和学说

虽然我们按照本国现行有效法律处理问题，但境外法律规定和学说同样是解释现行法一种重要的可供参照的资源，此类知识的积累对法律人来说也是非常必要的。

九、法律数据库、大数据技术以及知识管理的知识

在互联网时代，法律人要善于利用法律数据库和互联网建立自己的知识库，实现个人电脑和档案中的知识与法律数据库的连接。法律人面临的竞争对手不仅有同行，还有法律人工智能。法律人工智能的优势在于它通过算法撑起一套知识管理体系，我们需要了解大数据技术、知识管理的底层逻辑，需要向算法学习并找到算法的不足，通过借助法律人工智能为知识管理服务。

第四节
法律技能与刻意练习

知识可以区分为事实知识、规则知识、技能知识和人际知识。法律业务是一项实践性很强的业务，需要技能化才能从容应对业务进程中的各种特殊要求。技能知识在很大程度上是刻意练习的结果。彻底记住一个英文单词需要在不同场合重复使用7次，法律知识的掌握也存在类似情况。只有从不同角度出发多次运用，“反复炒冷饭”，才能真正掌握一种知识，获得一种技能。懂得交通规则、汽车运行原理甚至能在头脑中演练开车的每一动作，但如果没有长时间专门训练，照样无法开车。法律技能作为一种知识，不只停留在知道层面，更是反复训练的结果。

知识可分为显性知识和隐性知识。在此基础上，知识管理可分为四种模式：第一种模式是从隐性知识到隐性知识，通过个人之间的联系和讨论来实现；第二种模式是从隐性知识到显性知识，通过记录来固定；第三种模式是从显性知识到显性知识，是对显性知识的整理、加工和提升；第四种模式是从显性知识到隐性知识，即个体通过对显性知识寻找和识别，将显性知识应用到个体实践之中。[①]从知识管理角度看，刻意练习需要反复做以上四种模式的知识管理。

一般认为，技能知识和人际知识的短板是法律人工智能无法取代法律人的原因。的确，在这两个领域，人类拥有某些法律人工智能所无

---

① 参见张群力：《诉讼代理55步：案件流程管理》，法律出版社2021年版，第382页。

法具备的知识，但是，我们也要看到，法律人工智能正在一些领域取得突破。法律人工智能将其知识库分为三层："事实知识"，"用来控制事实"的知识（通常用规则等表示），以及"策略"（以规则知识为控制对象，被称为规则的规则）。通过对规则知识的不断细化以及"策略"（规则的规则）不断演化，人工智能慢慢生长出某些原来不具备的技能。刻意练习有关法律技能时要注意人工智能的新进展，我们只有对法律知识以及法律方法做更为深入的研究，才能继续保持对人工智能的领先优势。

第五节 法律人的人际知识管理

人际知识，即Know-who（知道谁能做的知识）。当工作遇到问题时，知道向谁咨询、找谁帮忙的知识就是人际知识。广义的人际知识不仅仅是知道谁能做的知识，而且是能够有效找人帮忙的能力，也就是人脉资源。法律适用的答案由法律与事实决定，问题的解法则离不开人。

不同法律人所需要的人脉资源有所不同。以律师为例，律师人脉资源包括客户、律师同行、法律服务业同行（公证员、鉴定人、仲裁员等）、其他服务行业同行（会计师、资产评估师、调查公司人员）、国家机关类人脉资源、学术类人脉资源、媒体类人脉资源。第四章介绍的法律服务资源其实也是一种人脉资源。对客户类人脉资源，律师需要掌握他们的联系方式、背景资料、法律业务需求、可以提供给他们的法律服务方案等。在客户类人脉资源之外，对律师而言，其他类型的人脉资源主要体现为法律问题解决的合作者，律师需要掌握他们的联系方式、背景资料、服务能力、服务规律以及如何有效地与他们展开合作等。律师所掌握的人脉资源是用来解决问题的，人际知识管理的重点是从有利于解决法律问题的角度进行梳理，应包含形成特定情感关系以及特定默会知识的共识，以便能更有效地接触与合作。

第十二章
CHAPTER TWELVE
大数据与法律人知识进阶

法治是共同体的事业，法律知识在相当程度上应体现为共同体的主流理解。在没有大数据的时代，我们以个体的经验推测共同体的主流理解，谬误恰恰在这种推测过程中产生。大数据给了把握共同体主流理解的新可能，一种以大数据为支撑把握法律知识的方法正在兴起。法律人不能只满足于储存和整合知识，而且要有意识地运用大数据研习和精进知识。本章以律师为例讨论大数据在法律人知识进阶中的应用。法律人对大数据技术是陌生的，也缺乏足够的时间通晓这项技术。不过，工程师已在相当程度上为法律人解决了这个难题，借由他们建构的法律数据库，法律人无须在大数据技术方面下功夫，法律人需要训练的是自己检索和运用法律人工智能的能力。

第一节
案件大数据报告与法律人知识进阶

大数据，是无法在一定时间范围内用常规软件工具进行捕捉、管理和处理的数据集合，是需要新处理模式才能具有更强的决策力、洞察发现力和流程优化能力的海量、高增长率和多样化的信息资产。[①]一般

① 参见杨尊琦主编：《大数据导论》，机械工业出版社2022年版，第12页。

认为，大数据的具有“4V”特征，即Volume（海量的数据规模）、Variety（多样的数据类型）、Velocity（动态的数据体系）、Value（低价值密度的数据）。这四个特征使得大数据曾经是一堆无用的数据，直到大数据技术出现，对大数据收集、研究才成为可能。

物联网收集大数据、借助人工智能分析大数据，是大数据技术应用的新发展。在执法方面，通过物联感知设备监测的大量个人数据、交通数据、城市运行数据等在智慧警务、法律监督、社会治理等方面有着广泛的应用。律师则主要应用法律数据库汇集的数据，尤其是其中的案例大数据。律师不可能像信息技术专家一样架构一种能够智能收集以及分析大数据的软件系统。

法律人对法律数据库的运用，一是着眼于解决个案问题，前两篇主要从这个角度讨论；二是着眼于提升个人整体知识储备，具体表现为通过大数据来提升法律研习的广度和深度，而案件大数据报告制作是实现这一目标的关键环节。

大多数法律数据库都具备自动生成案例大数据检索报告的功能。选择案由以及相关案情关键词检索出相关案例，点击可视化即可一键生成大数据报告，包括案由、时间、地域、法院、法官、行业、标的额、裁判结果、律师、律所、常用实体法条、常用程序法条等多个维度的统计分析图表。而且，任何一个图表均可以直接点击添加为新的检索条件，检索内容同步更新。

不过，这种自动生成的大数据报告不能完全满足知识进阶的要求，一般需要将裁判文书下载并逐份进行阅读和统计分析，常用的基础统计分析工具是Excel表格。大多数法律数据库都有提供Excel形式裁判文书下载功能，为相关统计分析提供了便利，对于无法采用Excel形式又需要进行统计分析的要素，则需要采用人工拷贝的方式。

第二节

法律业务操作规则大数据研习：以劳动争议业务为例

本部分介绍基于Alpha、北大法宝的劳动争议案件业务开展大数据进阶学习。由于大数据统计分析是一项需要耗费巨大时间精力的工作，本部分在运用Alpha、北大法宝自带的统计功能同时也辅之其他检索资料进行研习，相关参考资料包括：中国司法大数据服务网有关"劳动争议"的图表分析，以"劳动争议 大数据"为关键词在微信检索的部分文章，以"劳动争议"为关键词在最高人民法院司法案例研究院和中国上海司法智库微信公众号检索的部分文章，《大数据视角下〈劳动合同法〉的司法适用》（国家社科基金项目"《劳动合同法》司法适用的大数据研究"研究成果）[①]等从中国知网检索的期刊文章。

初入职场的法律人具体办案时常有无从下手之困惑，传统观点将其视为经验和技能的欠缺，强调必须在长期实际办案中磨炼成长。案例数据库是一座储存法律经验的宝库，案例大数据报告将众多原本为默会知识的经验转化为可学习的显性知识，为我们提供了知识管理的新方式。案例数据库让法律新人有了弯道超车的可能，基于案例大数据报告的研习让这种可能成为现实。

① 参见王蓓、周秘：《大数据视角下〈劳动合同法〉的司法适用》，载《四川师范大学学报（社会科学版）》2021年第4期。

一、高频法条研习

据中国司法大数据研究院统计，2019年劳动争议共510,260件（基于裁判文书网已公开裁判文书统计结果），该年度“劳动争议”案件高频实体法法条统计了3个条文，从高到低依次为：《劳动合同法》第47条（经济补偿的计算）、第46条（经济补偿）、第38条（劳动者单方解除劳动合同）。

中国司法大数据研究院的数据具有权威性，但是，数据统计仅限于2016—2019年。笔者于2023年10月1日通过北大法宝、Alpha案例库以“劳动争议”为案由关键词进行检索，分别有3,419,551篇、4,664,994篇法律文书，点击“可视化”选项可一键生成大数据报告。其中Alpha案例库高频统计了50个实体法条文，前3条与中国司法大数据研究院的数据一致。这50个条文涉及的法律法规包括《劳动合同法》《劳动法》《工伤保险条例》《职工带薪年休假条例》《民法通则》《最高人民法院关于审理劳动争议案件适用法律若干问题的解释》《劳动和社会保障部关于确立劳动关系有关事项的通知》《劳动合同法实施条例》等。其中《民法通则》《最高人民法院关于审理劳动争议案件适用法律若干问题的解释》已失效，但我们可以找到现行有效的对应条文。《民法通则》相关条文已体现在《民法典》中，《最高人民法院关于审理劳动争议案件适用法律若干问题的解释》失效，但相关条文可以在《最高人民法院关于审理劳动争议案件适用法律问题的解释（一）》中找到。

研究数据表明，占《劳动合同法》条文总量的21.43％的21个条文，占《劳动合同法》所有条文适用总次数90％，剩下的77条占比不到

10%。[①]高频法条选定对于深耕劳动争议解决领域的律师具有重要的参考价值，该方向的律师应尽可能地扩大高频法条的外延，其他方向的律师可根据办案需要只关注重点法条。

高频法条为法律研习者学习提供方向。以相关高频法条在法律数据库法规库进一步检索，通过法规库自带的法条沿革、新旧对照、期刊论文、相关法条、关联案例等功能模块可对法条进行多角度的学习。以《劳动合同法》第46条为例，Alpha案例库显示关联案例见图12-1。

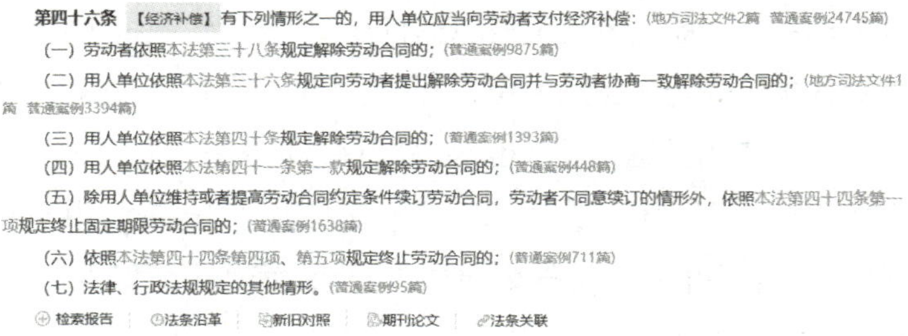
第四十六条 【经济补偿】有下列情形之一的，用人单位应当向劳动者支付经济补偿：（地方司法文件2篇 普通案例24745篇）

（一）劳动者依照本法第三十八条规定解除劳动合同的；（普通案例9875篇）

（二）用人单位依照本法第三十六条规定向劳动者提出解除劳动合同并与劳动者协商一致解除劳动合同的；（地方司法文件1篇 普通案例3394篇）

（三）用人单位依照本法第四十条规定解除劳动合同的；（普通案例1393篇）

（四）用人单位依照本法第四十一条第一款规定解除劳动合同的；（普通案例448篇）

（五）除用人单位维持或者提高劳动合同约定条件续订劳动合同，劳动者不同意续订的情形外，依照本法第四十四条第一项规定终止固定期限劳动合同的；（普通案例1638篇）

（六）依照本法第四十四条第四项、第五项规定终止劳动合同的；（普通案例711篇）

（七）法律、行政法规规定的其他情形。（普通案例95篇）

检索报告 法条沿革 新旧对照 期刊论文 法条关联

图12-1 《劳动合同法》第46条关联案例

《劳动合同法》第46条规定了用人单位应当向劳动者支付经济补偿的7种情形，每一种情形分别关联了相关案例。例如，第7种情形关联了普通案例95篇，对这95篇可再次进行可视化分析，生成大数据报告；也可以筛选所在地法院及其上级法院的相关案例进行研读，重点阅读了解法官的裁判倾向。

针对高频法条还可以从请求权基础方法角度分析，以“劳动争议请求权”为关键词在微信中检索，能检索到众多讨论劳动争议请求权基础思维文章以及相关著作的介绍，可将相关高频法条置于劳动争议

① 参见王蓓、周秘：《大数据视角下〈劳动合同法〉的司法适用》，载《四川师范大学学报（社会科学版）》2021年第4期。

请求权基础体系之下把握。例如，解除劳动合同的经济补偿请求权基础是《劳动法》第28条、《劳动合同法》第46条；请求权基础的辅助性规范是《劳动法》第24、26、27条以及《劳动合同法》第36、38、40、41、47条等。

二、裁判要旨研习

案例裁判要旨研习理论上应逐份阅读相关裁判文书，这需要耗费巨大的精力，因此，需要把握重点和关键细节。

第一，可重点筛选指导性案例、公报案例和优秀案例进行研读。以Alpha为例，可以在案例检索结果页面左侧选择参照级别，优先关注指导案例、公报案例和优秀案例。

第二，根据细分案由分类研读裁判文书。劳动争议项下的案由有劳动合同纠纷、社会保险纠纷、福利待遇纠纷，劳动合同纠纷项下的案由包括确认劳动关系纠纷、集体合同纠纷、劳务派遣合同纠纷、非全日制用工纠纷、追索劳动报酬纠纷、经济补偿金纠纷、竞业限制纠纷。如有需要，可以结合Alpha案例库一键生成的大数据报告中的案由饼状图，选择其中占比较大的案由重点研究。

第三，根据管辖法院细分研读裁判文书。就律师而言，应重点阅读执业所在地基层人民法院、中级人民法院和高级人民法院的裁判文书。

第四，根据裁判文书结构要素细分研读。其中，最重要的是法院认证内容和判决理由的阐明。法院认证内容通常表现为理由+结论式，先对某项证据进行分析论证，再说明是否认定该项证据的效力。以民事诉讼为例，法院否定单一证据证明力的认证规则有：妥协规则、违法规则、补强规则、陈述规则等；法院肯定单一证据证明力的认证规则有：

确认规则、鉴定规则、自认规则、推定规则等；比较多个证据证明力大小的规则有：优势规则、证人规则、反驳规则、盖然规则等。[1]研读裁判文书必须总结法院在各种具体情形下所采用的认证规则，将知识嫁接到案例上学习。判决理由的阐明包括案件定性论证、对适用法律的论证、论证结论以及对是否采纳诉（控）辩意见的说理、法律条文的援引、判决主文等，研读裁判文书时必须总结法院在各种具体情形下作出的定性与使用的论证规则。

裁判要旨研习耗时耗力，一种提高效率的方法是结合相关著作和实务文章进行研习。在一些专耕劳动争议业务的微信公众号（例如“兰台劳动”）中以“大数据”为关键词进行检索，或者直接在微信中检索“劳动争议 大数据”“劳动争议 裁判要旨”，将检索获得的相关文章与裁判文书结合起来学习，可更为快速而有深度地研习裁判要旨。

三、法律业务操作要点研习

以劳动合同审查要点为例，可以围绕劳动合同纠纷这个案由，研究裁判文书里的争议焦点，将高频的争议焦点与劳动合同条款相对照，以诉讼中容易产生纠纷的风险点倒推合同审查要点。一些合同智能工具能将劳动合同审查要点关联到相关案例，可实现从审查要点到案例的反向学习。

其他业务的操作要点也可采用上述方式研习。值得注意的是，对裁判文书的研读不应仅限于认证内容、判决理由以及引用法条体现出的裁判思路，还要注意发掘在类案中呈现的有创见的律师诉讼思路。

---

① 参见上海高级人民法院“一个素养、三个能力”轮训指导小组编：《法官素养与能力培训读本》，法律出版社2003年版，第247-249页。

对于律师新人，如果想精通某一特定行业领域的法律事务，不妨从研习一份具体的判决书开始。

以民事判决书为例，判决书首先会涉及诉讼主张的简短归纳，包括参加诉讼的全部当事人（包括原告、被告、第三人）主张的事实、理由、诉讼请求和答辩意见。法官归纳的事实仅限于法律事实，不具有法律意义的事实一般不会被归纳为原告主张的事实。对法律关系复杂并有行业壁垒的案件，判决书关于法律事实的归纳对于律师初步厘清类似案件事实有重要的参考价值。

在诉讼证据展示部分，判决书会充分展示当事人和法院出示的证据、当事人的质证意见以及法院认证内容。阅读这部分内容，不妨思考这里有哪些自己未曾关注但有必要收集的证据，以及对方如何回应、法官如何认定。循序渐进，精心积累，证据组织和举证质证的技巧必有所长进。

判决书的法律事实认定部分（法院查明部分）以及判决理由阐明（法院认为部分）是判决书的精华，对于律师研习各类法律文书具有重要的意义。公正司法是维护社会公平正义的最后一道防线，裁判文书是审判程序行将终结的标志，裁判文书的语言相对其他司法语言对准确性有更高要求，对律师研习“法言法语”具有重要的参考价值。律师一般会收集各类诉讼和非诉讼法律文书示范文本，如何继续改进这些文本呢？吸收优秀裁判文书的精华，即是重要的方法。

四、裁判规律、执法规律以及行业知识研习

利用法律数据库案例大数据报告功能模块，以“劳动争议”为案由可自动生成包括审理法院、审理期限、适用法条、标的金额和审理结果等事实特征的大数据报告。在案由关键词基础上，增加检索关键词和

检索维度，可进一步精确检索结果，能够得到一些更有价值的信息。例如，可以将检索范围限定在特定法院的特定年份，将当事人关键词限定为某些典型公司（例如信托、证券等），将案由限定为某一特定类别案由（例如竞业限制）。不过，系统生成的大数据报告价值有限，一般来说，我们还需要结合人工筛选以及阅读统计，才能更准确地挖掘蕴含在裁判文书中的裁判规律和行业知识。同样，以“劳动监察”为关键词在行政处罚文书库和裁判文书库检索，对相关文书进行统计分析，也可挖掘蕴含其中的执法规律。

第三节
基于行业纠纷大数据的知识进阶

律师一般按照特定法学专业业务类型进行知识管理，如民事、刑事、行政、劳动等。随着行业律师的兴起，以及服务大客户的需要，有必要强化以行业和客户为中心的知识管理，行业纠纷大数据为此提供了便利。在法学专业业务领域，律师的专业度由法教义学专业知识支撑，案例大数据研习是补充；而处理具有行业特色的法律问题，从裁判文书入手制作行业纠纷大数据报告效率会更高一些。

一、行业纠纷大数据报告制作

一名优秀的行业律师需要对行业运作有深刻理解。如果对客户所在行业不够了解，与客户不能处于同一层次的思考维度，做出的方案很难得到客户的高度认同。通过搜索引擎对行业大致情况进行检索，研读同行业公司招股说明书、行业研究报告、券商分析报告，以及找到

3—5名行业专家，如券商、会计师等进行沟通交流，可以大体把握一个行业的产业特征、发展趋向、商业模式、交易特点以及与此相关的核心权益。从法律角度看，制作行业纠纷大数据报告是深入了解与行业相关法律问题的关键。

Alpha的行业雷达模块，是一款基于行业的法律分析工具，可以自动生成分析报告，帮助我们快速了解18个行业、100个二级行业诉讼的大体情况，包括案由分布、聘请律师情况、标的额、高频法条、当事人等。不过，它难以把握具体裁判观点以及法律风险，价值有限。北大法宝的法宝合规、元典数智合规、威科先行的合规实务系列解决方案也能在某些方面帮助处理行业特色的法律问题，但缺乏行业纠纷大数据报告的呈现功能。

行业纠纷大数据报告制作在总体上仍有赖于人工的检索分析。在裁判文书网或法律数据库案例库中，通过行业内特定关键词、案由等的筛选或者借助检索系统提供的行业分类，找到与行业企业纠纷相关的裁判文书，然后通过逐份阅读才能准确把握行业常见纠纷，总结法院的审理思路，熟悉判决书所引用的特定法律法规、司法解释、司法政策等文件。另外，也可以从当事人入手研究相关裁判文书。例如，通过Alpha的行业雷达模块生成某一行业纠纷大数据报告（可视化图表）。从报告显示的该类案件所涉及的当事人入手，一般来说，对于那些涉诉多的企业可重点加以研究。通过研读这些企业涉诉案件的裁判文书可大体把握该行业领域的常见纠纷与法律风险点。

行业纠纷大数据报告制作有难度，一种提高效率的方法是模仿。在微信中检索“某某行业 大数据”获得大量相关文章，可以研读其中的检索与报告撰写方法。

二、行业纠纷大数据报告的应用

行业纠纷大数据报告能帮助了解客户所在行业常见纠纷的类型、高频法律问题、高频法条、客户诉求。通过研读典型裁判文书，可了解引发不同经营风险的深层原因、不同案由的裁判倾向等内容，判断背后的风险点，并依据实务经验给出实操指引，以及出具系统性的解决方案。客户需要的不仅是律师的专业性，而且希望对其所在行业有更深入的了解。对行业有越深入的了解，就越容易获得客户的信任。很多律师在为客户提供服务时，都会认真调研客户所在行业，制作该行业纠纷大数据报告，为客户提供更贴合其实际需求的服务建议。

行业纠纷大数据报告可以帮助律师发现潜在市场和客户，在这个意义上，行业纠纷大数据报告也是人际知识进阶的重要工具。一些律师每半年都会针对客户和潜在客户所在行业、地区，出具一次行业纠纷大数据报告，解读行业常见纠纷的类型、裁判偏好等，帮助企业防范法律风险。通过行业纠纷大数据报告发现民事诉讼当事人集中、刑事罪名高发行业，计算出所有行业平均涉案标的，对于律师选择执业方向以及主动出击寻找客户有一定的参考价值。例如，魏存仪律师曾对甘肃省2016—2017年的金融业诉讼情况进行了分析，发现小贷公司纠纷数量增长迅猛，立即抓住了这个机会，适时地举行了“小额贷款公司法律风险防控与债权实现”法律分享，制作《小额贷款公司常用法律汇编精选》，获得了大量客户。[①]有些律师在接到客户的一个案件之后，通过行业纠纷大数据报告发现客户隐藏的痛点，从而为客户企业的其他法律

① 参见王振宇:《帮律师拿下行业市场，我们为你准备了这款神器》，载微信公众号“iCourt法秀”2018年4月13日，https://mp.weixin.qq.com/s/zd4ZOXgHrAxM74hk4k6JYw。

风险点提供解决方案。例如，办案中发现客户企业所处行业的某类案件的败诉比例非常高，可通过行业纠纷大数据报告分析，有针对性地提出风险防范和纠纷化解方案，超预期地满足客户需求。

第四节
基于大数据技术的知识管理

大数据在法律人知识进阶中的应用，一是通过案例大数据报告为法律知识研习提供方向和素材，二是将法律人知识进阶嵌入基于大数据技术的法律人工智能系统。法律人工智能系统在法律行业中已经获得广泛应用。证据智能系统为公安侦查人员收集证据和检察官审查证据提供智能指引。智能辅助办案系统为检察院和法院提供基于大数据分析以及语义识别技术的类案推送和量刑参考功能。

在律师法律服务领域，一些法律数据库将法律智能系统嵌入其中。法律智能系统在律师业务中的应用主要体现在以下六个方面：

第一，导航式办案系统。将律师办案流程嵌入在线平台，有全流程办案指导、案件进度展示与信息校验功能，实现卷宗电子化，异地也能办案。办案节点匹配相应法律文书模板，并可链接法规库、案例库进行检索。

第二，智能法律检索与案件预测。输入相关案情信息，可自动匹配法规和类案，预测诉讼结果，生成诉讼方案。传统法律检索大数据系统仅能呈现一大堆可能相关或者仅有一定价值的检索结果，需要借助人工分析才能挑选出最相关和最有价值的法律信息。智能法律检索利用强大的自然语言处理技术，有时可减轻人工分析的工作量。

第三，证据规则指引和证据审查。输入案由以及案情，提醒应当提交的必要证据材料。输入证据材料，提示证据审查注意事项。

第四，文书起草和审查。输入基础信息可快速生成起诉状、上诉状、合同等法律文书；输入大事记可自动生成可视化图表。输入合同以及其他法律文书文本，可自动进行审查，实现智能纠错，从格式规范到法律内容，对有错误或者有争议的地方进行提示，并给出修改意见。

第五，尽职调查。输入企业相关信息，可自动启动尽职调查引擎服务，搜索和提取尽职调查需要关注的信息，自动生成尽职调查报告。

第六，合规风险识别。输入企业相关信息，可自动匹配合规风险点，匹配各岗位的合规义务。

以上智能应用的服务质量尚无法得到可靠保证，但随着技术的演进有望得到进一步的改善。法律人要努力保持超越智能应用的技能优势，同时也要注意跟踪智能应用的最新发展，将那些能切实改进工作效率的智能应用嵌入业务流程。

后　记

大数据时代，一切知识都可以检索。法律人需要一台联网的电脑以及一本随身携带的检索和知识管理手册。我们梦想能让这本书成为法律人必备的工具书，更梦想这是一本升级法律方法论的创新之作。

这是一个法律人时刻担心被法律人工智能取代的时代。但是，只要法律人能充分发挥其主观能动性，担心则是没有必要的。法律人工智能解决法律问题的一个核心技巧是检索和知识管理，它能够“不厌其烦”地更新知识，能够穷尽各种策略搜索并选择最优的法律解决方案。在大数据时代，我们要向人工智能学习检索和知识管理，也要利用人工智能开展检索和知识管理。

本书的写作得益于对人工智能基础原理的理解。智能行为体现为知识的运用过程。在人工智能那里，知识被表达为事实与规则。法律思维一般被概括为“以事实为根据，以法律为准绳”，事实主要是案件事实，法律主要是法律条文，但在实际解决法律问题的过程中，我们所需要运用的事实与规则远远超出案件事实与法律条文所覆盖的范围。超出法学理论研究范围的事实与规则被概括为“经验”，于是，“法律的生命不在于逻辑，而在于经验”让法律人念念不忘。

运用人工智能处理法律问题，必须对事实与规则作细致入微并且穷尽一切思维角落的拆解。这要求将那些被传统法学理论视为“经验”的默会知识还原为可以把握的事实与规则，检索、大数据以及知识管理就提供了这样一种工具。长期以来，法律方法被刻画为推理与论证的学问。精确化表达事实与规则以保证推理和论证的严谨性，是法律方法研究的核心任务。但是，能被精确表达的事实与规则是有限的，法律方法不得不限缩研究阵地，于是，大量问题留给无法解释的默会知识处理。实际上，人类具有很强的合情推理能力，只要能检索到适当的信息，就能作出合适的判断。尽管这些信息只经过粗略的数据分析而没有实现精确表达，但是，人类有办法据此作出合适的判断。一种以检索、大数据以及知识管理为基础的法律方法论将帮助人们走出法律方法研究的局限。在此意义上，本书不仅是实践经验的总结，也是理论创新的探索之作。

法律思维是由前提推导出结论的推理过程，传统研究力求通过前提信息和推理规则的精确表达来确保推理的正确性；而本书所想刻画的法律方法则是“完整收集前提信息并对其进行结构化整理，然后利用人类合情推理能力以提高推理准确性的思维方法”。人工智能思维方法也是在沿着类似方向转变，人类合情推理能力在计算机那里体现为通过机器学习不断演进的算法。法律人整体不可能被法律人工智能取代，因为人类会使用人工智能并拥有某些机器永远达不到的合情推理能力。对于每个法律人而言，不被人工智能取代的一个重要前提则是我们需要学会检索、大数据分析以及知识管理，并将其融入法律方法。

刻画这样一种具有创新性的法律方法的想法在心中酝酿已久，但一直无法成形。感谢张心萌编辑的鼓励和指导，特别是“大数据与法律人知识管理”的篇章设计建议，让本书的框架得以成形。而在具体写作过程中，得益于孔明林编辑的精彩修改，让本书的设想得到更精确的表达。

本书试图以全新框架讨论法律人的检索与知识管理，试图探讨一种新型的法律问题解决方法论。一种探索性的尝试，再加上作者能力有限，错误之处在所难免，期盼学友们批评指正，在此感谢每一位为本书修改提出意见的朋友。